エリア・スタディーズ 192

東南アジアのイスラームを知るための64章

久志本裕子
野中葉
（編著）

明石書店

はじめに

イスラームと言えば、中東の砂漠地帯の宗教、そんなイメージが日本では根強いかもしれない。けれども、ムスリム（イスラーム教徒）は世界中のほぼあらゆる地域に住んでおり、18億とも20億とも言われるその総計の約15％が東南アジアのムスリムである。一方、多様な宗教が存在する東南アジアの域内においては、人口の約40％がムスリムである。世界においても、東南アジアにおいても、大きな影響力を持ち得る数のムスリムが諸地域の社会を形成しているのである。

本書は、この東南アジアのイスラームにフォーカスし、その歴史、国家や政治とのかかわり、社会における様々な広がりや人々の日常をトピックごとに紹介する。「東南アジアのイスラーム」というタイトルについて、違和感を覚える方もいるかもしれない。もちろん、イスラームはどれほど解釈が多様でも信者にとっては唯一のイスラームであり、東南アジアに「固有のイスラーム」が存在するわけではない。本書は、東南アジアに伝来し、長い年月をかけ定着していったイスラームと、東南アジアの人々や社会のかかわりのありようを示すことを目指している。クルアーンに書かれた神からのメッセージは不変だが、それがいかに東南アジアの地で人々に受容され、理解され、実践されてきたのか、またそれらが今、どのように変化しているのかを明らかにする、そんな本にすることを目指し「東南アジアのイスラームを知る」というタイトルを採用した。

イスラームや東南アジアのイスラームについて、いまだに日本ではステレオタイプ（固定観念）に基づく見方が広がっていると言わざるを得ない。イスラームは、中東アラビア語世界を中心とする宗教であり、みな厳格に教えを守り、過激でテロ行為も厭わず、女性はヴェールの着用を強制され、抑圧されている、というようなイメージが共有されてはいないだろうか。一方で、東南アジアを訪れたことがある人や、東南アジアを「好意的」に見る人の中には、東南アジアでは中東とは異なり、穏健で、寛容で、ゆるいイスラームが根付いていると考える人もいる。読者には、本書を通じて、イスラームや東南アジアのイスラームに対するこのようなステレオタイプを超え、東南アジア各地で実践される多様なイスラームの姿を知ってもらえたらと思う。

本書は全8部、64章と6つのコラムからなる。章ごと、部ごとに読むだけでなく、通して読むことで前述のようなステレオタイプ的見方をずらしていけるように構成されている。Ⅰ部では、あえて国民国家で分けずに歴史の記述をはじめ、植民地化と国民国家の形成という大きな変化の末に現在の東南アジアのイスラームの姿があることが強調されるようにした。Ⅱ部では、「堅苦しい」と捉えられがちな信仰と実践がいかに暮らしと生き方の中に溶け込んでいるのかを描いた。Ⅲ部では、国家の枠組みの中のイスラームの位置を論じ、Ⅳ部では、その中で起こったイスラームの管理や利用、一部の人々の周縁化などの問題と、それに対する市民の運動に光を当てた。Ⅴ部では、日々の暮らしから政治的活動まで様々な場面でムスリムが参照するイスラームの知識がどのように伝えられ、多様性が生まれてきたのかを、Ⅵ部では、グローバル化の中での新たなイスラーム理解と実践、他地域との結びつきで、多様性がさらに変化するさまを描いた。Ⅶ部では、各時代に活躍した人物の思想や行動、複数の人物の比較から、各部で描かれた諸側面を相互に結びつけて理解できるようにした。Ⅷ部では、

はじめに

日本と東南アジアを行き来する人々がいかに両者の関係を作ってきたのかを描き、本書を通読した後で、ここまでに示してきた様々な側面を踏まえて今後日本の人々と東南アジアのムスリムたちがどのような関係を築くことができるかに思いをはせられるように構成した。

本書で使用する用語や固有名詞の表記についても、簡単に記しておきたい。各章の執筆者ごとに異なる文や表現のスタイルはある程度そのままに残した。ただし複数の章に共通する用語は、混乱を避けるためできる限り統一の表記を心掛けた。イスラーム関連用語のカタカナ表記は、『岩波イスラーム辞典』（岩波書店、２００２）に項目があるものは、その表記に基本的に従うという方針を採った。しかし一部の用語は、東南アジアでの発音が大きく異なる。その場合には、現地での発音に近いカタカナ表記を優先した。また、マレー・インドネシア語には長母音がないため、たとえば「イスラーム」ではなく「イスラム」と、「ラマダーン」ではなく「ラマダン」と表記すべきとする考え方もある。しかし、現地の人たちの会話の中では、母音を伸ばす発音の方が一般的な場合もある。また同じ単語でも人によって伸ばし方が違うこともある。このため、各章の執筆者がそれぞれの研究の文脈で普段聞きなれた音でカタカナ表記することを優先し、章の間で表記が統一されない場合があってもよしとした。

本書の構想は、東南アジアのイスラームに関心のある学部生や一般の人たちが理解を深められる概説書を作りたいという編者2人の思いから生まれたものである。東南アジアのイスラームを研究対象とする研究者は増えており、多数の優れた成果が出されているものの、多岐にわたるトピックを網羅的に学べる読み物はこれまでになかったからである。各章はそれぞれのテーマを専門に研究し実績のある優れた研究者の皆さまに執筆を依頼した。一般向けの入門書として、各章とてもわかりやすく、かつ大変に読み応えのある議論が提示されていると自負している。お忙しい中、執筆を快く引き受けてくださった執筆者の皆さまに心から感謝をお伝えしたい。

最後に、遅々として進まない編者の執筆や要領の悪い校正作業に辛抱強くお付き合いいただき、煩雑な編集作業を一手に引き受けてくださった明石書店の佐藤和久さんに心からお礼を申し上げる。

２０２３年２月

編著者
久志本裕子
野中　葉

東南アジアのイスラームを知るための64章

目次

I　東南アジア・ムスリム社会の多様性とその歴史

II　信仰実践と日常生活

III 各国のイスラームと諸制度

IV イスラームと政治・市民運動

VI　グローバル化の中の東南アジアとイスラーム

VII 人物を通じてみる東南アジアのイスラーム

Ⅷ　東南アジアのムスリムと日本

※本文中、特に出所の記載のない写真については、原則として執筆者の撮影・提供による。

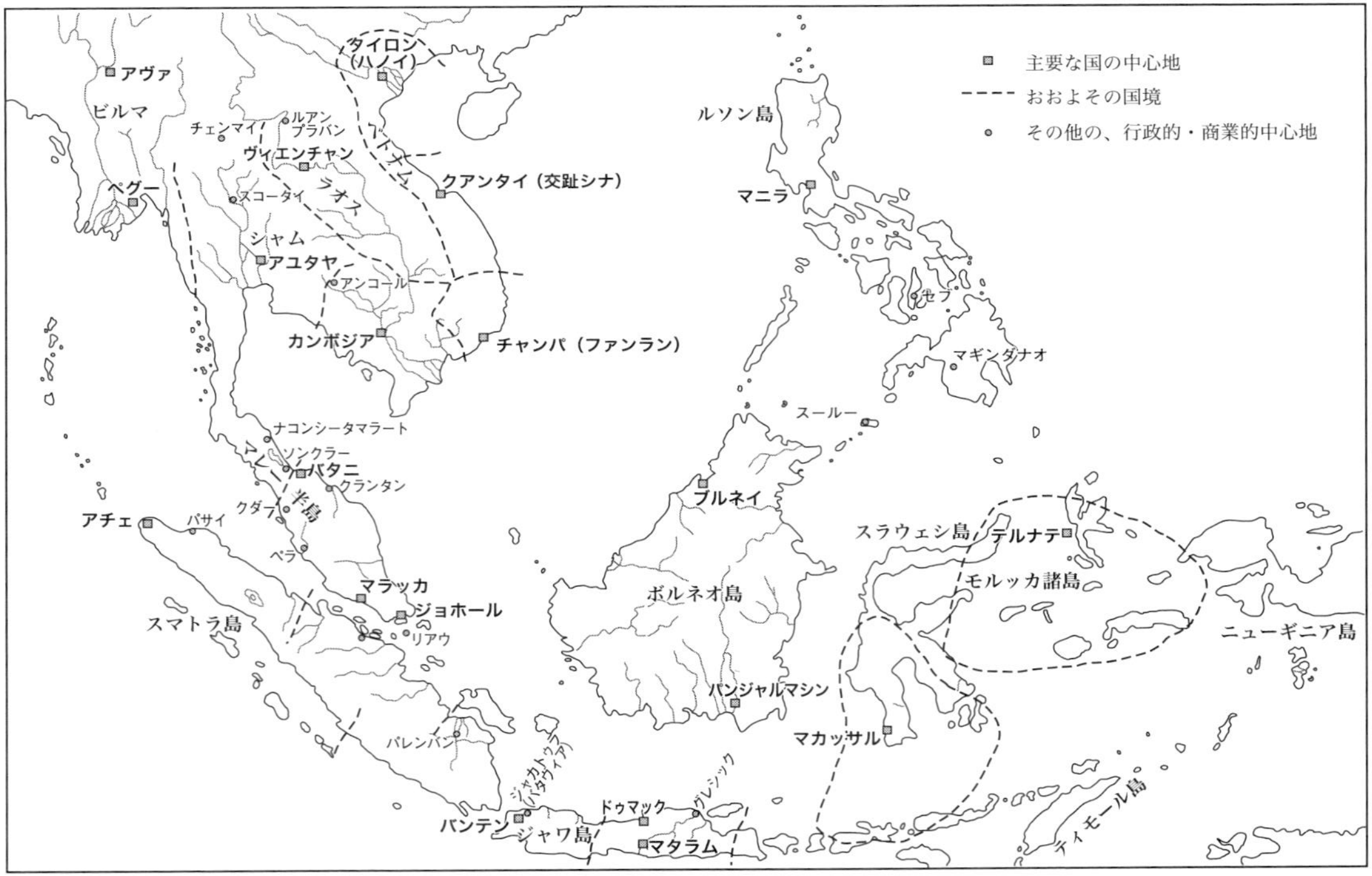

1600年頃の東南アジア（出典：リード・アンソニー、平野秀秋・田中優子訳 1997『大航海時代の東南アジアⅠ　貿易風の下で』法政大学出版局、pp.10-11 をもとに修正のうえ作成）

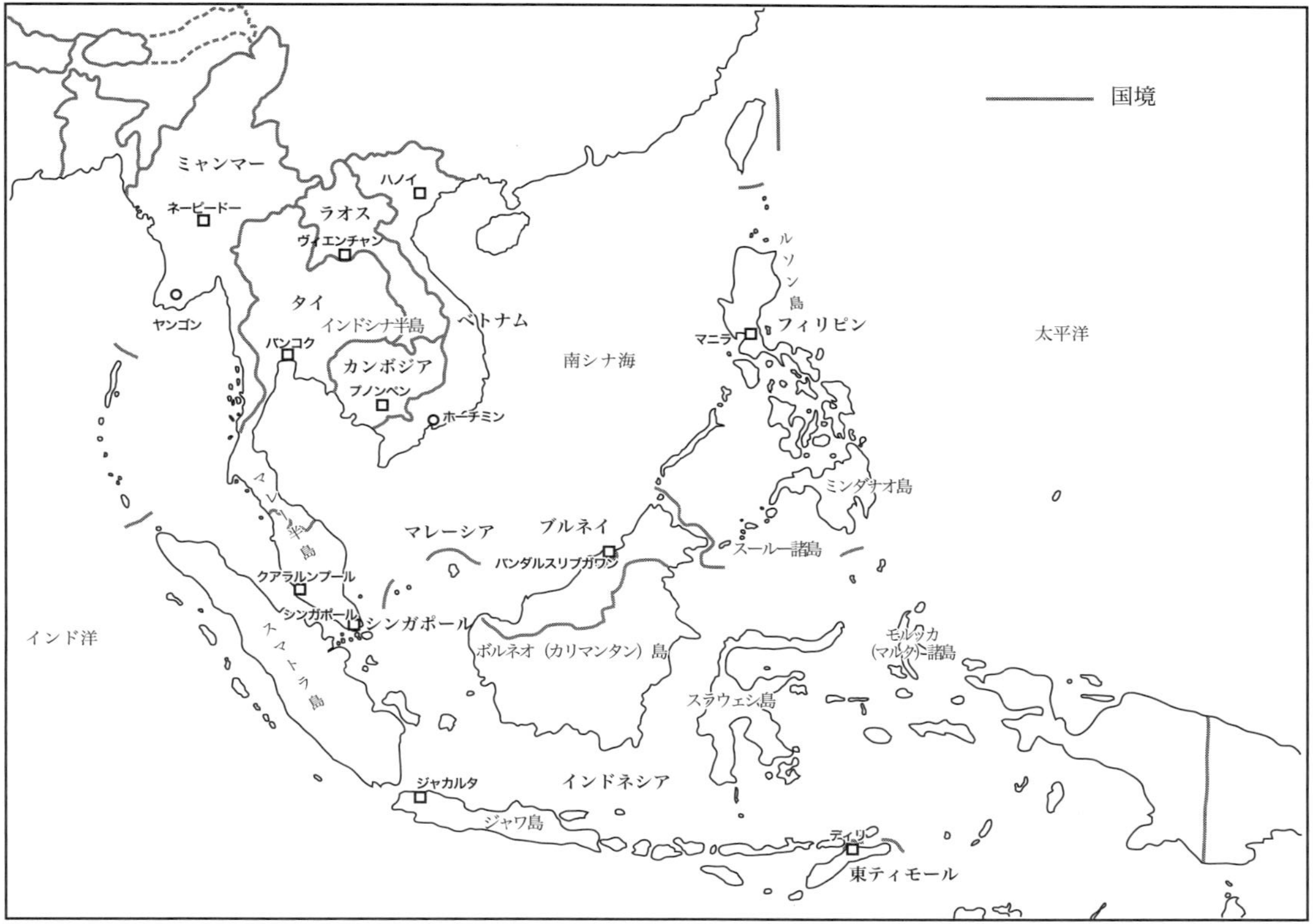
国境
ミャンマー
ネーピードー
ヤンゴン
ハノイ
ラオス
ヴィエンチャン
タイ
インドシナ半島
ベトナム
バンコク
カンボジア
プノンペン
ホーチミン
南シナ海
ルソン島
フィリピン
マニラ
太平洋
ミンダナオ島
マレー半島
マレーシア
ブルネイ
バンダルスリブガワン
スールー諸島
クアラルンプール
シンガポール
シンガポール
インド洋
スマトラ島
ボルネオ（カリマンタン）島
モルッカ
（マルク）諸島
スラウェシ島
ジャカルタ
インドネシア
ジャワ島
ディリ
東ティモール
現在の東南アジア

I

東南アジア・ムスリム社会の多様性とその歴史

1

東南アジア・ムスリム社会の概観

★多様性とその歴史★

世界のムスリム人口のうち、東南アジアのムスリムはどのくらいの割合を占めているのだろうか。国別でムスリム人口の多い国を見ると、約2億3千万人のムスリム人口を持つインドネシアが世界第1位となっている（表1）。授業などで第1位から3位までを予想してもらうとサウジアラビアやアフガニスタンなどイスラームと聞いて思い浮かべる中東の国名が挙げられることが多いが、人口として多いのは南アジアの国々である。表2に示したように、東南アジア各国のムスリム人口の合計約2億6千万人を世界全体のムスリム人口約19億人で割ると、約14％が東南アジアのムスリムであることがわかる（インドネシア一国で世界のムスリムの12％を占めている）。

表1　ムスリム人口の多い上位5国

順位	国名	ムスリム人口
1	インドネシア	2億3100万人
2	パキスタン	2億1230万人
3	インド	2億人
4	バングラデシュ	1億5370万人
5	ナイジェリア	1億300万人

World Population Review. 2023. "Muslim population by Country", World Population Review Website. https://worldpopulationreview.com/country-rankings/muslim-population-by-country

さらに、日本の中のムスリム人口を見ても、東南アジアにルーツを持つ人々が最も人口が多い。日本のムスリム人口は集

表2　東南アジア各国の宗教別人口（2020年予測）

国	ムスリムの割合	総人口	イスラーム	仏教	キリスト教	ヒンドゥー教	その他宗教・無宗教
インドネシア	87%	2億6390万	2億3000万	180万	2690万	420万	135万
マレーシア	65%	3340万	2200万	520万	310万	190万	100万
フィリピン	6%	1億1080万	630万	10万	1億230万	1万以下	200万
タイ	6%	7140万	430万	6600万	65万	8万	26万
ミャンマー	4%	5190万	220万	4140万	400万	90万	340万
シンガポール	16%	590万	95万	190万	100万	40万	160万
ブルネイ	75%	45万	34万	4万	4万	1万以下	3万
カンボジア	2%	1620万	32万	1570万	6万	1万以下	12万
ベトナム	0.1%	9630万	18万	1560万	800万	1万以下	7251万
ラオス	－	720万	1万以下	460万	11万	1万以下	248万
東ティモール	－	153万	1万以下	1万以下	152万	1万以下	1万以下
東南アジア合計	40%	6億5900万	2億6660万	1億5230万	1億4770万	750万	8480万
世界合計	25%	76.5億	19億	5億	23.8億	11.6億	17億

Pew Research Center, April 2, 2015, “The Future of World Religions: Population Growth Projections, 2010-2050” より筆者作成。3桁以上の数値は下2桁を四捨五入。

計が難しいが、在留外国人統計などをもとに数値を出した研究などに依拠して考えると、2018年のデータで日本のムスリム全体が約20万人とされるうち、東南アジアにルーツを持つ人々は約7万人であり、続くパキスタンの1万5千人、バングラデシュの1万3千をしのぐ最大の規模を持つことがわかる（第64章参照）。

では、東南アジアの各国にはどのくらいの数のムスリムが暮らしているのだろうか。表2は各国の宗教別人口をまとめ、ムスリム人口の多い順に並べたものである。宗教別人口の統計の取り方や国勢調査を行う年は国によって異なり、一覧とするには不都合があるため、アメリカのピューリサーチセンターが2015年に出した2020年の各国の宗教別人口予想を使用して作成した。このため、各国の統計局などによる人口統計とは異なる数値が出ており、また宗教別人口の合計が総人口を上回る国もあるが、東南アジア全体としてのイメージをつかむためのおよその数値として見ていただきたい。

東南アジアの総人口約6億5900万人に対して、ムスリムは約2億6600万人となっており、イスラームが東南アジアで最大の人口を持つ宗教であることがわかる。ただし、国別の人口で見ると、やはりその大多数をインドネシアのムスリムが占めており、第2位のマレーシアのムスリムは2200万人とインドネシアのムスリムの約10分の1であることにも注意したい。人口で見ればマレーシアのムスリムよりも、インドネシアのキリスト教徒の方が多いのである。また、割合ではムスリムが75%を占めるブルネイは、総人口が45万人と非常に小さいため、ムスリムの人口で見れば34万人と、カンボジアの少数派のムスリムと同等の数である。一方で、フィリピンやタイはそれぞれキリスト教徒、仏教徒が多い国と認識されているが、ムスリムの数はそれぞれ630万人、430万人とかなり大きい集団であることがわかる。割合で見たときのイメージと、人口規模で見たときのイメージがだいぶ異なることに留意が必要であろう。

東南アジアは一般に、タイやミャンマーなどの「大陸部」と、インドネシアやフィリピンの「島嶼部」に分けて把握される。東南アジアのムスリムが多く住むのは島嶼部の地域である（マレーシアは大陸に接続しているが、「島嶼部」に分類される）。タイにはムスリムが多いが、その人口の多くはマレーシアとの国境付近の深南部と呼ばれる地域に住んでいるなど、大陸部の地域においてもムスリムが住む地域は島嶼部とのつながりが歴史的に強かった地域であることが多い。

ではなぜイスラームは島嶼部に集中的に広まったのか。詳細は歴史についての各論をお読みいただきたいが、ここでは図を参照しながら東南アジアのイスラーム歴史を把握するための全体像を示しておきたい。

　この図は、東南アジアの歴史の全体像を構造化して把握しやすくするために、東南アジア古代史を専門とする青山亨が作成したものである。横軸では東南アジアが４つの地域に分けられ、縦軸では東南アジアの歴史の段階が５つに分けられている。地域は大きく大陸部と島嶼部に分けられるが、中国の影響を強く受けてきたベトナムは大陸部全体の流れから切り分けられている。さらにベトナムの中・南部に勢力を持っていたチャム人のチャンパは島嶼部と共通した歴史を持つことから、ベトナムの中に四角で囲う形で分けられている。また島嶼部の中で最も太平洋に近くインド文明やイスラーム文明の影響の受け方が異なったフィリピンもまた島嶼部全体の流れから切り分けられている。フィリピンの中でも南部のスールー（ミンダナオ島など）の地域もまた、特にイスラーム化の過程がフィリピン以外の島嶼部と共通しているので、チャンパと同様に四角で切り分けられている（第29章）。

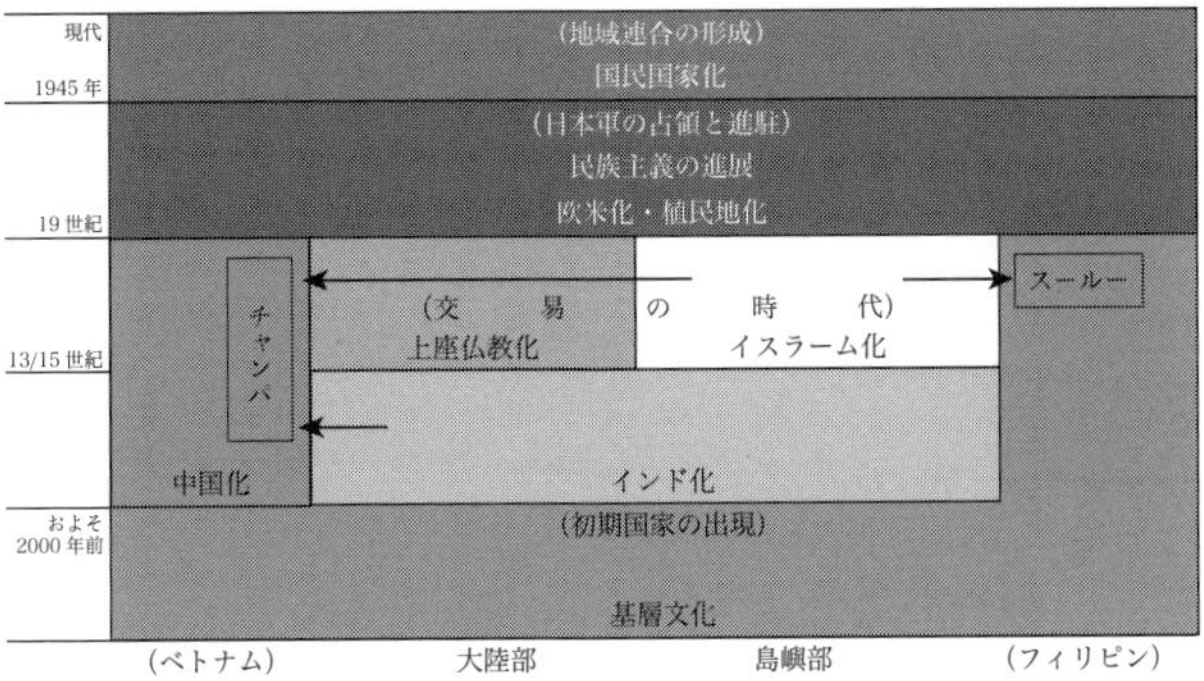

図　構造化された東南アジアの歴史年表
青山亨 2014「歴史の流れを概観してみよう」今井昭夫編『東南アジアを知るための 50 章』明石書店、p25 より引用

　東南アジアの歴史を大きく見ると、中国やインドの影響を受ける以前の基層文化の時代があり、その後大陸部も島嶼部も共通してインド文化を積極的に取り入れた「インド化」の時代が続く。イスラームが東南アジアで広く受け入れられたのは、そのあとに続く、15世紀から17世紀の「交易（商業）の時代（Age of Commerce）」と呼ばれる時代においてであ

る（第3章）。この時代、それ以前から様々な形で形成されていた東南アジアの交易ネットワークがさらに広く張り巡らされ、世界の交易ネットワークと結びついた。島嶼部においてイスラームはこうした交易ネットワークの拡大とともに受容され、一方大陸部ではこの時代に王権が強化されるとともに、上座部仏教に基づく仏教国家の構造が補強されていった。図の中で左端と右端に位置するベトナムのチャンパとフィリピン南部のスールー地域においても、島嶼部の交易ネットワークを通じてイスラーム化が進んだ（第6章）。

交易を通じたイスラーム化は、必然的に沿岸部から進むことになり、内陸部へのイスラームの普及や、王侯貴族や商人といった人々以外にもイスラームが広く浸透するのは、さらに時代を下って18世紀から19世紀のこととなる。また、幅広い層の人々にまでイスラームの基本的な教えについての知識が広まり始めたのは、メッカへ巡礼する人々やイスラーム学の盛んな地域へ留学して学ぶウラマー（学者）が増加し、各地にプサントレン（イスラーム寄宿塾）などのイスラーム学習の場を形成した19世紀から20世紀と考えられる（第4、42章）。さらに、現在の東南アジアに見られるような、多くのムスリム女性がスカーフをまとい、金曜となればモスクに人が溢れ、ハラール認証が付けられた食品を買い求めるといったイスラームを社会生活の中で明示的に示すような生活スタイルが定着したのは、1970年前後に始まるイスラーム復興以降のことである（第31、32章）。このような変化は2023年現在もなお続いている。

このように、東南アジアのイスラームは交易を通じて沿岸部から内陸部へ、そして教育や運動を通じて社会の全体へと広まっていったが、そのプロセスは植民地化と独立後の国民国家形成とも密接に結びついていた。国境線が引かれ、東南アジアのムスリムたちはこれまでの交易や知識の伝達のつながりとは異なる形で、それぞれの国家に組み込まれることとなった。ある国では多数派として、また別の地域では少数派として、それぞれ異なる方法で国家の保護や管理の対象とされた。こうした国家にくみこまれたことで、東南アジアのムスリムたちは、ムスリムであると同時にその国の「民族」「国民」としてのアイデンティティをはぐくみ、また一部では「ムスリムであること」を分離独立を求める大きな理由のひとつとして強調した（第35、37章）。しかしながら、グローバル化の進む現代において東南アジアのムスリムの生きる場所は変化し続けていることも忘れてはならない。農村から都市への移住、さらに国や地域を越えた移民も増加している。一人のムスリムが留学や職を求めて、一か所、一か国にとどまらずに人生を過ごすことも、そして日本のような移住先で非ムスリムと結婚し、ムスリムの一家を新たにその地で築くことも増えている。こうした動態の中にある東南アジア・ムスリムの多様な生き方と、そのイスラームとの関わりを本書の各章から捉えていってもらいたい。

（久志本裕子・野中　葉）

▼参考文献
今井昭夫編 ２０１４『東南アジアを知るための50章』明石書店。
久志本裕子 ２０２１「東南アジアにルーツを持つ在日／日本人ムスリムにとっての信仰、実践と日本社会」赤堀雅幸編『SIAS Lectures6 ディアスポラのムスリムたち――異郷に生きて交わること』上智大学イスラーム研究センター。
店田廣文 ２０１９「世界と日本のムスリム人口　２０１８年」『人間科学研究』第32巻第2号。
Pew Research Center, April 2, 2015, “The Future of World Religions: Population Growth Projections, 2010-2050” Pew Research Center Website https://www.pewresearch.org/religion/2015/04/02/religious-projection-table/（２０２３年１月25日最終アクセス）

2

東南アジアのイスラームをどのように見るのか

★「穏健」を越えて★

大学や高校での授業をする際に、「イスラーム」についてのイメージを学生に聞くと、必ずと言ってよいほど「厳格」「大変そう」「怖い」といったキーワードが出てくる。では、「東南アジアのイスラーム」の印象はどうかと聞くと、「穏健」「ゆるやか」という答えが一定数出てくる。世界中に住んでいる様々なムスリムが一様でないことは誰にでも理解できるだろうが、その「多様性」は「中東のイスラームは厳格」だが「東南アジアのイスラームはゆるい」といった形で把握できるものだろうか。当然そうではない。「東南アジアのイスラーム」の中身も多様であることはもちろんのこと、それを「穏健」という一見ポジティブな概念でくくる時、それもまた外からの一方的な価値判断という大きな問題を含んだステレオタイプ（固定観念）であることを見逃しがちである。本章では、無意識にこのような価値判断を下してしまうことを避けながら東南アジアのイスラームの「多様性」を捉えるためにはどのような見方が可能かを、文化人類学、地域研究の見方を参照しながら示したい。

社会人類学の立場から中東のムスリム社会の研究を行い多くの重要な著作を残した大塚和夫は、多様性を捉えるための重要な視点を提示している。人類学者としてフィールドで出会うムスリムたちが、それぞれに理解し実践するイスラームの多様性は、イスラームに関する理解の深さや敬虔さの度合いの相違といった、「唯一の絶対的な真理」を基準として計測することができるようなものではない。大塚は、「ある種の文化相対主義（文化に優劣はないという考え）の立場に共感する人類学者」としてそうした「唯一のものさし」を想定することへの違和感を示す。そうではなく、ムスリムたちがそれぞれに「イスラーム的」だと語り、行う様々なものを、さしあたりそのまま受け入れて、「その相違を歴史的、社会的、文化的な諸要因から説明していくやり方」を基本的な姿勢とするのである。

「ムスリムも多様である」という言い回しは、日本の報道番組などでも頻繁に聞くようになっている。しかし、「ムスリムも多様なので、テロを支持する人ばかりではないのですよ」とか、「一部の厳格なムスリムが女性の社会進出に反対していますが、社会で活躍するムスリム女性も多いのですよ」など、ムスリムの多様性に対して一見理解を示しているような言い方には大きな問題がある。それは、多様性を「厳格」か「穏健」かという「ひとつの軸」で捉えてしまうという落とし穴である。時にそれは、「信仰心が強く敬虔である」と「信仰心が弱く敬虔でない」という軸とも重ねられてしまう。そうした「計測可能」に見えるような軸を想定し、それを一本に重ねてしまうことで、より「敬虔」であるほどより「厳格」であり、かつより「過激」な態度を取る、という見方につながってしまう。さらに「敬虔なムスリムはよりテロリストに近い」とか、「信仰心が強いムスリムほど女性を差別する」という見方を持つ危険性すらある。

冒頭の「東南アジアのムスリムはより穏健である」というイメージに問題があるのは、一見好意的に見えるこのイメージが、右の見方の裏返しに過ぎないからである。「イスラームの本場」である中東では「より敬虔」な人が多く、ゆえにより「厳格」であり「過激」であるけれども、イスラーム世界の「周縁」である東南アジアでは「より信仰心が弱い」人が多く、ゆえにより「ゆるやか」に教義を解釈し、より「穏健」な態度を取る。だから東南アジアでは過激な組織やテロを支持する人は少ないし、女性が活躍できる。この考え方では、「そもそものイスラーム」は結局のところ「厳格」で「怖い」ということになろう。

イスラームに関する情報はますます多様化しているにもかかわらず、なぜこのような単純化されたイメージが強いままなのだろうか。この問題を説明する重要なキーワードが「オリエンタリズム」である。オリエンタリズムとは、西洋の人々が「東洋(オリエント)」をテーマとして生み出した文芸、芸術、学問とその根底にある東洋の見方を指す語である。パレスチナ系アメリカ人の文芸批評家であるエドワード・サイードの著作『オリエンタリズム』は、こうした西洋による「東洋」の描き方、特にヨーロッパに最も地理的に近い異文化であるイスラームのイメージが何世紀にもわたりほぼ変わらない状態で繰り返しうみ出されてきたことを明らかにし、厳しく批判した。西洋の芸術や学問において、オリエントは、「進歩的な西洋」と対照的な「遅れた他者」として、すなわち啓蒙された理性を持つ西洋の反対の、欲望に満ち、粗野で感情的で、時にエキゾティックな魅力を秘めたものとして描かれてきた。西洋の芸術や学問がイスラームを語るということは、西洋と対照をなす「他者」として描くことであり、同時に「優れた」西洋が「劣った」オリエント、すなわちムスリムを支配するということでもあった。こうした図式の中で、イスラームは「優れた、進歩的な」西洋に対する、「劣った、後進的な」ものとして描かれ続けてきたのである。

イスラームは「厳格」で「怖い」、あるいは女性を抑圧しているなど「進歩的でない」というイメージが日本で語られるとき、そこにはサイードが批判したオリエンタリズムと同種の構図が見て取れる。「進んだ日本」に対する「遅れたイスラーム世界」という基本構図である。「東南アジアのイスラームは穏健である」という見方の問題はここにある。オリエンタリズムの構図と合わせて見れば、この見方は、一方の極にイスラームの「本拠地」としての中東という「遅れた他者」を置き、他方の極に「進んだ我々＝日本と西洋」という対極となるものを想定し、その間の「遅れた他者の中でも進んだ我々に近いポジション」に東南アジアを置いているということではないだろうか。日本の都市の生活スタイルと似た都市的な生活を楽しみ、顔立ちや体格が世界の中では比較的日本人に近く、コミュニケーションの取り方や日本に対する親近感においてより日本の感覚で「受け入れやすい」というイメージを持たれることが多い東南アジアの人々であれば、「(本来遅れた) イスラーム」を信仰していたとしても、イスラーム世界の周縁に過ぎず信仰心は弱く、「(進んだ) 日本人」により近いと認識できる、ということに過ぎないのではないだろうか。

東南アジアのムスリムの様々なイスラーム理解と実践の中には、一部のムスリムから見たら「間違っている」と批判されるものもあるし、「義務を怠っている」、あるいは逆に「厳格すぎる」と言われるようなものも含まれている。スカーフを被っていない人も、カラフルなスカーフでファッションを楽しむ人も、黒い布で全身を覆っている人もいる。ラマダーン月の日中にこっそり食事をする人もいれば、義務の断食に加えて推奨されているラマダーン月以外の月曜日と木曜日の断食も実践している人もいる。日中の断食はきちんと実践しながらも、日没後の断食明けにはホテルのビュッフェなどで贅沢な食事にいそしむ人もいる。本書の基本姿勢は大塚と同様に、このような違いにたいして誰がより正しいとか、より敬虔だとかいった価値判断をするのを避け、ありのままの差異をさしあたり受け止め、それを地域の文脈の中でできる限り説明する、というものである。

このようなアプローチは、外からの偏見のまなざしに対抗するだけでなく、一部のムスリムがイスラームを内から語る時の「これは正しく、これは正しくない（ので排除すべき）」という排他的な見方にも対抗するものである。ムスリムたちが「より正しい」イスラームを目指すがゆえに、そうでないものを排除するということは、歴史の中で繰り返されてきた。だが、現代のムスリムが語る「より正しい」イスラームのイメージは、近代西洋とそのオリエンタリズムの影響から決して自由ではない。たとえば外部の観察者だけでなく、東南アジアのムスリムもまた、「東南アジアのイスラームは穏健である」と自ら語ることがある。そこには同様の、「より現代に適した、進歩的なイスラームを実践している我々」と、「より遅れた地域のムスリムたち」というオリエンタリズム的思考が読み取れる。さらに、別のムスリムはこれを反転させたような「より厳格に＝正しくイスラームを実践している我々」という自己イメージを持つ。彼／彼女らにとっては『穏健』を隠れ蓑にしてイスラームを軽視しているムスリム（と彼らが仲良くしている西洋）」が自己像を反転させた「敵」となる。西洋からのオリエンタリズム的視線への対抗、西洋を「進歩」とみなす価値観の内面化、イスラーム的「正しさ」の希求、といった意識が複雑にミックスされた「良い我々」と「悪い彼ら」の分断が、ムスリム社会の中にも様々な形で存在しているのである。

大塚の提唱するアプローチは、ムスリムが語り、行うことを見聞きして、それを即「ムスリムが言っているのだからそれが正しいのだろう」と受け入れるということではない。多様な事象について観察者が持つ、また観察の対象となる個々のムスリムや個別のムスリム社会が持つ特定の価値観からその善悪や優劣を判断してしまうことのないように細心の注意を払い、観察者と対象者がそれぞれ埋め込まれている時代的、地域的な文脈を十分に意識しながら解釈するということである。このようなアプローチは、ムスリムに対する外からの偏見や、ムスリム内部での対立が深まる現代にこそ、大きな意義を持つであろう。

そうした観察者の文脈を意識する必要性を考えた時、私たちは日本語で思考し、日本の社会のあり様を参照しながらイスラームを見ていることを忘れてはならない。そしてそこには、日本の文脈における「宗教」の特殊な位置づけが大きく影響を与えている。日本では「宗教を信仰していない」ことを自認する人が多数を占め、イスラームに限らず、「宗教」というもの一般に対してネガティブなイメージが強い。日本の教科書における宗教の描き方を分析した宗教学者の藤原聖子は、教科書のみならずメディアなどでも「異文化理解」のため世界の多様な宗教を知る必要性が説かれているにもかかわらず、実際に様々な宗教を学ぶ理由として挙げられるのは「宗教を知ると世界情勢(=紛争の要因など)がわかるから」、「宗教の戒律を知らないとトラブルに巻き込まれるから」ということであり、結局宗教は紛争や対立のもと、というイメージが強調されてしまっていることを指摘している。宗教を信仰することは紛争などの問題につながりやすいということはつまり、日本の多数派である特定の宗教を持たない人々は、より中立的な立場から各宗教を理解できる、という論理になる。ここには先述のオリエンタリズムと同様の形で「非宗教的な我々」を優れたもの、「宗教的な彼ら」を劣ったもの、と捉える日本的な世俗主義を前提にした二分法がある。そうした価値観を前提としてイスラームを見るならば、それは「客観的」「中立的」にはなりえない。

だからこそ、イスラームについて観察し、語ろうとする時、ムスリムであろうとなかろうと誰もが「中立的にイスラームを語ること」はほぼ不可能であることを念頭に置く必要があろう。本書の各章も、それぞれが対象とする地域の文脈と、執筆者の埋め込まれた文脈の間で生み出されたものであり、そこにこそ面白みがあるとともに常にある種の歪みがつきまとう。それを認めることは、歪みの修正をあきらめるということではなく、「私の世界の見方にどのような歪みがあるのか」を意識の表側に浮き上がらせ、その歪みの修正に取り組む端緒をつかむということである。東南アジアのイスラームとその多様性を知るということは、「ムスリムにもいろいろいる」という知識を増やすとか、「遅れた他者」を知ってあげる、あるいはその中に「進んだ我々」に近く受け入れやすいものを見出す、といったことではない。その多様性に魅了され、翻弄されながらも東南アジアのイスラームを理解しようとすることは、自分の認識の歪みに挑戦し、新しい世界の見方を獲得することにつながるのではないだろうか。

（久志本裕子・野中　葉）

▼参考文献
イスラーム文化事典編集委員会編 2022『イスラーム文化事典』丸善出版。
大塚和夫 2015『イスラーム的　地球化時代の中で』講談社学術文庫。
サイード、エドワード・W（今沢紀子訳）1993『オリエンタリズム　上』平凡社ライブラリー。
藤原聖子 2011『教科書の中の宗教——この奇妙な実態』岩波新書。

3

商業の時代の東南アジア

★イスラームの浸透と多様な展開★

「商業（交易）の時代」（Age of Commerce）とは、東南アジアにおける1450～1680年頃の貿易ブームの時期を指す。この時代には貿易が活発化しただけでなく、繁栄する港市が政体に発展し、さらにその中から広い領域を支配する強大な国家が現れるなど、地域に様々な構造的変化が起きた。そのような中で、イスラームは東南アジアに浸透していった。

商業の時代が始まる最大の契機は、1402年に始まる鄭和の遠征（計7回）であった。明朝は私貿易を禁止する一方で、雲南出身のムスリムである鄭和に艦隊を率いさせて東南アジアからインド洋にかけての国々に派遣し、朝貢を呼びかけた。朝貢した国は明との貿易が認められ、巨大な中国市場に参入し貴重な中国産品を入手する機会を得た。その利益に引きつけられて、東南アジアの多くの国々が朝貢を開始した。東南アジア産の香辛料（ナツメグ、メース、クローブなど）や高級木材（白檀など）、胡椒、森林産品などには世界各地で需要があったことから、朝貢品に刺激された中国の商人に加えて、ヨーロッパ、西アジア、南アジア、日本などからもますます多くの商人が東南アジアを訪れるようになった。これらの商人にとっては、主要航路から離れた生産地を訪れることなく、交通の便のいい港で各地の産品を得られることが望ましかった。そのため東南アジアの主要航路上に、様々な地域の産品が集荷される中継港が発達した。貿易から得られる関税や市場税などから経済力をつけた港は、15世紀頃から港市国家（港から得られる収入や権益を基盤とする国家。国家と呼ぶには未成熟なケースを含む場合には港市政体と呼ばれる）へ発展した。

港市政体では特に島嶼部で積極的にイスラームが受け入れられたが、それにはいくつかの要因が考えられる。東南アジアで需要が大きいインド綿布をもたらす西アジアや南アジアの商人にはムスリムが多く、支配者が彼らを引きつけるために礼拝施設などを設ける中で信仰が広がった。また、それまでの東南アジアでは、稲作が発達し人口が集中する内陸高地が文化や政治の中心であったため（当時の技術では低地平野よりも盆地や火山山麓の方が稲作が容易であった）、海岸部に台頭した港市政体は、内陸の旧支配者に対抗し自らの正統性を主張する原理としてイスラームを選択した。その典型はジャワ北岸の新興港市であるドゥマックとバンテンで、それぞれ15世紀末および16世紀初めまで内陸のヒンドゥー王国マジャパヒトとパジャジャランの影響下にあったが、港市国家に発展する過程でイスラームを受容した。さらに、中国における対外貿易の中心であった泉州が14世紀半ばから内乱に陥り、数千人のムスリム住民（多くは商人）が混乱を避けてチャンパ、ジャワ、スマトラ、ブルネイ、マニラ湾などに移住したこともイスラームの拡散につながった。鄭和に従ったムスリム中国人の船員が、船を下りてジャワに定住することもあった。そのため、これらの地域における初期のムスリムコミュニティには中国の影響が強かった。

このようにして貿易の発展とともに海岸港市にムスリムの支配者や商人が増えていったが、15世紀までの東南アジアではイスラームは他宗教と容易に共存した。港市は非常にコスモポリタンな空間で、タミル人や中国人などが金融サービスや流通で重要な役割を果たしており、イスラームに改宗した支配者は彼らのヒンドゥー教や道教などにも寛容だった。支配者たちは土着の信仰とも融和的で、たとえばイスラーム国家バンテンの年代記（現存する最古のバージョンは1732年作成）は、2代目支配者モラナ・ハサヌッディンが王となる前に、ヒンドゥー僧が修行するプロウサリ山に行き、見捨てられた修行者の庵に10年間滞在したこと、ちょうど指導者を失い戸惑っていた800人のヒンドゥー僧が彼に後光が差すのを見てイスラームに改宗したこと、ハサヌッディンはその後も周辺の山々でさらに7年間の瞑想修行を行ったことを伝えている。ここではイスラーム国家の王となる人物が山中でヒンドゥー的な修行を行い、ヒンドゥー僧が自発的に改宗したことが示され、イスラームとそれ以前の伝統との調和が強調されている。当時東南アジアに伝えられたイスラームには瞑想などを通じて神との一体化を求めるスーフィズムの要素が強く、山中などでの修行を重視する土着化したヒンドゥー教信者に受け入れられやすかったと思われる。16世紀初めにジャワを訪れたポルトガル人は、この島では独身を貫き修行にいそしむ苦行者が5万人に達し、ムスリムや仏教徒からも崇められていたと伝えている。

しかし16世紀からは、そうした状況に若干の変化が生じた。まず、イスラームをより厳格に取り入れようとする国が現れ、たとえばバンテンやアチェは中東から高名なイスラームの学者を招き、より正統なイスラーム諸学の導入に努めた。また、ポルトガルとの対立が激化する中で、軍事力によってイスラームを擁護しようとする国も現れた。ポルトガル人がムスリムを敵視しその商船まで攻撃したため、アチェのスルタンは商人たちの不満に応え、オスマン帝国と同盟を結び1530年代からポルトガル人への「聖戦（ジハード）」を開始した。テルナテ王国のスルタンは、1570年からポルトガル人と抗争に陥ると、マルク（モルッカ）諸島の諸王国とムスリム同盟を結成し、ポルトガル人や現地キリスト教徒の定住地を攻撃し彼らを追放した。こうしてマルク諸島で勢力をつけたテルナテのスルタンは、さらにスラウェシ東岸および東南岸の各地を攻撃して勢力下に置き、人々をイスラームに改宗させた。

とはいえ、それによって東南アジアのイスラームが特定の解釈のみを正しいものとし、それと異なるイスラーム解釈や他宗教に非寛容になったわけではなかった。1606年にバンテンを訪れたイギリス人は、王族など首都の最も重要な人々は敬虔なムスリムだが、一般の人々はいかなる宗教についてもほとんど知識を持っていないと述べており、スルタンが一般の人々にイスラームを強制した形跡は見られない。中部ジャワでは、16世紀末に勃興したマタラムの建国者スノパティが、イスラームの名において新たな正統性を主張し、ヒンドゥー系のライバルたちを攻撃し殺害した。しかしスノパティ自身の信仰の深さには疑問が示されており、その後のマタラムでは土着の信仰と習合したイスラームが発展した（第5章）。16世紀後半にアチェで活躍した著名な詩人ハムザ・ファンスーリーは、イスラーム神秘主義思想をマレー文化に適応させ、この世に内在する神と一体化することへの希求を作品の中で表現した。アチェはポルトガルと最も激しく対立し、17世紀東南アジアにおけるイスラームの中心地であったが、シャーフィイー学派の正統教説と神秘主義的存在一性論とが、支配者の交替とともに交互に影響力を持った。マカッサルではスルタンが近隣諸国に改宗を要求したが、一方で1669年にオランダに陥落するまでその都には3つのカトリック教会が存在した。

このように商業の時代における貿易の活性化は、イスラームの拡大と浸透に大きな役割を果たした。その一方で、当時のイスラームは他宗教と共存し、土着信仰との融合を通じて多様な展開を示したと言える。

（太田　淳）

▼参考文献

太田　淳2014『近世東南アジア世界の変容――グローバル経済とジャワ島地域社会』名古屋大学出版会。

ハウトマン、コーネリス、ヤコブ・コーネリスソーン・ファン・ネック（渋沢元則 訳、生田滋 注）1981『東インド諸島への航海』岩波書店。

ピレス、トメ（生田滋ほか 訳）1966『東方諸国記』岩波書店。

リード、アンソニー（太田淳・長田紀之 監訳、青山和佳・今村真央・蓮田隆志 訳）2021『世界史のなかの東南アジア――歴史を変える交差路』名古屋大学出版会。

Andaya, Leonard Y. 1993. *The World of Maluku: Eastern Indonesia in the Early Modern Period*. (Honolulu: University of Hawaii Press)

4

マレー半島におけるイスラームの広まりと社会変化

──★交易の中心からイスラーム教育の中心へ変貌したパタニ★──

マレー半島は古代から東西交通の拠点である。沿岸の港市にはインド洋、南シナ海を通じて交易船が到着し、横断陸路をもちいて交易品が運ばれ中華世界とインド洋世界を繋いでいた。港市は流行に敏感な世界である。3世紀から6世紀のマレー半島にはインド文明の影響をうけた港市王国が多々あり、ヒンドゥー教の慣習が浸透していた。たとえば中国の歴史書『梁書』にしるされた狼牙脩（ランカスカ、のちパタニ）国は、インド化の進んだ国で王侯貴族が薄手の綿をまとい、金のベルトを締め、レンガ造りの城に住み、乗り物に象を用いており、王は天竺人の妻をめとっているとある。これらの港には華人商人の他、インドやアラブやペルシャの商人が訪れ、のちにタイ人が南下し、ジャワ人が北上して東西南北の交易拠点となった。各地の宗教、言語、習俗が共存した国際交易社会が成立していた。

この地域の主要な港、パタニ、クダー、マラッカの王がイスラームに改宗したのは概ね15世紀半ばといわれている。クダーの文献では1138年に王がイスラームに改宗したとされているが、なにをもって「イスラーム化」とするかは解釈の違いもあろう。

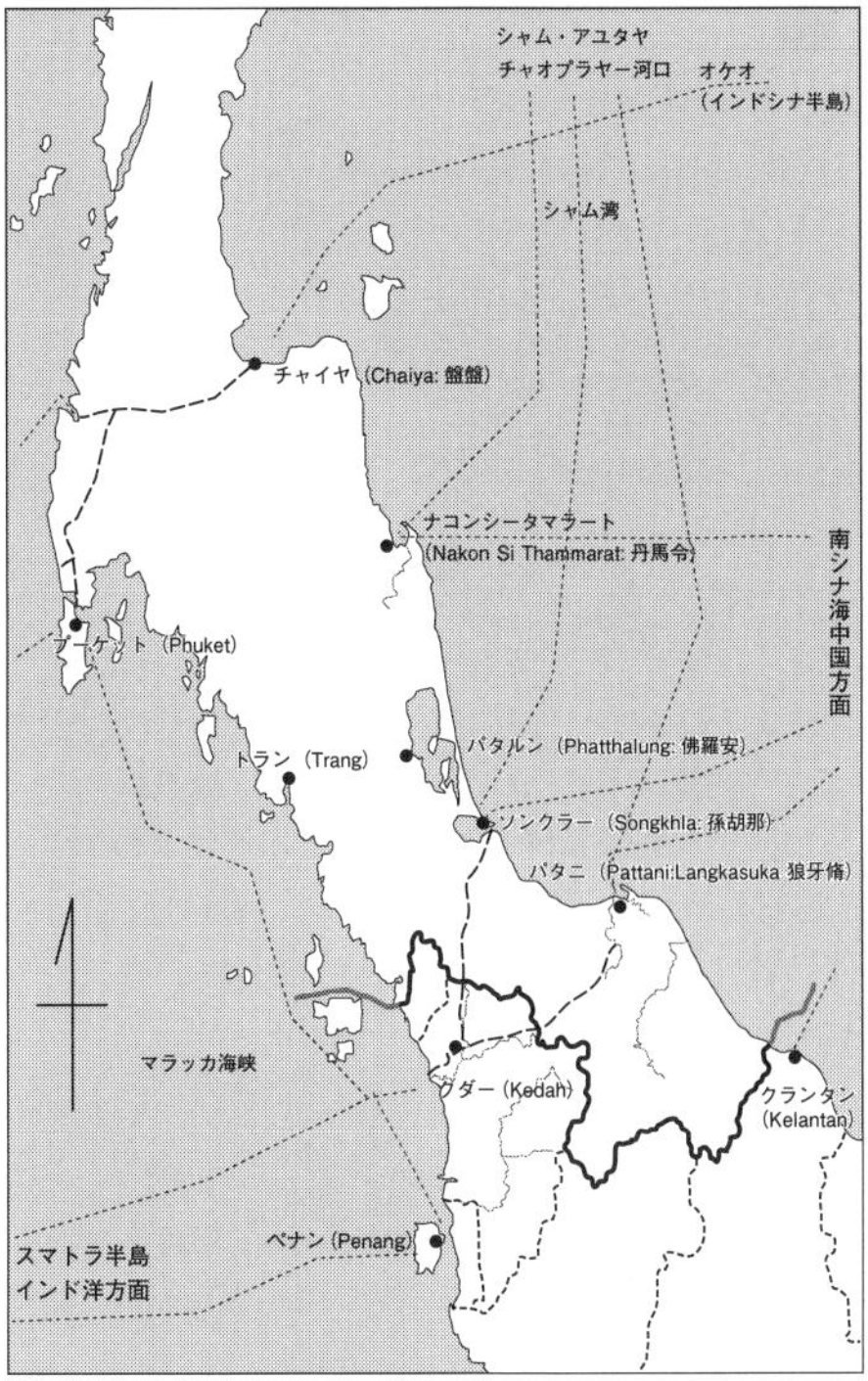

マレー半島地図（航路つき）

パタニの場合、王であるラジャ・インテラの改宗のきっかけは医療行為を受けたことである。スマトラのパサイからきたウラマー（学者）が病気を治療し、イスラームへの改宗を勧めた。ラジャ（王）は言いつけを守らず病気が再発し、再び治療したウラマーは強く改宗をせまった。ラジャはイスラームに改宗して以後スルタン・イスマイル・シャーを名乗り、豚を食することをやめた。これがパタニ宮廷の「イスラーム化」の物語である。

イスラームはアラビア語とともにパタニ宮廷の学問としての独占的地位を得たが、スルタンはそれ以外の仏教やバラモン教の儀式や慣習を取りやめることはしなかった。宮廷の外の社会では人々はそれぞれの宗教を信仰し慣習を実践していた。17世紀以前のモスクは仏教寺院を改装したものもあり、独自に建てられたものは木造であり、建築様式はアチェ型と言われる、マラッカに現存するスタイルである。本格的なモスクの建造はスルタン・イスマイル・シャーの後を継いだ息子たちの治世以降に行われた。

東南アジアにおいて最も国際商業が盛んであった時期は15世紀から17世紀後半に至る「交易の時代」（Age of Commerce）で、17世紀にはインド洋からのペルシャ商人の活動がマレー半島からアユタヤまで及び、仏教政権であるアユタヤにもペルシャ商人が大臣として採用され、パタニのライバル港市であるナコンシータマラートにもアユタヤ朝からムスリム総督が派遣された。特にパタニは交易の最盛期であり、スルタンの死後、娘たちが後を継ぎ女王が統治する時代が続いたが、この時期には日本商人もパタニを訪れている。華人の海商・海賊であった林道乾（Lim Tokien）はパタニの重臣となり、イスラームに改宗してクルセ・モスクの建設に着手した。クルセ・モスクはペルシャ型の石造建築で、建築技術の未熟さから上部のドーム部分が完成せず何度も崩落した。それは林道乾の改宗を責めた妹が自死によってモスクに呪いをかけたためであったという伝説があり、のちにタイの観光パンフレットに悲劇のイメージで掲載されたが、地元ムスリムのひんしゅくを買い、抗議活動に至った。

パタニの女王たちは、アユタヤとジャワの間で巧みに政治的バランスを取りながら交易拠点としてのパタニの地位を維持したが、女王ラジャ・クニンが１６８８年に亡くなると、隣国クランタンから血縁を招いてスルタンとし、パタニ・クランタンのあらたな王統が誕生した。以後この地域は文化的にもパタニ・クランタン方言のマレー語すなわちパタニ・マレー語を用いる言語圏となった。

パタニとナコンシータマラートの間にある港市ソンクラーには１６０２年、オランダ勢力によってジャワから追われたペルシャ系ムスリム商人ダト・モゴールとその息子スルタン・スライマンが拠点を構えた。ソンクラーを自由港として開放しソンクラー湖の西岸のパタルンを確保して、１６５５年には半島の西海岸にも勢力を伸ばした。

西海岸ではクダーが勢力を伸ばし現在のプーケット周辺まで沿岸と島嶼地域に拡大していたが、17世紀にスルタンがアチェに拉致される事件が起こった。アチェはマラッカに拠点を置いたポルトガルをマラッカ海峡の交易から締め出そうとしていたが、クダーがポルトガルとの交易に応じていたためにクダーを襲ったと見られる。

これらマレー半島中部のクダー、パタニ、クランタン、トレンガヌはいずれもスルタンを擁するムスリムの王国だが、同時に仏教国であるシャム（タイ）のアユタヤの朝貢国でもあった。スルタンは国をイスラームと慣習法によって世襲統治しつつ、3年に1度儀式的な貢物「金銀樹」と地産の商品をアユタヤに送る。この制度はシャム・アユタヤ朝の交易ネットワークを保障する意味があった。

一方、地域の人々のイスラームへの改宗は緩やかに進み、ヒンドゥー教儀式、あるいは地元の慣習と融合した形のイスラームが広まっていった。パタニはしばしばシャムに対して叛意をあらわし、アユタヤの有力藩国であり軍事拠点でもあるナコンシータマラートが何度も軍を派遣してパタニを制圧し、捕虜となった人々はナコンシータマラートやアユタヤ周辺に連れ帰られた。現在でもアユタヤ郊外、バンコク郊外にあるムスリム村落には、南部からの捕虜の子孫が住んでいる。

1768年にアユタヤはビルマによって崩壊し、パタニ、クランタン、トレンガヌ、クダーの諸国はこれをシャムからの解放とみなした。しかしシャムを再建したトンブリーのタークシン王も続くラタナコーシン朝のラーマ1世も中国向け交易を重視し、その重要交易拠点でもあるマレー半島のイスラーム諸国の再朝貢を1785年に要求した。パタニは抵抗したがラーマ1世が親征してパタニを破り、様子を見ていたクダーやトレンガヌ、クランタンもシャムへの朝貢を受け容れた。

一方、翌1786年にはイギリス東インド会社がクダーの沖の島ペナンを領有して本拠地とした。ペナンはイギリスの大きな軍事力と経済力を背景とした新型の交易の中心となった。錫の輸出とアヘンの中国向け輸出を巡ってペナンは周辺の港市勢力を引きつけた一方、特にナコンシータマラートと、華人の領主に交替し急速に発展したソンクラーとは交易のライバルとして激しい勢力争いを繰り広げた。ナコンシータマラートはペナンの交易の独占をねらって1821年から1842年までクダーを占領したが、いままで仏教徒による支配の経験の無かったクダーの人々は、ペナンに避難したスルタンの復権をもとめて何度も反乱をおこした。この時期は「ムソビシ(敵の来襲を囁く)の時代」と呼ばれて、現在でもクダー近辺のマレー農村のあちこちでシャム人と戦った英雄の伝説が残り言い伝えられている。1842年にシャム中央宮廷は、ナコンシータマラートの有力領主の死をきっかけに仏教徒によるマレー・ムスリム地域の支配を断念し、スルタンの復権を認めた。

19世紀後半は時代の大きな転換期である。蒸気機関の発達によって大型化した帆船や汽船が訪れるようになると、水深が浅い港は停泊が困難になった。ナコンシータマラートやパタニは国際港としての価値を失い、西海岸のプーケットとソンクラーが深海港として残り、シンガポールが一大拠点となって、地域の権力バランスは大きく形を変えた。

パタニ宮廷は弱体化し、19世紀の初めに何度かムスリムによる反乱を起こしてシャムに抵抗したが、パタニのウラマーたちは宮廷を出て他国に避難せざるを得なくなった。他方、それによって一般のムスリムはメッカでイスラーム学を研鑽した者や、クダーに下野した者によって、イスラーム教育の機会を得る大きなきっかけを得たのである。

まず、汽船の長距離定期航路の誕生は、ムスリムたちにとってはメディナ、メッカへの巡礼や留学の機会を与えた。パタニのウラマーの一族の出身であるダウド・アル＝ファターニー(第52章)は19

世紀始めにメッカへ留学し、そこで多くのイスラーム学の書物をアラビア語とアラビア文字表記のパタニ・マレー語で記した。その目的は「いまだイスラーム実践の未熟な人々のための教化」であり、正しい礼拝の方法や、屠殺法、神学、さらにメッカに留学する学生のためのより詳しい法学やスーフィズムについて書かれた書物など63冊に及ぶ。

この書物群はメッカに渡った東南アジアムスリム学生や弟子によって、初めは筆写され、のちにカイロやシンガポール、パタニで印刷されてパタニやクダー、そして東南アジア各地に持ち帰られて、パタニとクダーではポンドック（ポーノ）として知られた宗教教育の場でイスラーム教育の教科書として使用された。このパタニ・マレー語教本による教育は地域の人々のジャウィ表記マレー語の識字率を上昇させ、マレー語話者には容易にイスラームとアラビア語を浸透させることになった。ポンドックでの初期教育を経てメッカなど中東へ留学するコースが確立され、パタニはスマトラ島のアチェと並び「メッカのベランダ」と呼ばれるようになった。

クダーにおいても多くのウラマーが農村の教育の拠点としてのポンドックを開いた。だが、この地域は仏教徒とムスリムの混在する地域でもある。タイ語とマレー語も混在する地域ではイスラームの規範は非常に緩いものであり、「イスラーム実践」のあいまいな内陸部のタイ語話者ムスリムたちは、沿岸部のマレー語話者ムスリムたちからは「不真面目なムスリム」として「サムサム（タイ語とマレー語を混ぜて話す人たち）」と呼ばれていた。「サムサム」たちはパタルンからクダー内陸部にかけて現在も独自の語彙を持つタイ語話者として存在している。

１９０９年に設定されたシャムと英領マラヤの国境は、ポンドック分布地域としてつながっていたパタニからクダー地域を分断する形で設定された。マレー語話者が80%を超え、イスラーム実践が強く根付いた旧パタニ王国領がシャム領内に残留させられたのは、パタニとインドシナ半島南部の航路のつながりがあり、シャムが交易におけるシャム湾の封鎖を嫌ったためである。

その後英領マラヤから独立したマレーシアはイスラームを国教としたマレー人を主役とする多民族国家となり、イスラーム的価値観を重視する傾向が強まっている。一方、タイは仏教的価値観と仏教在家者の頂点としてのタイ王を重視した国作りを制度化した。イスラームはタイ王室の擁護のもとにあるとはいえ、深南部の旧パタニ王国地域ではタイ化への強い反発が生じた（第26章）。故に、パタニのスルタン制度が廃止された20世紀初頭から、マレー語話者が多い旧パタニ王国地域ではムスリムによる自治あるいは独立を求める運動が活発化し、テロを含む現在の紛争状況に至っている（第35章）。

（黒田景子）

▼参考文献
黒田景子 2020「ムソビシの時代――1821年～1842年のシャムによるクダー占領期（Part.1）」『鹿児島大学総合教育機構紀要』3。
黒田景子 2021「ムソビシの時代――1821年～1842年のシャムによるクダー占領期（Part.2）」『鹿児島大学総合教育機構紀要』4。
黒田景子 2020「シェイク・ダウドとポンドック（ポノ）の役割――マレー半島中部におけるイスラームの「越境する」学術ネットワーク」『宗教研究』94（2）。
桜井由躬雄 2001「南海交易ネットワークの成立」池浦雪穂ほか 編『岩波講座東南アジア史1　原史東南アジア世界』岩波書店。

5

スマトラ、ジャワ、マカッサルにおけるイスラームの広まりと社会変化

★王国のイスラーム受容★

東南アジアにおけるイスラーム化はスマトラから始まった。最も古いイスラーム国家の痕跡は現在のインドネシア、スマトラ島北端アチェの東岸ロクスマウェにある、13世紀末のサムドゥラ・パサイ王国初代スルタンのマリク・サレの墓碑である。現地のマレー語文学『パサイ王国物語』は、この人物がいかにして王となり、イスラーム教徒になったのかという経緯を物語る。それによれば、メラ・シル（王の改宗前の名前）は夢の中で預言者ムハンマドに会い、改宗したことになっている。パサイにイスラームをもたらした人々の出身地については、インド南東部海岸のコロマンデル、南西部海岸のマラバル、北西部のグジャラートなどの諸説ある。

パサイ王国は16世紀初めまで存在したが、その後東南アジアにおけるイスラームの中心はマラッカ海峡を統べるマラッカ王国に移動し、15世紀に栄華を誇った。しかし、15世紀末に再びアチェに、パサイ王国の後継を名乗るアチェ王国が誕生し、1511年にポルトガルに奪取されたマラッカと敵対し、オスマン帝国にも支援された強力な軍事力を背景に、16〜17世紀にはスマトラ島・マレー半島海域における交易に大きな影響力を及

ぼした。アチェ王国は第12代スルタンのイスカンダル・ムダ（在位1607～1636）が治めた17世紀前半が王国の絶頂期となった。

アチェ王国では様々なイスラーム儀礼が王宮で行われ、それらは法令で成文化されていた。さらに、法学、神学、神秘主義などのイスラーム諸学研究が幅広く行われ、イスラーム法の遵守が臣民にも奨励されていた。さらに、中世のイスラーム思想家イブン・アラビーの存在一性論に影響を受けた詩人ハムザ・ファンスーリー（?～1527頃）の神秘主義詩歌がアチェで人気を博し、シャイルというマレー語の文学ジャンルが誕生し、東南アジア島嶼部に広まった。ハムザ・ファンスーリーの学問系譜上の弟子でパサイ出身のイスラーム学者、シャムスディン・スマトラーニー（?～1630）もスルタンに仕えた。しかし、イスカンダル・ムダの治世後、後継のイスカンダル・サニ（在位1636～41）、タジュル・アラム（在位1641～75）に仕えたイスラーム学者、インドのグジャラート出身のヌールッディーン・アル＝ラーニーリー（?～1658）はハムザやシャムスディンらの存在一性論を強く否定し、著作は焼き捨てられた。このように、存在一性論の解釈は東南アジア世界のイスラーム学者たちの重要な争点となった（第52章）。

一方、ラーニーリーはマレー語で法学、神学、神秘主義などの様々な分野のイスラーム諸学の多くの著作を残し、これらは、現在まで東南アジア島嶼部のイスラーム学校で広く読まれる宗教書群（キターブ）の元祖となった。他にも、ラーニーリーは『ブスターン・アル＝サラーティーン（スルタンの庭）』を執筆し、イスラーム的世界観を反映した世界の誕生からアチェ王国までの歴史と統治論を著した。

イスカンダル・ムダの娘、タジュル・アラムから、4代にわたり女性のスルタンが続き、それ以降は強力なスルタンは現れなかったが、アチェ王国は20世紀初めまで存続した。

東南アジア島嶼部において最も多くの人口を抱えるジャワ島では7世紀から16世紀までヒンドゥー・仏教諸王国の時代が続いていたが、他のムラユ世界に影響を受けて、15〜16世紀にジャワ北海岸に、イスラームを信仰する諸都市や国家が誕生した。多くの写本や伝説によれば、この時期に多くの聖者たちが活躍し、ジャワにイスラームを広めたとされており、各地の影絵、楽器、楽曲、詩歌、倫理道徳などの様々な文化的始祖としても知られている。ただし、有名なワリ・ソンゴ（九聖人）伝説がその人数も含めて、のちの時代に作られていった物語であるように、聖者に関する正確な歴史を知ることは難しい（第53章）。

16世紀末にジャワ島内陸部にマタラム王国が誕生し、北海岸のイスラーム諸国家を吸収し勢力を広げ、第3代国王プラブゥ・パンディト・チョクロクスモ、のちのスルタン・アグン（在位1613〜46）の時代にマタラムは西ジャワを除くジャワ全土を勢力下においた。1633年にスルタン・アグンは聖者スナン・バヤットの墓地がある聖地トゥンバヤットでの反乱を鎮圧し、墓地へ巡礼した後に、国の暦をインドから伝わったサカ暦からイスラームのヒジュラ暦に基づいたジャワ暦に変更した。これがマタラムのイスラーム化の始まりとされ、スルタン・アグンはメッカに使者を送り、1641年にスルタンの称号を得た。さらに、聖者たちの長老、スナン・アンペルに系譜がつながる一族が治める港市スラバヤと姻戚関係を結ぶことにより、北海岸との関係を強固なものとした。

しかし、彼の後継者、息子のアマンクラット1世（在位1646〜77）はスルタンの称号を継承せず、むしろイスラーム勢力に対し高圧的で、5千から6千人ものイスラーム教師とその家族を謀反に加担したとして虐殺している。アマンクラット1世の強引な中央集権的統治と、異教徒であるオランダ東インド会社との良好な関係は、地方のムスリムの反感を買うことになり、マタラムに併合されたマドゥラ島の王子トルノジョヨが、オランダ東インド会社・ブギス人連合に敗北し離散したマカッサル人と同盟を結び、1675年に決起すると、地方のムスリムはこれに合流した。王宮側はオランダに加勢を頼み、なんとか反乱を鎮圧したが、ジャワではこの反乱後も、3度王位継承戦争が勃発し、1755年のオランダとのギヤンティ条約締結によってマタラムが4つの王侯領に解体されるまで戦争が続いた。

ジャワの王宮とイスラーム勢力の間には常に緊張関係が存在していたため、イスラーム勢力の家系から嫁いだ王妃たちによって両者の間の溝を埋める努力がなされた。特に、パクブウォノ1世（在位1704〜19）の妻、ラトゥ・パクブウォノが主要なイスラーム文学のジャワ語版の執筆を命じ、アッラーに王国に対する加護を祈ったことが有名である。

東インドネシアの中心であるスラウェシ島南部の港市マカッサルは、マルク諸島、別名香料諸島から産出される香料の交易ルートの中継地として栄えた。他のイスラーム世界との関係を深める過程で、16世紀にイスラームが広がり始め、1605年にマカッサル人が治めるゴワとタロ両国の王がイスラームに改宗した。17世紀オランダ東インド会社がこの海域に登場し、貿易の独占を要求したが、これを拒否したために、対オランダ・ブギス人連合のマカッサル戦争（1666〜69）が始まった。結果として、ゴワ王国は敗北し、マカッサル人は離散したが、戦いを率いたゴワ王国のスルタン、ハサヌディン（1631〜70）は異教徒オランダと戦った英雄として今も語り継がれている。

（菅原由美）

▼参考文献

池端雪浦編 1999『東南アジア史Ⅱ 島嶼部』山川出版社。
野村 亨訳 2001『パサイ王国物語——最古のマレー歴史文学』平凡社。
リード、アンソニー(太田淳・長田紀之 監訳、青山和佳・今村真央・蓮田隆志 訳)2021『世界史のなかの東南アジア——歴史を変える交差路』名古屋大学出版会。

6

スールー海域世界におけるイスラームの広まりと社会・政治的変容

★国境の導入とムスリムの抵抗★

本章で言うところの歴史的なスールー海域世界とは、フィリピン南部のスールー諸島を中心としつつ、パラワン島やボルネオ島北部沿岸に挟まれる狭義のスールー海の地理的範囲を超え、現ブルネイを含むボルネオ島周辺、スラウェシ島北部沿岸、そしてミンダナオ島南岸などに囲まれるセレベス海の周辺、沿岸地域も含む地域を指す。

この世界は、歴史的にはスールー諸島を中心に栄えたスールー王国、ミンダナオ島を拠点としたマギンダナオ王国などの影響下に、時代ごとにその外延を変化させながら緩やかに統合された交易圏を形成し、時代とともに、マレー人、華人、タウスグ人、マギンダナオ人、サマ人、イラヌン人、イダアン人、ティドゥン人などといった多様な生業と文化、ニッチを持った民族集団が関係を取り結んだ広域の社会圏であった。

スールー王国とマギンダナオ王国の両者ともに、港市国家の典型と言ってもよい存在であり、両王国はそれぞれインド洋海域世界から南シナ海域にまたがる複数のネットワークのハブとしてときには競合し、ときには相補的な関係を結びながら東南アジア海域世界の中で活発に交易を展開していった。

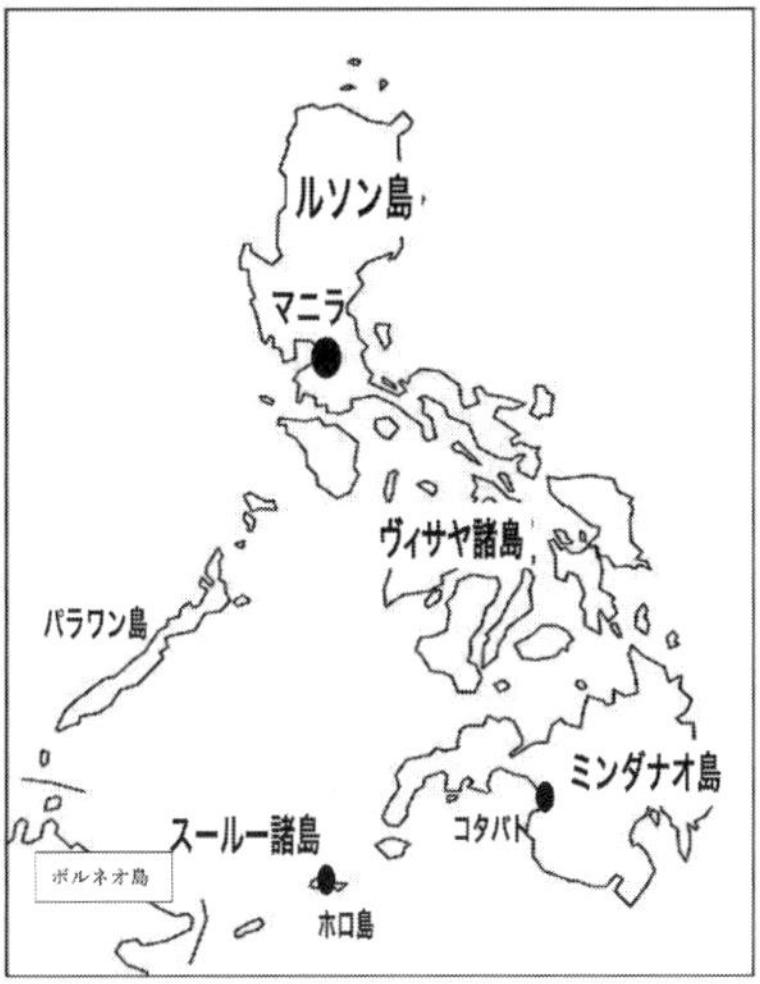

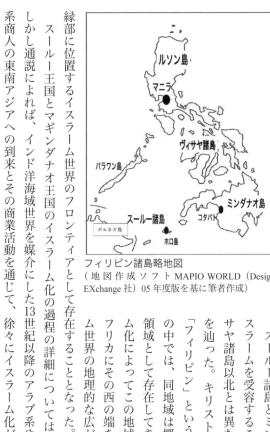

フィリピン諸島略地図
（地図作成ソフトMAPIO WORLD（Design EXchange社）05年度版を基に筆者作成）

スールー諸島とミンダナオ島は、ともにイスラームを受容することでフィリピンのヴィサヤ諸島以北とは異なる政治的・文化的発展を辿った。キリスト教徒が大多数を占める「フィリピン」という現代の政治的まとまりの中では、同地域は概してマージナルな辺境領域として存在してきた。しかし、イスラーム化によってこの地域は、地中海世界の北アフリカにその西の端を発する広大なイスラーム世界の地理的な広がりの中で、最も東の周縁部に位置するイスラーム世界のフロンティアとして存在することとなった。

スールー王国とマギンダナオ王国のイスラーム化の過程の詳細については、まだ不明な点も多い。しかし通説によれば、インド洋海域世界を媒介にした13世紀以降のアラブ系やインドのグジャラート系商人の東南アジアへの到来とその商業活動を通じて、徐々にイスラーム化が進展したと考えられている。

初期のイスラーム化の詳細はさておき、のちの社会にとって重要なのは、イスラームが、フィリピンのムスリム社会において、国家（王権）の政治的形成にとってなくてはならない要素として吸収され、活用された点である。それは、たとえば後で詳しく述べるスールー王国、マギンダナオ王国ともに、王への「スルタン」という称号の採用や、ジャウィと称されるアラビア文字で表記された現地語による王家の系譜（たとえばタルシラやシルシラと呼ばれる）、イスラームと慣習法の要素が混淆した成文法の体系、イスラーム暦の採用などに象徴される、政治体系におけるイスラーム化である。このうち法規範については、現地のアダットと呼ばれる慣習法的体系と結びついた成文法がスールーやマギンダナオにおいて17世紀頃までには成立し、その成文法のいくつかの記録が現在まで残されている。また政治分野でのイスラーム化とともに、食文化での豚肉食の禁止、人生儀礼のうち割礼の実施や葬儀における火葬の禁止など、生活様式の面でもイスラームはスールー諸島とマギンダナオの住人に大きな影響を及ぼした。

マギンダナオ王国を統治したスルタン・クダラートの像（マニラにて筆者撮影）。

マギンダナオ王国が公式に建国されたのは、比較的遅く、16世紀前半頃とされている。狭義のマギンダナオ王国とは、ミンダナオ島のプラギ河下流域を中心とする地域に成立した王権であるが、さらに上流のブアヤン王国、中流域のカブンタラン王国を合わせて広義のマギンダナオ王国を構成した。

そして同王国の第7代のスルタン（王）であるクダラート王（在位1616～71）のときに、プラギ河全流域が結束した。クダラートは、約半世紀にわたりスルタンの座につき、1645年には、16世紀以降にフィリピン諸島に進出していたスペインとの和平条約により、シブゲイ湾からダバオに至るミンダナオの広大な領域を支配地域として認めさせることに成功した。

マギンダナオ王国側は、ミンダナオ島が占める絶好の地政学的な位置を利用し、現地で利害を異にするスペインとオランダなどの西欧諸国間の競合関係をうまく利用することで自らの独立の維持に努めた。

このマギンダナオ王国を引き継ぐかたちで、18世紀中盤から19世紀にかけての東南アジアの海域世界におけるエンポリアム（交易中心）として浮上したのが、ホロ島を首都として成立した、タウスグ人やサマ人などを中心とするスールー王国である。

スールー王国は、14世紀後半に、アラブ系ムスリム商人・布教者の活動を通じて徐々にイスラーム化を成し遂げ、15世紀中盤までにスルタンを頂点とする独自の国家として確立したとされる。

スールー王国の統治体制であるが、スルタン（王）を頂点とし、そのスルタンの下で複数のダトゥ（貴族）が存在し、異なる称号を与えられた有力者が、それぞれの役職と領域に応じて王国の政治を担当していた。また、ボルネオ島の北東部の沿岸などにも、スールー王国のスルタンの代理人が存在し、現地を統治していた。なお、スールー王国の海賊の艦隊には、イマムやハティブと呼ばれるイスラームの宗教的役職者も同行した。彼らは船内での宗教的な行事などで役割を果たすだけでなく、判事（ハキム）でもあった。

経済的には、スールー王国は中国とインドを媒介する一種の三角貿易の拠点として繁栄した。具体

干しナマコ。真珠やフカヒレと同様にスールー王国の輸出品として重要であった。

的には、インドを拠点とするいわゆるカントリー・トレーダー（アジア在留西欧人商人）らが中国から英国向けの茶を輸入し、その対価としてスールー王国から真珠、干しナマコ、燕の巣、蜜蠟などを中国に向けて輸出する。そして代わりに、インドから輸出されたインド産アヘンや英国製武器弾薬、綿織物などを海産物への対価として、スールー王国に輸出したのである。こうしてイスラーム導入後に政治的統合を成し遂げたスールー王国は、経済的にもインド洋から中国までに至る広大な海域世界間を結ぶ海の交通路の交差する場として繁栄するようになった。それは概してタウスグ人やサマ人、ブギス人らをはじめとする海の民や、そうした人々の移動にともない各種のモノや文化が活発に往来する海のネットワーク空間であった。

（床呂郁哉）

▼参考文献
床呂郁哉 1999『越境――スールー海域世界から』岩波書店。
Laarhoven, Ruurdje. 1989. *Triumph of Moro Diplomacy: The Maguindanao Sultanate in the 17th Century*. (Quezon City: New Day Publishers)
Majul, Cesar. 1973. *Muslims in the Philippines*. (Quezon City: University of the Philippines Press)
Warren, James F. 1981. *The Sulu Zone 1768-1898: The Dynamics of External Trade, Slavery and Ethnicity in the Transformation of a Southeast Asian Maritime State*. (Singapore: Singapore University Press)

7

植民地期と日本軍政期（インドネシア）

★イスラーム指導者の政治的立場の変化★

ジャワでは19世紀に本格的にオランダの植民地体制下に組み込まれたことにより、王宮とイスラーム指導者の緊張関係はさらに大きくなっていった。まず、1755年のオランダとのギヤンティ条約によりマタラム王国はスラカルタ王家とジョグジャカルタ王家（その後もう2つの王家が誕生）に分裂した。ナポレオン戦争の終結により、オランダがフランスから解放され、ジャワがイギリス領からオランダ領に戻ると、オランダは財政の立て直しのため、植民地経営を本格化させた。しかし、当時のジャワでは重税に飢饉、疫病、自然災害が重なり、ついに1825年オランダ統治に対し、ジョグジャカルタ王家のディポヌゴロ王子が反旗を翻し、ジャワ戦争に突入した。ディポヌゴロ王子は、1821年にハムンクブウォノ4世（在位1814〜1821）の跡を継いで即位した幼いハムンクブウォノ5世の後見役で、4世の異母兄弟であった。彼の母親は15世紀にジャワにイスラームを広めたと信じられている聖人スナン・アンペルの子孫とされ、王子自身王宮から離れたトゥガルルジョという地でムスリムたちに囲まれ、曽祖母によって育てられたという特異な王子であった。彼の呼びかけに応じ、各地のイスラーム指導者たちが兵をあげたため、戦争はジャワ各地に拡大し、1830年まで続いた。彼には、オランダ植民地政府に抵抗した王子として、1973年にインドネシアの国家英雄の称号が与えられている。

ジャワ戦争終結後にオランダ政府はジャワでサトウキビなどの政府栽培制度を開始した。これは後の時代に「強制栽培制度」という別名がつけられるほど悪名高いが、村落住民の労働力徴発に責任を負っていた首長層には多くの特権が与えられており、彼らは富を蓄えていった。また、この制度下で進んだ農地開発、耕地の共同占有・均等分割により、以降ジャワでは死亡率が低下し、大幅に人口が増加した。1860年代に植民地経営は政府から民間に移り、賦役労働から賃金労働に変化し、地域によって土地の個人占有も広まり、貧富の差はさらに大きくなった。19世紀後半はスエズ運河の開通や蒸気船交通の活発化の影響により、余裕のある層からはメッカ巡礼者が増え始め、『植民地報告』によれば毎年2000〜7000人、20世紀に入ると毎年1万〜2万人がジャワからメッカ巡礼に出発した。巡礼帰還者の一部は各地でイスラーム寄宿学校を開いたため、学校に通う生徒たちの数も急増した。1885年の植民地政府統計ではジャワでは1万4929の学校に22万2663人の生徒がいると記載されている。そこでは、法学、神学、スーフィズム、アラビア語文法などのイスラーム諸学の教科書（キターブ）が用いられ、それも手書き写本から、次第にシンガポールやボンベイ、中東で出版された印刷物へと変わっていった。さらには、ナクシュバンディー教団などのイスラーム神秘主義教団（タレカット）も巡礼者を通じて広がりを見せた。

一方、プリヤイと呼ばれたジャワの伝統的首長たちはオランダ植民地政府の官吏となり、彼らの地位を維持するために政府に対する忠誠心を見せ、生活や行動様式も西洋化した。彼らは政府から狂信的なイメージを持たれないようにイスラームと距離を置くようになった。また、王宮ではロンゴワルシトなどの宮廷詩人がジャワの古典を収集・再編し、インドとイスラームの2つの世界に連なるジャワ王家の系譜が創作された。オランダのアカデミズムは、こうした王宮の古典研究から、ジャワの「本質」を仏教・ヒンドゥー時代に見出し、イスラームは表層に過ぎないとみなした。

ジャワ人首長の態度はオランダによる統治を是としない在野のイスラーム指導者たちを大きく失望させ、時に彼らは農民を率いた抵抗運動や宗教運動をジャワ各地で引き起こしたが、いずれも大きな運動につながる前に政庁によって鎮圧されていった。

一方、西スマトラでも、18世紀後半以降、世界市場向けのシナモンやコーヒーの大量生産による富でメッカ巡礼者が増え、その中から、中東のワッハーブ運動の思想をミナンカバウ人社会に導入し、アヘンや賭博などによる社会の腐敗を食い止めようとする者（パドリ）が現れた。しかし、慣習法（アダット）を守るミナンカバウの王たちだけでなく、17～18世紀にミナンカバウで隆盛を誇っていた神秘主義教団シャターリー教団やナクシュバンディー教団をも攻撃し、敵対者を殺害するまでに過激化したパドリ運動はかえって社会の分裂を招いた。１８２１年以降にオランダが反パドリ派の王族側に加勢したことにより、パドリ対オランダの戦争となり、１８３７年にようやく終結したが、王族のほとんどが殺され、西スマトラはオランダの植民地体制下に組み込まれた。パドリ戦争後、ミナンカバウ社会ではイスラームと母系制アダットの関係性が見直され、両者は互いを否定するのではなく、互いを補完する関係へと発展することとなった。

20世紀に入ると、メッカ巡礼者や中東への留学生を通して、アラビア文字マレー語（ジャウィ）新聞・雑誌がオランダ領東インドに流通し、世界のイスラーム諸国の動向や、エジプトのムハンマド・アブドゥやラシード・リダーなどによるイスラーム改革思想がより広く知られるようになった。その結果、ジャワではジョグジャカルタでアフマド・ダフランが1912年に改革派団体ムハマディヤを結成し、都市においてイスラームの基本から逸脱した伝統を排除し、クルアーンの合理的解釈を追求した。ムハマディヤはオランダ植民地政府の協力の下、各地に学校や病院を建設し、ジャワを越えて急速にオランダ領東インド各地に支部を作った。これに対抗し、伝統派はハシム・アシュアリが1926年に東ジャワにおいてナフダトゥル・ウラマー（NU）という組織を結成した。NUは農村に基盤を置き、多くのプサントレン（イスラーム寄宿学校）を束ねた（第54章）。この組織は伝統を排除しない土着のイスラームを重視し、のちにインドネシア最大のイスラーム組織となるが、オランダ植民地体制下ではイスラーム指導者の政治的立場は弱いものであった。

1941年12月に日本軍がマレー半島に上陸し、太平洋戦争が始まった。42年3月にはジャワに上陸し、オランダ軍を降伏させた。日本軍は戦争の遂行に必要な物資調達のため、「大東亜共栄圏」の建設を謳い、現地住民の協力を求めた。その際、現地の人々の尊敬をあつめるイスラーム指導者たちの協力が不可欠であることがわかり、彼らを全国から集め、政治イデオロギーを教える研修に参加させた。さらに、宗教に関連する事項を取り扱う政府の部署として、中央に宗務部、各州に宗務課を設置し、イスラーム指導者たちをその官吏として登用した（第61章）。これはそれまでオランダ植民地体制下において、中央の政治から除外されていたイスラーム指導者たちにとって大きな意味を持つことになった。宗務部は独立後には宗教省となって存続し、影響力を拡大した。

（菅原由美）

▼参考文献

加藤　剛　１９８０「矛と盾？――ミナンカバウ社会にみるイスラームと母系制の関係について」『東南アジア研究』18（2）。
小林寧子　２００８『インドネシア　展開するイスラーム』名古屋大学出版会。
菅原由美　２０１３『オランダ植民地体制下ジャワにおける宗教運動』大阪大学出版会。
Carey, Peter. 2008. *The power of prophecy: Prince Dipanagara and the end of an old order in Java, 1785-1855*. (KITLV Press)

8

植民地期と日本軍政期（マラヤ）

★イギリスの統治と近代イスラームの出現★

マレーシア国家の輪郭は、イギリスによるマレー半島（マラヤ）、ボルネオ島北部の植民地化により形成された。植民地統治は、この地域のイスラームにどのような変化をもたらしたのだろうか。

イギリス東インド会社は、インドから中国へ進出する中継点として、マレー半島周辺にペナン、シンガポール、マラッカの3つの港市を獲得し、1826年に海峡植民地を成立させた。マレー半島にはムスリムであるマレー人の王権が点在していたが、1874年以降、イギリスは9つの王権を次々に保護領とした。ボルネオ島北岸ではマレー王権のブルネイの領土を侵食する形でサラワク、北ボルネオ（現在のサバ）にイギリスの民間資本が進出していたが、1880年代にその3地域もイギリスの保護下に入った。これらの地域の統治権は、マレー王権からイギリス植民地政府へ移った。

ただし、植民地化でイスラームが影響力を失ったわけではない。イギリスによるイスラームへの干渉は最小限にとどまった。マレー王権が残ったマレー半島の9つの保護領とブルネイにおける植民地統治は、王のもとに派遣されたイギリス人顧問が実質的な統治権を握る「間接統治」であった。王権は州という行政区画に再編されたが、王は各州の形式上の主権者であり続けた。イギリス人行政官も、支配のためとはいえ、マレー王権との関係を重視した。19世紀前半の代表的なイギリス人行政官で、シンガポールを建設したラッフルズは、マレー人の言語や文化に通じており、王族とも親密な関係を築いた。王権には「宗教と慣習」に関する権限が認められ、イスラームの長である王を頂点としたマレー人社会の秩序は維持された。マレーシアのモスクには、植民地期に王権の下で建設されたものも見られる。

このため、植民地統治の下で、イスラームが制度的に強化された面も見られた。１９１５年にクランタン州でイスラーム教・マレー慣習評議会が設置されるなど、イスラーム行政を管轄する組織が新たに設けられた。ムスリムの結婚や相続などを明文化した法制度が整備され、イスラーム裁判所の設置や裁判官の任命が行われた。イギリス植民地政府による法とイスラーム法が並列され、ムスリムと非ムスリムで適用される法が異なる二元的な構造となった。イスラームが近代的な行政制度に組み込まれたことは、現在につながる大きな変化であった。

イギリスが築いた蒸気船などの交通インフラを通じて、中東など他のイスラーム世界との関係が深まったことも、イスラームの活性化につながった。植民地行政の中心で交通のハブとなったシンガポールは、中東に向かう東南アジアのムスリムが集まる中継港となり、アラブ人のコミュニティが根づいた。多様な出自を持つムスリムがつながり、近代における東南アジアのイスラーム・ネットワークが形成された。ラッフルズの通訳を務めたアブドゥッラーは、マラッカ生まれでアラブ系とインド系の混血者であったが、１８４９年にマレー語で自叙伝『アブドゥッラー物語』を著し、マレー・ムスリム社会の変革を訴えた。20世紀初頭にゴム栽培がマレー半島やスマトラ島に広まり、ムスリムの現金獲得の機会が増えたことも、東南アジアからのメッカ巡礼者や中東留学者の増加を後押しした。

　こうした人的ネットワークを通じて、中東やインドのイスラーム改革思想がマラヤに持ち込まれ、各地のマドラサ（近代的イスラーム学校）で広まった。カウム・ムダ（新しい世代）と呼ばれた改革主義者は、西洋近代的な価値観の影響を受けつつ、それに対抗するためにイスラームの純化を唱えた。20世紀初頭、彼らは既存のイスラーム指導者層をカウム・トゥア（古い世代）と呼び、厳しく批判した。

　論争の場となったのが、ジャウィ（アラビア文字表記のマレー語）で書かれた新聞・雑誌であった。植民地期における教育の普及によりジャウィの識字層が増え、都市の経済発展により出版業が活性化した。ジャウィの定期刊行物は20世紀初頭以降に急増した。ジャウィの出版活動にはアラブ系やインド系のムスリムも参加しており、多様な出自を持つマレー・ムスリムの都市文化の象徴であった。マラッカ生まれでアラブ系のサイイド・シャイフ・アル＝ハディは、カイロのアズハル大学などで学んだカウム・ムダの代表的指導者であった。彼は、シンガポールで雑誌『アル＝イマーム』（1906～1908）の発行に携わったのち、ペナンで出版社をたちあげてイスラーム色の強い書

الامام
١٣٢٤
بسم الله الرحمن الرحيم
ادع الى سبيل ربك بالحكمة والموعظة الحسنة
والصلاة والسلام على سيدنا محمد وعلى اله وصحبه

雑誌『アル＝イマーム』
イスラーム主義のジャウィ定期刊行物の代表格。エジプトのイスラーム改革主義の雑誌『アル＝マナール』に範をとって出版された。

籍や新聞を発行した。

　マレー語の言論空間での議論から、現在のマレー人という民族アイデンティティが確立された。マレー文化の主要な構成要素は、マレー語とイスラームであった。マレー語は島嶼部東南アジアの共通語として広く使用され、現在のマレーシア語、インドネシア語のもとになった。イスラームもまた広域的なつながりを持っていた。このため、マラヤ、オランダ領東インド（インドネシア）という政治的境界を越えた東南アジアのムスリムの統合を目指す思想も現れた。しかし、イギリスの植民地統治に対抗してナショナリズムが形成される過程で、マレー人アイデンティティは、イギリスがもたらしたマラヤという植民地領域と民族という非宗教的な枠組みに収斂していった。ただし、マレー人の統合の核が民族なのかイスラームなのかという問いは、独立へむけたマレー・ムスリムの政治運動の中で重要な対立の構図となった。

　イギリスの統治は、第2次世界大戦によって中断された。1941年12月、日本軍はマレー半島のコタバルに上陸し、翌年2月にはシンガポールを占領した。マラヤ・ボルネオは日本軍政下に入った。日本軍は、中国系住民を敵視する一方で、マレー王権を優遇し、ムスリムの支持を得るための宣伝工作を行った。このため、王族などマレー人指導者の多くは軍政に協力姿勢を示したが、同時にマレー人と華人の民族対立が激しくなった。

　戦争が終わると、イギリスが統治に復帰したものの、独立運動が高揚し、マラヤ・ボルネオは脱植民地化のプロセスに入る。マラヤでは、マレー人、華人、インド人という民族ごとに結成された政党の連合が運動を主導した。イスラーム勢力は、対応が分かれた。イスラーム指導者の多くは、統一マレー国民組織（UMNO）に加わるなど、この運動の一翼を担った。一方で、戦争直後にマラヤ・マレー国民党（PKMM）を結成したブルハヌッディン・アル＝ヘルミなどの急進派はそれに対抗し、共産党とも近い関係を持ちながら、イスラーム法に基づく近代国家の樹立を模索した。そこから汎マラヤ・イスラーム党（現在のPAS）が結成され、彼らは野党として独立を迎えた。

イギリスの植民地統治は、様々な点でイスラームに「近代」化を迫った。イギリスおよび中東などイスラーム世界の新しい制度や思想を取り入れ、現地化することで、マラヤのイスラームはマレー人の政治、文化活動における原動力のひとつとなった。この時期の諸変革は、1970年代以降のマレーシアにおけるイスラーム復興の基盤となるのである。

（坪井祐司）

▼参考文献

アブドゥッラー・ビン・アブドゥル・カディール（中原道子訳）1980『アブドゥッラー物語——あるマレー人の自伝』東洋文庫。
クラトスカ（今井敬子訳）2005『日本占領期のマラヤ——1941〜1945』行人社。
坪井祐司 2019『ラッフルズ』山川出版社。
Aljunied, Syed Muhd Khairudin. 2019. *Islam in Malaysia: An Entwined History*. (New York: Oxford University Press)

9

植民地統治期以降のスールー海域世界とイスラーム

★植民地化と海域世界のムスリムの抵抗★

スールー王国は15世紀以降にイスラーム化と並行して政治的な求心力を高め、18世紀から19世紀前半にかけては東南アジア海域世界の政治経済的なハブの1つとして大いに繁栄した。しかしながら、19世紀も中盤を過ぎると、スールー海域世界はかつてのような海の民によるネットワーク的な空間ではなく、西欧の植民地主義の覇権が競合する場へと徐々に性質を変えていった。19世紀中盤頃からは、スペインの蒸気船のパトロールにより、スールー王国の政治・経済活動は押され気味となり、19世紀後半には、それまでスールー王国の首都であったホロ島の一部にもスペインによる軍事拠点が建設されるに至る。

そして1898年には、スペインとアメリカがキューバ領有を巡る対立から米西戦争に突入し、この戦争で勝利したアメリカは、パリ講和条約によってそれまでスペインが領有していたフィリピン諸島の領有権を継承するに至った。

この過程で特に重要な点は、パリ条約においては、実際には19世紀末までのスペインの実効的支配が及んでいなかったミンダナオ島とスールー諸島も含めて、領有権がアメリカへ「譲渡」されたことである。この歴史的偶然こそが、かつてはスペイン統治下のフィリピン諸島に含まれていなかったスールー諸島とミンダナオ島が、「フィリピン」というナショナルなまとまりへと編入される契機となった。こうして、スールー諸島やミンダナオの住人の与り知らぬ内に締結された欧米列強間の条約によって、住人の頭越しに一方的に「国境」が課されることになった。

ただし、欧米諸国間の条文と地図の上に最初に書き込まれた〈境界〉が、それまで海域世界を流動していた海の民に対して実際に一定の効果を及ぼすまでには、植民地統治者による以下のようなボーダー・コントロールと、「定住化」政策の実施が必要であった。

まず19世紀後半には、旧来はスールー王国の影響圏であったボルネオ島北部に、英国の影響力が次第に増した。その結果1881年以降は、ボルネオ島北部を英国の北ボルネオ勅許会社が統治するようになった。同会社は、20世紀初頭の時期には、何とかしてそれまでのサマ（バジャウ）人をはじめとするスールー諸島からボルネオ島北部で活動するムスリムの海の民の移動性を低下させ、より同社の実質的な統治下に置こうと試みた。そこで同社は、漁場を移動しながら海産物を採取するなど移動性の高い生業に依存していた海の民に対し、土地への定着度の高い農耕を導入することで定住化を促進する政策に出た。具体的には、センポルナのいくつかのサマ人コミュニティにココヤシ栽培を奨励し、結果としてかなりの成功を収めた。

また1901年には、住民の所有する船舶の登録制度を開始し、以降10年間この普及に努めた。この船舶の登録は、それまで会社が関知し得なかった海の民の移動と分布の状況を把握し、海民の移動の管理に役立てることが目的だった。

他方、20世紀初頭以降からアメリカ統治下に組み込まれたスールー諸島やミンダナオ島周辺においても、英領北ボルネオと同じように、一連の国境管理と定住化政策が実施された。この政策には、領内住民へのセンサス（人口調査）実施、人頭税徴税、船舶登録制度の導入などが含まれる。

1903年には、スールーとミンダナオのムスリム住民を統治する行政機構として「モロ州」という行政単位が設定され、モロ州政府によって領内の正確な人口の掌握のためにセンサス調査が実施され、このセンサスに基づいて人頭税が実施されるようになった。ちなみに「モロ」とはもともとは北アフリカのムスリムであるムーア人に対する西欧（スペイン）人の呼称であったが、西欧の東南アジア進出以降はフィリピン諸島南部周辺のムスリムに対しても一般的に用いられるようになった名称であろう。

またスールー海域世界における国境設定に伴って、許可なき越境交易は総じて「密輸」であると当局からみなされるようになり、伝統的に実施されていたスールーとボルネオやスラウェシなどの間での海上交易への介入と制限・管理が強化されていくこととなった。

さらに言えば、海上の交易や人の往来に対する制限や管理の施策が実施されるようになっただけではなく、アメリカによる植民地統治の開始により、一夫多妻などを含む現地の文化的慣行の一部にも当局による禁止・廃止などの介入が実施された。また植民地当局側から見て「野蛮」や「非文明的」であるとされた現地の慣習、たとえば奴隷制や報復闘争（私闘）などについても「文明化」する観点から禁止・廃止する政策が決定され、実際にその政策に沿うかたちで現地社会への介入も実施された。

こうしたアメリカ植民地統治による現地社会への介入、中でも海上交易への制限や介入、さらには人頭税の導入などといった政策は、現地住人から大きな不満や反発を招き、結果的にはムスリム住人による抵抗や反乱をたびたび招くこととなった。たとえば1906年3月には、アメリカ統治に反対するスールーのダトゥ率いるムスリムが、ホロ島のダホ山に集結してアメリカと2日間に渡る大激戦を繰り広げた。

スールー諸島の政治的中心地であるホロ島

この戦闘（通称「ダホ山の戦い」）では、近代的装備を備えた790人の米軍を相手に、約1000人のムスリムが抵抗し、結果として女性や子どもを含む約600人以上のムスリムが殺害された。また1913年には、スールーで武装解除政策に抵抗するムスリムがバグサック山に集結し、米軍との5日間に及ぶ戦闘で、一説では2000人近くのムスリムが戦死したとされている。

こうした現地のムスリムによる植民地化への武装抵抗は、しばしば宗教的な要素を伴っていた。現地のムスリムは、武力で優勢な米軍への抵抗をイスラームの定めるジハードと位置づけ、ときに白装束で身を包み、攻撃の前夜にはイマーム（モスクの礼拝指導者）などの前で、神に対して自分が殺されるまで一人でも多くの敵を殺すことを誓った。そして翌日、短剣などで武装し、少人数で米軍やキリスト教徒らに対して突撃し、自分が撃ち殺されるまで手当たり次第に斬りつけるといった戦法を採用した。これはアメリカ人側からは「フラメンタード」と呼ばれたが、フラメンタードをしているムスリムは米軍側の銃弾で撃たれても、すぐには倒れずに突撃してくることもあり、米軍人やキリスト教徒の間で非常に恐れられた。

さらに興味深いのは、アメリカによる植民地化へのムスリムの抵抗の背景として、スールーと広域のイスラーム世界とのネットワークの持続を印象づけるような報告も残されている点である。たとえば、1905年の1月にスールーでラクサマナ・ウソップという有力者が反乱を起こした事件では、その背景として中東から来たアラブ人の影響を指摘する報告なども残されている。

しかしながら、マクロな政治史的文脈で言えば、ボルネオ島北部沿岸からスールー諸島を経てミンダナオ島に及ぶスールー海域世界のムスリム社会は、20世紀初頭以降、軍事力や技術力で優勢な米英の植民地主義勢力によってその抵抗も徐々に鎮圧され、植民地統治の体制にしだいに組み入れられていった。そして日本軍政期を得て20世紀中盤以降はそれぞれフィリピン、マレーシアなど個別の国民国家の体制に編入させられることとなる。

（床呂郁哉）

▼参考文献

鈴木伸隆 2011「ムスリムの再生を願うコロニアリズム――米国植民地行政官ナジェーブ・サリビーの『モロ問題』を通して」床呂郁哉・西井涼子・福島康博編『東南アジアのイスラーム』東京外国語大学出版会。
床呂郁哉 1999『越境――スールー海域世界から』岩波書店。
藤原帰一 1984「イデオロギーとしてのエスニシティ――米国統治下における『モロ問題』の展開」『国家学界雑誌』97（7／8）。

10

イスラーム改革主義

★「真のイスラーム」への回帰と近代文明との調和★

東南アジアのムスリムはイスラーム世界の中心である中東アラブ地域から多大な影響を受けてきた。そのような影響と言うと、東南アジアのイスラームを厳格なもの、さらには過激なものにするというイメージが強いかもしれない。しかし、中東アラブ地域の影響を受けながら19世紀末から20世紀前半に東南アジア各地で起こったイスラーム改革主義は、そのようなイメージで捉えきれるものではない。

ヨーロッパ諸国に対し劣勢になったイスラーム世界の各地では、19世紀になるとイスラームに基づきながら近代世界に対応すべく社会変革を唱える人々があらわれた。思想の革新性や影響の広がりという点でイスラーム改革主義の画期としてあげられるのが、19世紀後半のジャマールッディーン・アル＝アフガーニーとムハンマド・アブドゥの登場である。大半の地域が欧米による植民地支配下に置かれた東南アジアでも、19世紀末頃に、外部のイスラーム世界の影響を受けながら改革主義運動が始まった。東南アジアで改革主義運動が大きな広がりを見せたのは、多数のムスリムが住む英領マラヤ（現在のマレーシア、シンガポール）やオランダ領東インド（現在のインドネシア）である。

第10章
イスラーム改革主義

だが、その影響は、タイやフィリピンなどのムスリムが少数派として存在する地域にも及んだ。

イスラーム改革主義運動の世界的な中心は、アブドゥと彼の弟子ラシード・リダーが活躍したエジプトのカイロであった。しかし、東南アジアのムスリムは、最初は主にメッカとの交流を通して改革主義の影響を受け始めた。19世紀後半以降、東南アジアとメッカとの関係は、蒸気船の普及などにより巡礼者の数が大幅に増加したことで緊密さを増していた。東南アジアからの巡礼者の中には、学問を修めるためメッカに何年も滞在し高名な学者となる者もいた。そのような人物の一人、西スマトラ出身のアフマド・ハティブの思想には、改革主義につながる要素が認められる。彼のもとでは多くの東南アジア出身のムスリムが学び、帰国後に各地で改革主義運動を牽引する最初の世代となった。

改革主義者の思想は概ね以下のようにまとめることができる。彼らの理解によれば、イスラーム世界の衰退の原因はムスリムがイスラームを正しく理解していないことにある。そこで彼らは、イスラームに関する「誤解」を正し、「真のイスラーム」に回帰するよう人々に訴えた。批判の対象となったのは、まず伝統的なウラマーであった。古い法学説への盲目的な追従（タクリード）が変化する時代への対応力を失わせたとして、クルアーンや預言者ムハンマドの慣行（スンナ）といった法源を自ら解釈し、新しい法規範を導き出すこと（イジュティハード）の必要性が唱えられた。改革主義者の批判の矛先は、「真のイスラーム」からの逸脱（ビドア）と彼らがみなしたイスラーム神秘主義（スーフィズム）の教義や教団の儀礼の一部、土着の要素と結びついた信仰にも向けられた。東南アジアでは、この地域で支配的な法学派であるシャーフィイー学派の権威や聖者崇敬の是非が主な議論の的となり、改革主義者は伝統主義者と激しい論争を繰り広げた。

もっとも、「真のイスラーム」への回帰を希求する純化主義の動きは、中東アラブ地域においても東南アジアにおいても以前から見られた。これに対してイスラーム改革主義の特徴は、人間の理性の役割を重視し、イスラームと近代文明との調和を図った点にある。そのため、イスラーム近代主義という表現もしばしば用いられる。さらに、近代文明が生み出した技術や制度が、改革主義運動の発展を促した点も無視することはできない。たとえば、交通機関の発展による人の移動とともに、改革主義思想を様々な地域に広めたのが印刷メディア、つまり新聞・雑誌である。『固き絆』や『アル＝マナール』（「灯台」という意味）などイスラーム改革主義運動を主導した海外のアラビア語誌は、東南アジアのムスリムの間でも読まれた。

東南アジアのイスラーム改革主義運動の初期の段階では、アラブ系やインド系といった移住者やその子孫の活躍が目立つ。その理由のひとつは、これらの人々がイスラーム世界の他の地域との結びつきが強く、外部からの影響を受けやすかったことである。しかし、彼らの大部分が都市部に住み比較的裕福であったため、印刷メディアのような近代文明の産物にいち早くアクセスすることができた点も重要である。１９０６年にシンガポールで創刊された『アル＝イマーム』（「導師」という意味）は改革主義を唱えた最も初期のマレー語誌であるが、その編集・発行にはアラブ系ムスリムが大きな役割を果たした。

近代文明の産物の中で印刷メディアとともに注目すべきなのが、団体・クラブ、そしてヨーロッパ式の学校である。これらは相互に関連しながら改革主義運動を推し進めた。インドネシアの先駆的な改革主義者であるアブドゥッラー・アフマドの活動を例に見てみよう。西スマトラで宗教教育に携わっ

アダビア学校（出典：Derde klas van de Adabiah-school te Padang KITLV 18148
https://digitalcollections.universiteitleiden.nl/view/item/723529?solr_nav%5Bid%5D=93431a79868d81aef5fd&solr_nav%5Bpage%5D=0&solr_nav%5Boffset%5D=0）

المنير

『アル＝ムニール』（インドネシア国立図書館所蔵）

ていた彼は、まずアダビヤ協会という団体を結成した。そしてこの団体は、アブドゥッラー・アフマドが開設したアダビヤ学校という近代的なイスラーム教育機関の運営に携わった。これは東南アジアで「マドラサ」と呼ばれるもので、ヨーロッパ式の学校がモデルとされ、オランダ語や非宗教科目も教えられた。さらにアダビヤ協会からは、インドネシアで最初のイスラーム系雑誌である『アル＝ムニール』が1911年から16年まで発行され、改革主義思想の普及に貢献した。

イスラーム改革主義が東南アジアのムスリム社会にもたらした変容は広範囲にわたる。マレー・インドネシア語では、改革派が自分たちをカウム・ムダ（「新しい世代」）、伝統派をカウム・トゥア（「古い世代」）と呼ぶことがある。だが、伝統主義者の多くも変化する社会に対応するため、上記のような近代文明の産物を積極的に活用した。さらに、改革主義運動の中では女性の地位が大きな議論の対象となった点も重要である。イスラーム団体の中に女性組織が設置されたり、多くのマドラサが女子教育の改善に取り組んだりした。

最後に、イスラーム改革主義と近代的な国民国家の形成との関係について触れておきたい。改革主義運動では、植民地主義に対抗すべく地域を超えたムスリムの連帯を訴える汎イスラーム主義が説かれたため、東南アジアとイスラーム世界の他の地域との関係は深まった。他方で、改革主義運動は多くの場合それぞれの国や地域の独立運動と並行して進展し、ナショナリズムとも親和性が高かった。そのため、イスラームが独立運動のイデオロギーのひとつとなることが促され、特にインドネシアやマレーシアでは世俗的なナショナリズムと競合することとなった。

（山口元樹）

▼参考文献

山口元樹 ２０１８『インドネシアのイスラーム改革主義運動――アラブ人コミュニティの教育活動と社会統合』慶應義塾大学出版会。
Hourani, Albert. 1983. *Arabic Thought in the Liberal Age 1798-1939*. (Cambridge: Cambridge University Press)
Noer, Deliar. 1983. *The Modernist Muslim Movement in Indonesia 1900-1942*. (Singapore/Kuala Lumpur: Oxford University Press)
Roff, Wiliam R. 1994. *The Origins of Malay Nationalism*, 2nd ed. (Kuala Lumpur: Oxford University Press)

II

信仰実践と日常生活

11

生活の中の六信五行

★天国を目指す生き方の指針★

日本でイスラームが説明されるときに、まず出てくるのはこの六信五行という言葉であろう。六信とはムスリムに課された6つの信仰上の義務、すなわちアッラー・天使・啓典・預言者・来世・天命を指し、五行とは5つの行為上の義務、すなわち信仰告白・礼拝・断食・喜捨・巡礼であるが、仏教用語などを援用した漢字がたくさん並んでいるといかにも堅苦しく難しそうな印象を受ける。

しかし、東南アジアの大多数を占めるスンナ派の教義に従うムスリムにとって、この六信五行の概念は非常に身近で、日常的なものである。まず、「六信」の語は、マレー・インドネシア語ではアラビア語を元とする「ルクン・イーマーン」すなわち「信仰の柱」、「五行」の語は「ルクン・イスラーム」すなわち「イスラームの柱」と呼ばれ、柱が建物を支えるように、イスラームという宗教を支えるどれひとつ欠くことができないものと理解されている。書店や雑貨店に行くと、イラスト入りで六信五行の概念をまとめたポスターが売られているのもよく見かける。六信五行の説明を子ども用の歌にしたものもある。六信五行について誰もがすらすらと説明できるかといえば決してそうではないものの、各項目の要点については幼児期から繰り返し見聞きしている。

このようにムスリム社会の日常に深く根付く六信五行は、ムスリムにとってはどのような意味を持つのだろうか。日本語の表現では数が入るので、「たくさんあって大変」と思われそうであるが、すべては「アッラーを信じ、従う」という1つのものを支えるためになくてはならない柱である。六信について言えば、ムスリムが信じるべき6つのものがバラバラに存在するのではなく、アッラーを信じるとは何かをひとまとまりで説明するものと考えるとわかりやすい。6つの要素は次のようにつながっている。

「アッラー」の教えを我々人間がなぜ知ることができたかと言えば、アッラーが「天使」を通じてムハンマドとかれ以前の「預言者たち」に「啓典」をもたらしたからである。そしてその啓典には、アッラーによって創られた世界の被造物はアッラーの決める「天命」に従って動かされ、やがてアッラーによって壊され、「来世」の秩序に作り替えられること、現世において信仰心を持ち、善い行いをしたものは天国に入り、永遠の生を生きるということが書かれているのである。このように六信はひとまとまりのものなので、たとえばアッラーの存在は信じるが来世の存在は信じない、といったように六信のいずれかを信じないのであれば、アッラーを信仰しているとは言えないことになる。

六信の中で誤解されがちな点を補足しておくと、まずアッラーは日本語において一般的に使用される「神」の概念と大きく異なる、「唯一絶対の神」である。「空の上」などどこかの空間に存在するのではなく、よくある「神様の絵」のような姿もない（アッラーや天使、預言者を絵に描くことは禁じられている）。すべての存在がアッラーによって創られ、今この瞬間もアッラーが世界を動かしているのである。このような一神教の神としてのアッラーは、イスラームの理解ではユダヤ教、キリスト教の本来の「神」の概念と同じ存在である。アッラーがはじめに作った人間はアーダム（アダム）とハウワー（イブ）であり、六信の「預言者」にはイブラーヒーム（アブラハム）やムーサー（モーセ）、イーサー（イエス・キリスト）といった名前が含まれる。したがって、これらの預言者に下された「啓典」にはイスラームの聖典「クルアーン」だけでなく、ユダヤ教の聖典「トーラー」にあたる「タウラー」やキリスト教の福音書にあたる「インジール」も含まれる。

ただし、イスラームにおいては預言者ムハンマドを最後の預言者、「預言者の封印」と捉え、彼にもたらされた啓典であるクルアーンを啓示の最も完成したもの、いわば最終版と考える。イスラームの預言者ムハンマドはあくまで「ただの人間」、しかし「最良の人間」であるとされ、単なる偉大な過去の人物ではなく、今のムスリムの日々の生活の中で「生きている」存在である。預言者ムハンマドの言葉と行動は、のちに「ハディース（伝承）」として記録され、クルアーンに次ぐイスラームの教えの源泉とされている。ハディースに示された彼の行い、たとえば挨拶を交わす、客をもてなす、右手で食事をする、嫉妬しない、といった行為や心がまえは「預言者の慣行（スンナ）」、すなわちムスリムがそれに倣うことが推奨されるものとされ、ムスリムの日々の行動の指針となっている。

クルアーンは、アッラーのことばそのものである。歴史的には預言者ムハンマドがアッラーの言葉を聞き、暗記したものを（預言者ムハンマドは読み書きができなかったとされる）周りの人々に伝え、それを後に収集して現在の「本」の形になっているので、現在のクルアーンの章の順で啓示が下されたわけでも、その全体をアッラーが預言者ムハンマドに一度に渡したのでもないが、アラビア語で記載されたクルアーンの本文は紛れもないアッラーの言葉そのものとされる。したがって、ムスリムはアラビア語で書かれたクルアーンのみを「聖典」と捉え、その翻訳はあくまで人間が解釈して書いた文章として区別する。これは日常の実践にも関わり、アラビア語のみで書かれたクルアーンには礼拝前などに行う「浄め（ウドゥー）」をしないと触れてはならないとするが、翻訳が共についているクルアーンであれば「書籍」の1つとして触れても問題ないと考える。ただし、翻訳がついたものであっても、クルアーンの一部のみが記載された教科書のようなものであっても、アッラーの言葉が含まれたものとして敬意をもって扱うことが望まれ、床に置いたり、ましてや踏んだりしてはならない。だからといってクルアーンは棚の中にしまっておくようなものではなく、日々持ち歩いては折に触れて読むのが良いとされるので、きれいな装飾のついたカバー付きのポケットサイズのクルアーンが書店でたくさん売られている。また、「クルアーン」のアラビア語の原義は「朗誦するもの」であり、声を出して朗誦すること自体が一つの信仰の行為、アッラーからの報奨を得る重要な実践とされている。このため、アラビア語を日常で使用しない社会においても、子どもの時からアラビア語でクルアーンを朗誦する方法を習うことがムスリムとしての教育に欠かせない要素と認識されている（第44章）。

もう一点、日本の文化を前提として誤解が生じやすいのが「来世」の概念である。日本語において「来世」は「生まれ変わり」という語と結びつきやすいが、イスラームには死後に再び現世に生きるものとして「生まれ変わる」という考え方は存在しない。イスラームにおける「来世」は、終末の日が訪れて現在私たちが生きているこの世界、すなわち「現世」が消滅したのちに現れるものであり、天国と地獄に分かれる。人間は、死後「墓の世界」に住んで終末の訪れを待ち、終末の日に全員が復活し、その生前の行いを基に最後の審判を受け、天国と地獄に振り分けられるのである。天国に入ったものは、そこで現世からは想像もつかないような幸福のうちに永遠に生きる。一方、地獄に入ったものについては、これもまた想像もつかないような責め苦を味わうことになるのだが、地獄についてはは入った時点で永遠にそこにいることが決まるのではなく、救済されて天国に入る可能性がまだ残されている。アッラーの御心次第である。この来世での生こそがイスラームにおける本当の「生」であり、現世の生はその前段階の短い試練の期間なのである。

では、天国に行くための「善い行い」として欠かせないものは何か。その最も基本的な義務をまとめたのが「五行」である。巡礼だけは一生の間に実現できないムスリムがいてもよいとされるが、それ以外の四項目はすべてのムスリムが実践すべきこととしてムスリムの日常に埋め込まれ、社会を形成する基礎となっている。

ただし、ムスリムは「五行」のみを行えばよいというのではない。現世での生き方のすべてが天国に入れるかどうかの試練の場であり、「シャリーア」と呼ばれるイスラームの「法」は日々の生活の行動と心のあり方のすべての面について天国に続く道を示すものなのである。このイスラームの「法」は、日本語の「法」に伴うイメージとは大きく異なる。現代のムスリムが多い国家には「シャリーア法」と呼ばれる法律が存在することもあるが、それは広い意味のシャリーアの一部を「法律」の形にしたものであり、シャリーアは日本語の「道」により近いもの、生き方の指針そのものである。「イスラームには厳しい戒律があり……」と説明されることが多いが、シャリーアは「戒律」という言葉で想起される「人々を縛るもの」「自由を奪うもの」「守らないと罰せられるもの」というイメージとは大きく異なる。五行を含むムスリムにとってのシャリーアとは、「どうしたらよく生きることができるか、すなわちアッラーが喜ばれ、天国に入れられるような生き方とはどのようなものか」を示すもので、日々の生活と切り離すことは決してできないものなのである。

しかしながら、実際にムスリムが日々のあらゆる側面においてアッラーを想い、天国を目指してシャリーアに従った生き方を実践できているかというと、当然ながらそうではない。人間は弱く、「これが正しく良い道だ」とわかっていても楽な方へ、心地よい方へ流れてしまうものであり、イスラームはそうした人間の弱さを想定した教えなのである。「すべてきっちり守らないと罰が与えられる」というイメージでシャリーアを捉えるといかにも日々堅苦しく楽しみがないように思われるが、「できるだけ良いことをしよう、ついサボってしまうこともあるけれども、間違ったら反省して直せることは直そう」として生きている、と想像してみれば、日本の多くの人々の日々の過ごし方とそれほど変わらないということがわかるであろう。

（久志本裕子）

▼参考文献
イスラーム文化事典編集委員会編 2022『イスラーム文化事典』丸善出版。
大塚和夫 2015『イスラーム的――世界化時代の中で』講談社学術文庫。
中田　考 2017『イスラーム入門――文明の共存を考えるための99の扉』集英社新書。
中田　考 2020『ハサン中田考のマンガで分かるイスラーム入門』サイゾー。

12

信仰告白

★日々唱え、目にするアラビア語★

「六信五行」の「五行」はアラビア語やマレー・インドネシア語では「イスラームを支える五つの柱」と表現されるが、その柱の第一のものが「信仰告白」である。「アッラー以外に神はなく（ラー・イラーハ・イッラッラー）、ムハンマドはアッラーの使徒である（ムハンマド・ラスールッラー）」という2つの句であり、この2つをセットで信仰することがムスリムであるということの基本中の基本である。「カリマ・シャハーダ（信仰の証言の言葉）」として知られるこの2つの文句は、アラビア語を母語としない多くの東南アジアのムスリムが一生のうちに最も唱え、耳にし、目にするアラビア語の文句ではないだろうか。

信仰告白をすることが「義務」となるのは、ムスリムではなかった人がイスラームに入信する時である。イスラームには、その教義や信徒たちをまとめる「組織」のようなものは必要とされないので、イスラームに入信するときにもどこかの組織に登録するとか、組織の代表のような人に認められるといった手続きは必要ない。敬虔なムスリム2名の前で、その内容を信じたうえで「私は証言します（アシュハド）」という語をつけて上の2つの文句をアラビア語で唱えることで、1分もかからずに

第12章

信仰告白

信仰告白の二句をアラビア習字で書いたもの

ムスリムになれる。シンプル極まりない。教えについて詳しく学ぶとか、礼拝のやり方を覚えるとか、お酒を飲まなくなるとか、そうしたことは後からすればよく、この2つをまず信じればよいのである。ただし、現代のマレーシアのように国家がムスリムの「管理」を積極的に行っているようなところではそれだけでは終わらず、ムスリムとして社会的に認められるためには宗教局で決められた手続きを行い、証明書を取得しなければならないことになっている。このような「手続き」はイスラームの教義ではなく、あくまでその国の行政的手続きなので混同せず理解する必要がある。

　ではムスリムの両親のもとに生まれた場合はどうであろうか。ムスリムは、洗礼のような儀礼を経てムスリムになるのではなく、生まれた瞬間からムスリムである。イスラーム的にはすべての子どもはムスリムとして生まれ、その保護者がムスリムでなかった場合はムスリムではないものとして育つ、という理解である。ムスリムの両親のもとに子どもが生まれると、預言者の慣行（スンナ）に従って父親が新生児の耳元で信仰告白の2つの文句を含む、「アザーン（礼拝を始める前の呼びかけの文句）」を唱えるのが東南アジアでもよく見られる。なお、マレーシアなどではこのためもあって父親が出産に立ち会うのが基本である。信仰告白の文句は、そのまま子守歌にもなる。イスラームの教えを歌にしたものがたくさんある中のひとつで、メロディは地域によっていろいろあるだろうが、マレーシアではほとんどの地域で聞かれる共通のメロディがある。子どもを抱っこしたり、天井から吊るすブランコのようなゆりかごに入れて揺らしたりしながら、やさしい調べで「ラーーー・イラーーハ・イッラッラーーー」と歌うのである。

ムスリムでない人も日常の中で信仰告白の言葉を聞く機会がある。礼拝の時間になるとモスクやテレビから流れるアザーン、ムスリムの多い地域を訪れるとモスクから歌のように聞こえる、あの独特の調べである。アザーンの文句は「アッラーは偉大なり」に続いて信仰告白が唱えられ、「さあ礼拝をしよう」と呼びかけている。アザーンを聞いて人々が礼拝の準備をして集まったあと、いよいよ集団で礼拝を始める前には「これから礼拝を始めますよ」という文句（イカーマと呼ばれる）を唱える。内容はアザーンとほぼ同じで、やはり信仰告白の2つの文句が含まれる。アザーンやイカーマを唱えるのは、その時に呼びかけの係をする人だけであるが、聞いている人は小さな声でその言葉を繰り返すなどして呼びかけに答えるのがスンナとして奨励されている。礼拝の中では、礼拝の決められた動作の1つとして信仰告白を唱えるところが基本的に2回ある。一日5回の礼拝だけをとっても、信仰告白の2つの言葉を何十回もとなえることになるのである。

東南アジアのムスリムの多くはアラビア語を日常的に話さないが、特に現代のイスラーム復興現象が広まった1980年代以降、日常生活の中でアラビア語の文句を使う挨拶などが格段に増えた（コラム1）。その中のひとつに「アッラーのほかに神はなし」の言葉もあり、たとえば知り合いが事故に巻き込まれたが奇跡的に助かった、など驚くべき出来事を聞いた時などに「ラーイラーハイッラッラー！」と使われたりする。

このほか、信仰告白の文句はモスクの装飾や家の飾りなどにも使われる。アラビア語習字の独特の

モスクの壁に描かれた「アッラー（右）」と「ムハンマド（左）」の文字

書体で書かれた信仰告白の文句は、サウジアラビアの国旗に書かれた文句と言われれば見たことがあることに気づくであろう。イスラーム過激派組織の旗などにも書かれることがあるのでマイナスのイメージを持つ人もいるかもしれないが、装飾として一般的に使用されるものである。信仰告白の文句全体を書いたもの以外にも、「アッラー」と「ムハンマド」をセットにして家やモスクなどの装飾として使用されるものもよく見られる。信仰告白の2つの文句は、唱え、聞くだけでなく、日常的に目にするものなのである。（久志本裕子）

▼参考文献

森　伸生2002「シャハーダ」大塚和夫ほか編『岩波イスラーム辞典』。

13

礼拝

★様々なフレキシビリティ★

礼拝はムスリムにとっても非ムスリムから見ても、ムスリムの日々の生活の中で最も存在感のある「宗教的実践」ではないだろうか。一日5回も礼拝を行うというのはいかにも大変そうに思われるが、少なくともインドネシアやマレーシアなどのムスリムが多く暮らす地域では、礼拝の時間は日常の時間の流れに自然に組み込まれている。もちろんそのような地域でもすべての礼拝をこなさない者もいるが、このような個人差についての説明は後に回し、まずは礼拝の時間と方法に関わる基本的事項を整理したい。

イスラームでは一日5回の礼拝を行うことが責任遂行能力のあるムスリム男女の義務とされる。夜明けの「ファジュル（あるいはスブフ）礼拝」、昼の「ズフル礼拝」、夕方の「アスル礼拝」、日没の「マグリブ礼拝」、夜の「イシャー礼拝」の5回である。礼拝の時間は太陽の動きによって決まるので、日本のような緯度の地域では一年を通じて礼拝時間が大きく変わるが、マレーシアやインドネシアなど赤道に近い地域では一年の礼拝時間は数十分しか変化しない。マレー半島中部スランゴール州の宗教局が出している2021年の礼拝時間の一覧表で最も礼拝時間

マレーシア（クアラルンプール）の5回の礼拝時間

日付／礼拝時間	ファジュル	ズフル	アスル	マグリブ	イシャー
2022年2月1日	6:18	1:30	4:51	7:28	8:40
2022年11月1日	5:48	1:00	4:20	6:58	8:09

マレーシア・イスラーム発展庁（JAKIM）ホームページ“e-solat”より筆者作成

がずれる2月1日と11月1日の礼拝時刻を見ると、上の表のようにちょうど30分ほどずれているのがわかる。なお日本のファジュルの礼拝時間を見ると、6月半ばの2時36分が最も早く、1月上旬の5時21分が一番遅い時間と、約3時間の違いがある。

この違いは、日常生活への礼拝の組み込みやすさと大きく関連してくる。一年のうちに礼拝時間が季節ごとに大きく変わる日本では生活時間を合わせるのが大変だが、マレーシアなど赤道近くの地域では、大学の履修や仕事のルーティーンはひとたび礼拝に差しさわりのないスケジュールを作れば年間通してそれに従えばよいのである。

一回の礼拝にかかる時間は10分から15分程度である。礼拝時間というのは「その時間ぴったりに必ず礼拝をしなければならない」ものとしばしば誤解されるが、そうではない。基本的にある礼拝の時間に入ってから、次の礼拝の時間になるまでの時間であれば礼拝の義務をこなしたことになる。上の２０２１年2月の例で言えば、ズフルの礼拝ができる時間は1時30分から4時50分までとなる。できるだけ早い時間に行うことが推奨されてはいるものの、3時間以上の余裕があるので「お昼ご飯を食べてから礼拝しようか」「3時までの授業が終わってから礼拝しよう」と各自の予定に合わせて調整することができる。ただし、ファジュルの礼拝はズフルまでにすればよいのではなく「シュルク」という日の出の時間までの約1時間以内に行わなくてはならないこと、マグリブの礼拝は次のイシャー礼拝までに1時間強しか時間がないことには注意が必要である。上の2月の例で言えば、「夜7時に待ち合わせて夕食を食べに行こう」と誘うとマグリブ礼拝の時間が取りにくくなってしまうので、夕食会や観劇など夜に行われるイベントはたいていマグリブ礼拝を終えてから家を出る想定で夜8時以降に開始される（終わるのは深夜になることも多い）。このように日常の行動と密接に結びついた礼拝時間を簡単に確認できるように、現在ではスマホのアプリが多数出されている。

礼拝の方法については、東南アジアの広い地域で一般的に理解される方法が取られているが、法学派ごとの違いはそこまで大きくないので以下の説明の多くは他の法学派に従う人々にも当てはまる。礼拝を行うためには、ウドゥー（浄め）をした状態であることが必要である。ウドゥーは顔、ひじ、前髪、耳、足を水で洗う（濡らす）ことで完成するので、モスクや礼拝室にはそのための洗い場が必ず設置されている。

トゥルクンを着て礼拝時間を待つ女性たち（マレーシア）

ウドゥーの後はメッカのカアバ神殿の方向（キブラ）を向いて礼拝を行う。モスクや礼拝所にはキブラの方角を示すへこみや矢印があるが、それがなければ今では礼拝アプリのコンパスを使用してキブラを確かめる。東南アジアに特徴的なのは、礼拝時に女性の大多数が「トゥルクン」（インドネシアでは「ムクナ」）などと呼ばれる礼拝用の布を服の上からかぶり、体をすっぽり覆うことである。女性は礼拝時には顔以外は出さないのがよいとされるが、礼拝時以外には手のひらや足首より下は出しても問題ないとされるので、暑いマレーシアなどでは靴下をはかずサンダルなどをはく女性も多い。普段スカーフを被っていなかったり、ぴったりとしたジーンズをはいたりしている女性もいる。そのような人々が礼拝時には十分な範囲を覆えるよう、ゆったりと体を覆う礼拝用の布があるのである。モスクや礼拝所にはほぼ必ず自由に使える共用の布が設置されている。

モスクでの集団礼拝に集まる男性たち（マレーシア）

礼拝は、集団で行う場合と個人で行う場合がある。モスクなどでは、それぞれの礼拝時間に入ってすぐ、多くは専属の導師（イマーム）が礼拝を先導して集団で礼拝を行う時間がある。ただし、この集団礼拝に参加しなくてはならないのは金曜のズフル礼拝の時間に実施される金曜礼拝に参加する男性だけであり、それ以外の日時や女性はモスクでの集団礼拝に参加する義務はない。モスクで礼拝をする場合でも、集団礼拝の時間以外であれば個人で礼拝をすることも、一緒に訪れた家族や友人の一人がイマームとして先導し、ミニ集団礼拝を行うこともある（金曜礼拝以外は2人以上いれば集団礼拝となる）。モスクに行かなければならないのは金曜礼拝のみであり、それ以外はトイレや墓場以外の清潔な場所であればどこで礼拝をしても構わない。各家庭では、特に夜に父親がイマームとなって集団で礼拝をする姿が見られるし、インドネシアやマレーシアの会社や学校、ショッピングセンターなどの公共施設の多くに礼拝のための部屋が設けられていて、人々が日常の生活サイクルの中でさっと礼拝に立ち寄ることができるようになっている。

礼拝の中の動作は、イスラーム法学できめられている。礼拝は「立つ・立ったまま礼・立つ・座って礼・座ったまま起き上がる・座って礼」の1サイクルの動作を決められた回数繰り返すことで成立する。この1サイクルはマレー・インドネシア語では「ラカア（アラビア語ではラカアト）」と呼ばれるが、その回数が礼拝ごとに決まっており、ファジュル礼拝から順に「2回・4回・4回・3回・4回」となっている。

一日5回の礼拝は「義務」であるが、義務とならない場合もある。まず、月経中や産後の悪露がある時期の女性は礼拝をすることができない（断食もできない）。ムスリムの女性がみんなが礼拝しているときに礼拝をしていなかった場合は、まずこのような事情だと察してほしい。また、旅行中にはズフルとアスル、マグリブとイシャーの礼拝をまとめてよい。病気など礼拝ができない理由として認められるものもある。飛行機や長距離バスでは座った姿勢で礼拝をすることもできるし、寝たきりで動けなくても目だけを動かして礼拝をする方法もある。もちろんこうした事情がないのに礼拝をしないことは「罪」であるが、それでも通常は誰かに即座に罰せられるというのではなく、あくまで終末の日にアッラーが判断することであり、悔い改めと救済の可能性は十分ある。礼拝の「義務」は、その言葉から想起されるよりもはるかにフレキシブルである。

一方で、「義務」ではないが行うと報奨がえられる「推奨行為（スンナ）」としての礼拝も多数ある。たとえば、大多数のムスリムが参加する断食明けの大祭と犠牲祭の朝の礼拝はスンナの礼拝である。義務の礼拝の前や後に2ラカアほど追加して行う礼拝も広く実践されている。ラマダーン月の夜はマレー・インドネシア語で「タラウィー礼拝（アラビア語ではタラーウィーフ）」と呼ばれる礼拝が、どのモスクでもイシャー礼拝に続いて30分から長くて2時間かけて行われ、多くのムスリムが参列する。そのほかの時期にも深夜に起きて礼拝をすることが良いとされる。宗教実践をきちんと行うムスリムの多くは、何らかの形で一日5回の礼拝に加えてこれらのスンナの礼拝を行っているのである。

「1日5回の礼拝が義務」と言われるといかにも窮屈そうな感じがするが、ムスリム社会には礼拝が溶け込んだ日常があり、状況に応じて「義務」の在り方も変化するし、「義務」に加えて礼拝を追加する人々もいる。ムスリムの視点からすれば、礼拝はアッラーとのつながりを確認する大切な時間である。忙しい日々の中でそうした精神的重要性を感じるよりも日常のルーティーンと化してしまったり、時に面倒くさくなったり忘れてしまうことがあったとしても、「義務だから仕方なく」やっているのではない。ハディースに基づくとされるよく使われる言い回しの通り、「天国への鍵」なのである。

（久志本裕子）

▼参考文献
マレーシアイスラーム発展庁（ＪＡＫＩＭ）公式Youtubeチャンネル「２０２２年第Ⅶ回金曜礼拝生放送（Siaran Langsung Solat Jumaat Siri 12/2022)」URL　https://www.youtube.com/watch?v=DuoFA7nTIXI　（２０２２年6月3日アクセス）マレーシア警察本部のあるブキット・アマンのモスクにおける金曜礼拝の様子を見ることができる。
森　伸生　２００２「サラート」大塚和夫ほか　編著『岩波イスラーム辞典』岩波書店。

14

義務と任意の断食

★ラマダーン月の喜び★

ムスリムの行うべき五行の1つに断食がある。イスラーム暦第9月のラマダーン月は断食月として知られ、成人ムスリムには断食が義務づけられている。イスラームの「断食」は、アラビア語でサウム、マレー・インドネシア語ではプアサと呼ばれ、日中は飲食だけでなく喫煙や性行為も断ち、争いや悪口を遠ざけ心を清く保ち、自律の力を養うというものである。断食中もふだんと同じように仕事はすべきとされている。ラマダーン月の断食は通常時の何倍もアッラーからの報奨が得られるとされる。義務と言っても、病人、授乳中・妊娠中の女性、旅行者、老齢や虚弱体質で耐えられない者は断食をしなくてもよい。また月経中の女性は断食が禁じられている。ラマダーン月に断食し損ねた場合、後日その分を断食して埋め合わせるか、貧しい人にお金や食事を喜捨することで代えることができる。

任意の断食もある。特に断食が推奨される日はイスラーム暦に従って決められている。たとえば第1月の9日と10日、第10月のうち6日間、第12月のはじめの9日間（特にアラファの日と呼ばれる12月9日）、毎月の満月前後の3日間などである。日常的に断食を行う人もいる。よくあるのは月曜と木曜の断食で、

第14章

義務と任意の断食

食事をしないから昼休みの電話番を引き受けているという人もいる。さらに頻度をあげたければ一日おきに断食をしてもよいが、毎日ずっと継続して断食をすることは禁じられている。

上記のような義務や任意の断食の機会は、ハディース（預言者の言行録）にも記されており、いわばイスラームにおける公式的な断食のあり方と言える。これ以外にも、たとえばジャワでは、日本でいう塩断ちや茶断ちのように願をかけて断食をすることがある。また断食は祖霊信仰と入り交じった混淆的なイスラームの実践として、超常的な能力を得るための修行にもなる。

具体的な断食のようすを、私のインドネシア西ジャワ州の農村でのラマダーン月の体験を中心に、都市部や他地域での経験も交えながらまとめてみる。イスラーム暦では一日は日没から始まる。日没時のマグリブ礼拝を誘うアザーンの声が聞こえると断食が終わる。典型的にはまず水分をとり、甘い物を食べて、礼拝をしてから食事をとる。この食事をイフタール、マレー・インドネシア語でブカ・プアサ（断食をあける）と言う。職場の同僚や学校の仲間、近隣住民等が集まってイフタールを取る催しもしばしばある。費用や食べ物を持ち寄る形式もあれば、富裕層が善行として主催し大勢の客を招待する場合もある（第47章）。

ラマダーン月の食事はふだんより豪華になると言われている。西ジャワの農家でも、ふだんの食事は米飯に2〜3種類のおかずを添えた程度のものだが、ラマダーン月には家族の食欲を維持するため好みのものを作ったりして品数が多くなる傾向があった。なんといっても毎日甘いものがあるのが断食月の楽しみである。断食明け用の甘いものをインドネシア語でタジールまたはタクジールと呼ぶ。預言者ムハンマドは断食のあとデーツを食べたと伝えられていて、インドネシアでもラマダーン月

午前3時、サフールの食事中。（インドネシア西ジャワ州）

には輸入品のデーツの屋台が並び、店には箱詰めのデーツが山積みになる。家庭でよく食べるのはヤシ砂糖で甘く煮た食材にココナツミルクをかけたもので、サツマイモ・バナナ・サトウヤシの実等で作るコラック、団子の甘煮チャンディル、緑豆や黒米で作るぜんざい風のブブール等が典型的である。緑色のゼリー状のものが入った冷たい甘い飲み物チェンドル、シロップ水等もよく飲まれる。

一日の流れに戻ろう。夜の礼拝イシャーのあとにすぐ続けてラマダーンの特別礼拝タラウィー（タラーウィーフ）がある。熱心な信者はモスクに集い約30分にわたって礼拝を行う。深夜の3時から4時頃に起きて、日の出の前に軽く食事をする。この食事をサフールと呼ぶ。たいていは残り物の温め直しであるが、寝起きで食欲がなくてもかき込めるように汁物を加えることもある。東の空がほんのり明るむと、飲食終了の合図となるイムサックのサイレンが鳴り、数分後に暁の礼拝のアザーンが聞こえる。暁の礼拝の後、いったん寝直す人も多い。

インドネシアではふだん家族がバラバラにそれぞれ好きな時間に食べる家庭も多い。しかしラマダーン月には自然と同じ時間に食事をとることになり、家族団欒の機会が増える。小さな子どもたちも、夜中に起きて家族と食事することから始め、正午まで断食をしてみたりして、だんだんに断食に

第14章

義務と任意の断食

慣れ親しんでいく。

断食中には、つい誘惑に負ける人もいるし、食べられないことはともかく、水が飲めないのが辛いという人もいる。しかし信仰心の助けもあって、慣れてくるとそれほど苦にならなくなるという人も少なくない。病気だったのに断食をしてかえってよくなったという人もいた。西ジャワの農村では、夕方には気を紛らわせるため、友人同士集まっておしゃべりやスポーツに興じる人たちの姿をよく見た。とはいえ、ラマダーン月も半ばをすぎると体調を崩して断食を中断する人も出てくる。調査村では断食月後半の定型句として来客に「まだ続けてる？」と訊ね、中断している客には飲み物を出すことがよくあった。

預言者ムハンマドに初めて啓示が下された夜をライラトゥル・カダル（アラビア語でライラ・アル＝カドル）の夜と呼ぶ。この夜の礼拝は千か月分の礼拝よりも価値があり過去の罪がすべて許されるとされる。その正確な日付は定かではないが、ラマダーン月下旬の奇数日のいずれかという説が有力である。そのため、ラマダーン月下旬の奇数日の夜には、有志の人々がモスクで夜通し祈りを捧げる習慣がある。老若男女が集い、食べ物の差し入れもあり、合宿旅行のような楽しさがある。ラマダーン月は多忙でたいへんなこともあるけれども、このように日常を離れた様々なイベントがあり、家族や共同体の結束も強まって、楽しみと喜びに満ちた季節である。

ラマダーン明けの大祭（アラビア語でイード・アル＝フィトル）は、マレー・インドネシア語ではハリ・ラヤ・プアサと言う。マレーシアやシンガポールではハリ・ラヤ・アイディルフィトリ、インドネシアではレバラン・イドゥル・フィトリとも呼ぶ。この前後は長期休暇となり、帰省ラッシュが起こる。特別など馳走や新しい晴れ着を用意するため、ボーナスも出る。新しく細い月が見えるとラマダーン月が終わる。この夜をタクビランの夜と呼び、神を讃える声が町中に鳴り響く。車やバイクで町中を練り歩いたり、村のモスクや礼拝所でも集まった子どもや大人が代わる代わる祈りの声を流したり、太鼓をたたいたりして喜びを分かち合う。翌朝は特別な礼拝（サラート・イードあるいはショラット・イドゥルフィトリ）がある。ふだんモスクに行かない人も晴れ着を着てみな集まる。モスクだけでは収容しきれないので、学校の校庭や運動場のような場所に敷物をしいて一斉に礼拝を行う。礼拝後は互いに挨拶を交わしこれまでの過ちについて許しを請い合う。

（阿良田麻里子）

▼参考文献
阿良田麻里子２０１８『食のハラール入門――今日からできるムスリム対応』講談社。
八木久美子２０１５『慈悲深き神の食卓――イスラムを「食」からみる』東京外国語大学出版会。

15

喜捨

――★インドネシアにおけるザカートの変容★――

イギリスの慈善団体であるチャリティー・エイド・ファンデーションは、２０１０年から「世界寄付指数（World Giving Index）」という慈善活動、寄付、ボランティアに関する指数を公開している。２０１８年版では、インドネシアが世界で最も寛大な国の１つであると認定された。

財団によると、寄付が増加傾向にある背景にはイスラームのザカート（義務の喜捨）の実践があるという。特にインドネシア政府が国連と連携してザカートを「持続可能な開発目標（SDGs）」に結びつけようと大きく推進したこと、そしてオンライン寄付の増加が関係していると指摘している。

キリスト教や仏教などの他の多くの宗教と同じく、イスラームでも、寄付をすることは美徳とされている。ムスリムが自発的に貧者や困窮者のために金品や食べ物を施すことを任意の喜捨（アラビア語でサダカ）という。一方、美徳といういわゆる個人のモラルや倫理に任せたサダカと異なり、ザカートという義務の喜捨（定めの喜捨ともいう）もある。ザカートは、礼拝や断食、巡礼、信仰告白と並ぶ、ムスリムにとっての最重要信仰実践（五行）のひとつである。

ザカートは原則的には、イスラーム共同体の指導者が責任をもって集め、配布すべきものであり、任意の喜捨であるサダカと機能が大きく異なる。ザカートは管理者を通じた制度的な実践であり、むしろその構造だけを見れば、喜捨というよりも福祉目的税として位置づけられよう。

世界最大のムスリム人口を有するインドネシアで、このようにザカートを福祉目的税のような宗教的義務であるとする解釈が広まったのは、20世紀初頭以降のことである。イスラーム伝播以来、ザカートは長らく、神への個人的かつ自発的な実践であると理解され、村落などの小さい単位の共同体で、富める者が貧しい者に施すという日常的な信仰実践であった。ところが20世紀に入ると、急速な近代化、大衆組織やアラビア語に堪能なイスラーム知識人の増加と啓蒙などの様々な要因によって、「正しいザカート」を実践しようとする運動が盛んになった。

たとえば、聖典クルアーンのには次のように8種類の受給者が明示されている——「貧者、困窮者、これ〔ザカート〕を管理する者、および心が〔イスラームに〕傾いた者〔新しい入信者の意〕、奴隷解放のため、身代金や負債の救済〔を必要とする者〕、またアッラーの道のため〔に努力する者〕、旅人」[9:60]。しかしながら、伝統的なザカート実践では、村落の宗教指導者やクルアーン教師、徴税人が集めていたという記録はあるものの、果たしてこの8つの受給者に正しくいきわたっていたのか定かではない。そこで、ザカートは信頼できて透明性のあるしかるべき管理者が、徴収、分配、管理すべきだという風潮が高まってきた。インドネシア史上初めて、このような近代的なザカート管理に関して公に言及があったのは、1968年10月26日、預言者の昇天祭で行われたスハルト大統領の演説であった。彼は「インドネシア国民の90％はムスリムである。これは約1億人のムスリムがザカートを支払う義務があるとも言える。一ムスリム市民として、私はすべてのインドネシアのムスリムのみなさんに、国家として責任を持ってザカート徴収を引き受ける準備があることを、ご公表したい。今から、私はすべてのムスリムからザカートの支払いを個人的に受けたいと思う。神が望めば、私はすべての国民からどのくらい受け取るか公表し、その支出について責任を持ちたい」と演説し、インドネシアにおけるザカートのポテンシャルと、透明性の高い徴収と管理の可能性を示唆したのだ。この演説から2か月後の1968年12月5日、ジャカルタ特別州知事のアリー・サディキンによって、インドネシア初の公的ザカート管理団体であるBAZがジャカルタに設立された。ジャカルタを皮切りに、1970年代にはインドネシア全国で州や県単位の公的ザカート管理団体BAZが続々と誕生する。

1970～90年代には、世界的なイスラーム復興の潮流、そして近代的なNGO論とも合流するように、公営、民間を問わずザカート管理団体が多数誕生し、ザカートは制度化の一途を辿った。特に1990年代には、NGOがザカート管理団体の主流となる。インドネシア国内で最大のザカート管理団体ドンペット・ドゥアファ（Dompet Dhuafa）とルマ・ザカー（Rumah Zakat）はともに民間のNGOであるが、この時期に設立された。

民主化後すぐの1999年には、国内初のザカート管理法38号が施行され、インドネシアにおけるザカート制度化はより加速する。その内容は、

マラン国立イスラーム大学内のザカート管理NGOで、寄附箱の金額を数える女学生（2017年5月）

１９６０年代から県や州単位で活動していた公的ザカート管理団体ＢＡＺと、民間でザカートを管理する市民団体やＮＧＯを全て国家の監視下に置くというものであり、事実上の一元化宣言であった。２００１年には、大統領令により、宗教省の外郭団体として全国ザカート管理庁（ＢＡＺＮＡＳ）が誕生した。ただし、ザカートに関する法整備が整えられ、それを監督する全国組織も設立されたものの、あくまで実際の徴収や管理は国家ではなくローカルなＮＧＯによって行われた。以上のように20世紀から21世紀にかけて、村落内の顔の見えるザカート実践から、ＮＧＯ等の組織をベースとした制度的なザカートへと転換がなされたと言える。

世界ザカート会議（2017 年 3 月、ジャカルタ）

２０１７年3月、私はジャカルタ市内のホテルで、世界ザカート会議に参加していた。そこでは、学識経験者、官僚、実務者、ＮＧＯ関係者など様々な人が集まり、ザカートに関する様々な議題が２日間かけて話し合われた。特に注目度が高かったのは、全国ザカート管理庁と国連が、ＳＤＧｓという同じ目標に向けて協定を結んだことであった。人類共通の普遍的な目標とされるＳＤＧｓとイスラームのマカーシド・シャリーア（イスラーム法における目的）に高い親和性があるとする基調講演まであり、会場はかなりの盛り上がりを見せた（写真）。具体的には、目標１「貧困をなくそう」、目標２「飢餓を０に」、目標３「すべての人に健康と福祉を」、目標４「質の高い教育をみんなに」などが共通する目標として挙げられた。

２０１９年の世界ザカート会議では、東南アジア最大の決済アプリGO-Payと、インドネシア全国ザカート管理局が協働して、ザカートをオンラインで支払うことができるサービスの開始が告知された。全人口の半数以上がこのアプリを利用しており、その結果サービス開始から1年も経たない２０１９年10月の時点で、GO-Payを介したデジタル寄付は６３０億ルピア（約5億円）の資金を調達した。口座振り込みやほかのデジタルチャンネルと比べても徴収の規模は格段に大きい。

世界的な感染症の拡大により、多くの国でロックダウンや物理的な移動の制限が行われたため寄付やボランティア実践は少なくなったと思われがちだが、インドネシアにおいてはむしろ多くの人が支援と連帯を示すためにオンライン上での寄付を選択したと言える。これはインドネシアの日常生活の中に、寄付行為が埋め込まれていること、そしてデジタルサービスを日常的に使っていることからデジタル化によるオンライン寄付へのハードルが低かったことなどが要因として考えられる。

従来、お金のあるムスリムが、貧しいムスリムに対して施すという顔の見える実践であったザカートが、制度化され、同時にデジタル化も推進されることにより、徴収額は増した。はじめに述べたように、世界で最も寛大な国のひとつであるというのは称賛に値することである。しかしながら、こと分配に関しては、未だデジタル化がなされておらず、受給者の安全性や利便性が考慮されているとは言いがたい。また顔の見える範囲でのザカートが減少した場合、共同体の紐帯はいかに保たれていくのかという問題もある。

ザカートが神への信仰心に支えられる以上、世俗的な税金とは明らかに性質が異なるものの、制度化が行き過ぎてしまうと、強制的な天引きや機械的な支払いに忌避感が生じてしまう。たとえば、2021年に全国ザカート管理庁がジョコウィ大統領に対して、公務員や軍人、警察官の給与から毎月ザカート2・5%分を天引きできるようにする大統領令を発布するように提案したという報道がなされた。その際、インドネシア公務員組合の会長はすぐさま、強制的な天引きへの危機感を表明し、あくまで自主的なザカート支払いでなければ大統領令に賛成しかねると述べた。

インドネシアにおけるザカートの変容は、未だ過渡期である。今後も、ラマダーン明けのザカートなどに多く見られる米などの現物による喜捨は、顔の見える範囲で行われていくだろう。それと同時に、新しいオンライン上の寄付が拡大することにより、多層的なザカート実践が展開され、インドネシアのムスリムにとってはセーフティーネットの充実につながるのではないか。インドネシアにおけるイスラームを知る上でも、ザカートのダイナミックな新展開について今後も注視していく必要がある。

（足立真理）

▼参考文献
足立真理 2021「格差是正の処方箋――定めの喜捨ザカートの発展」西尾哲夫・東長靖 編『中東・イスラーム世界への30の扉』ミネルヴァ書房。
Fauzia, Amelia. 2013. *Faith and the State: a History of Islamic Philanthropy in Indonesia*. (Leiden: Brill)
Retsikas, Konstantinos. 2020. *A Synthesis of Time: Zakat, Islamic Micro-finance and the Question of the Future in 21st-Century Indonesia*. (Cham: Palgrave Macmillan)

16

巡礼

★その現代的形態★

イスラームの巡礼と言えばメッカへのそれがすぐに思い浮かぶだろう。実際にはメッカ巡礼と言ってもハッジ（大巡礼）とウムラ（小巡礼）という2種類があり、いわゆるイスラームの五行の中に数えられるのはハッジの巡礼である。ハッジの巡礼は、イスラーム暦12月8日から10日にかけてメッカやその周辺の聖地を、様々な儀礼を行いながら巡ることを指す。これに対してウムラの巡礼は特に期日の規定はなく、カーバ神殿での儀礼を目的とするものである。

ハッジの巡礼では、イスラーム暦12月7日までに巡礼者たちが世界中から集まり、巡礼中の特別な状態に入る。カーバ神殿の周りを7周回る儀式やアラファートのラフマ山での礼拝（9日）、ムズダリファでの悪魔を象徴するとされる塔への投石（10日）と、イスラームの故事にちなんだ宗教的実践を次々に行っていくのである。交通機関の発達していない時代、メッカへの巡礼がいかに困難なものであったかは想像に難くない。そのためもあってか、五行の中で唯一巡礼のみが、すべてのムスリムに対する義務ではなく、身体的、経済的能力のある者にたいして生涯のうちに一度は行うことを求めるものとなっている。

現代では巡礼をとりまく環境も大きく様変わりしている。宗教実践としてのメッカ巡礼についてはすでに多くの紹介があるので、ここではマレーシアを例に少し異なった視点から巡礼をとらえてみたい。それによって、現代世界におけるイスラーム実践の一端を浮かび上がらせることができるだろう。

クアラルンプールの中心部に、建物の中層階部分がやや細くなった独特なデザインのビルが建っている(写真)。ハッジ基金ビルと名づけられたこの建物には、マレーシア・ムスリムの巡礼を管轄するハッジ基金協会が入っている。ムスリムが巡礼に出るには多額の費用が必要である。ハッジ基金の前身となる組織は、1963年に巡礼費用の積み立てを、通常の銀行とは異なる形で、つまりイスラーム法に則った形で行うために設立された。その後、積み立てだけではなく巡礼そのもののマネージメント業務や、さらには投資業務なども担うようになった。

ハッジ巡礼に出るためには、マレーシアのムスリムはまずハッジ基金に巡礼の登録を行わなければならない。登録のためには最低1300リンギット(1リンギットは約27円：2021年11月時点)の基金への預金が必要とされる。登録してもすぐに巡礼に出かけられるわけではなく、基本的には登録の順に処理されるため、実際に巡礼できるのは数年先ということもしばしばである。登録は基金の本支店でのカウンターでもできるが、2020年からは専用アプリからでも可能になった。

巡礼に出るためのサウジアラビア政府からのビザも、ハッジ基金が管理している。マレーシアへのビザ発行は他のイスラーム協力機構(OIC)諸国と同様に1年に国民の0・1％とされており、約3万1000人分が割り当てられている。さらには巡礼者向けの様々な事前講座の実施や、巡礼者に義務付けられている出発前の健康診断と髄膜炎予防接種などもハッジ基金が行っている。要するに巡礼の準備段階を含めて、スタートからゴールまで、すべて基金が取り仕切っていると言ってよい。

マレーシアからの巡礼者は、次のような３つのカテゴリーの中から選んで巡礼に参加する。第１にすべてがハッジ基金自体によって運営される巡礼団、第２にハッジ基金の子会社であるハッジ基金旅行社のパッケージ、第３にＰＪＨ（ハッジ巡礼マネージメント）と総称されるハッジ基金から認可を受けた民間の旅行会社のパッケージである。

ハッジ基金の巡礼費用には、航空券料、メッカおよびメディナでの移動費、宿泊費、食費、サウジアラビア政府への支払い費用など旅費のすべてが含まれている。今年（２０２１年）の例で言うと、巡礼自体はコロナ禍によって中止されたが、マレーシア国籍である巡礼者にかかる費用は２万２９００リンギットであった。ただし、巡礼未経験者にたいしては１万２９２０リンギットの補助金が支払われるため、はじめて巡礼する場合の巡礼者の実際の支出は９９８０リンギットとなっていた。一方、ＰＪＨのパッケージは、取り扱う旅行代理店ごとにホテルのグレードの差、一部屋の利用人数、巡礼の途中宿泊地であるミナやアラファートでのサポートなどによって価格設定は異なるものの、約40日の旅行日程で３万リンギットから６万リンギット程度である（上記ハッジ基金への支払い費用を含む）。言うまでもなくＰＪＨのパッケージは、ハッジ基金の巡礼団に比べると、現地でのサービスがより充実したものとなっている。

一般にハッジ巡礼は、アッラーに対する自己の信仰の確認やムスリムがウンマとしての連帯をはぐくむ機会だとされている。たしかに私が巡礼についで話を聞いたことのある何人かのマレーシア人ムスリム

クアラルンプールのハッジ基金ビル（提供：久志本裕子）

も、言葉に表すことは難しいが、巡礼の場で、そして完遂した後にはかつてないような感動を覚えたようである。さらに、あるムスリムによれば、彼はたまたまアフリカからの巡礼者やドイツの巡礼者と言葉を交わすことがあったそうだが、言葉がほとんど通じなくとも巡礼者としての同じ経験を通して「ムスリムとしての一体感」を感じたという。

しかしながらメッカ巡礼といえども、いまやあきらかにたんなる宗教的文脈だけで成立するものではない。国境を越える移動にはビザの発行といった国家機構の介在が不可欠であるばかりか、上述したように、巡礼を支えているのは消費社会における観光とほとんど変わるところのない仕組みである。老いも若きも、王族も庶民も、世界中のどこの出身でも、みなすべて同じイフラーム（巡礼用の白い布）を身に纏うという、しばしばアッラーの前でのムスリムの平等性や一体性の象徴として語られる巡礼者の姿も、国ごとに、あるいはパッケージごとに「格差」のあるミナの宿泊用テントの様子などを見ると、現代にあっては巡礼すらもイスラームの理念とは別の文脈に包み込まれていると思わざるを得ない。ムスリムとしての一体感を感じた先ほどの知人も、高いパッケージを利用してよかったとの感想を漏らしていた。

メッカ巡礼は、イスラームと「世俗」が複雑に絡み合うことで成り立っている。その意味で、現代社会におけるイスラーム実践のありかたを知るうえで格好の手がかりを提供するものと言えよう。

（多和田裕司）

▼参考文献
坂本　勉　２０００『イスラーム巡礼』岩波新書。
野町和嘉　２００２『メッカ――聖地の素顔』岩波新書。

17

服　装

―★信仰とファッションの追求、グローバル化と多様化の進展★―

ムスリムの服装と言えば、頭から足先までを黒い布ですっぽり覆った女性の姿を想像する読者が多いかもしれない。東南アジアの暑くて湿度の高い気候の中で、窮屈な格好を強いられ、服装の自由がなくて気の毒だなどと思っている人もいるかもしれない。しかし、東南アジアのムスリムの、特に女性たちの服装は、色も形状も実は大変に多様である。そして多くの女性たちは、日本に暮らす女性たちと同じように、ファッションとして毎日の服装を楽しんでいる。

ムスリムの女性のヴェールや服装は、イスラームの聖典クルアーンにその規定がある。ここでは日本ムスリム協会『日亜対訳注解聖クルアーン』の日本語訳を用いて、ヴェールの着用と服装に関する２つの章句を紹介しよう。

《信者の女たちに言ってやるがいい。かの女らの視線を低くし、貞淑を守れ。外に表われるものの外は、かの女らの美や飾りを目立たせてはならない。それからヴェイルをその胸の上に垂れなさい。自分の夫または父の外は、かの女の美や飾りを表わしてはならない。》［24：31］

《預言者よ、あなたの妻、娘たちまた信者の女たちにも、かの

女らに長衣を纏うよう告げなさい。それで認められ易く、悩まされなくて済むであろう。》〔33：59〕

これらのクルアーンの規定から、ムスリムの女性には、美や飾りを目立たせることなく胸の上に「ヴェイル」を垂れ、長衣を着用することが命じられていることがわかる。けれどもクルアーンには、ヴェールや服装に関し、これ以上に詳しい記述はない。目立たせてはならないとされる女性の美や飾りが何を指すのか、身体のどの部分を指すのか、どのような色や形状のヴェールが望ましいのかなど、ヴェールや服装にまつわる様々な事柄は、異なる時代や場所、異なるコミュニティや個人によって様々に解釈され実践されてきた。そもそも、このイスラームの規定が、多くの女性たちに意識され、ヴェール着用が広く実践されるようになったのは、インドネシアでもマレーシアでも、1980年代以降のことである。この動きは、20世紀後半の中東地域を中心とする世界的なイスラーム復興の時期と重なっており、また、マレーシアやインドネシアのダアワ運動の発展と大いに関係がある（31章、32章）。マレーシアでは、バジュ・クロンと呼ばれる全身をすっぽりと覆い隠すツーピースがマレー人女性の服装として知られ、伝統的に着用されてきたものの、ヴェール着用が広がるのは、ダアワ運動が広まる1980年代以降である。インドネシアでは、プサントレンやマドラサなどのイスラーム教育施設でヴェールは制服として着用されていたものの、一般の女性たちに広まっていったのは、やはり1980年代以降、ダアワ運動に参加する都市部の大学生や、それに影響を受けた高校生たちの着用がきっかけだった。つまり興味深いことに、マレーシアでもインドネシアでもヴェール着用は、アラブ諸国で20世紀後半に生じた「再ヴェール化」で指摘されたのと同様に、都市部の教育を受けた若い女性たちの間で始まり、特にダアワ運動に関わる人たちによって牽引されたものだったのだ。

ここからは、インドネシアを事例に、ヴェール着用の広がりと、その後の服装の変化を見てみよう。スハルト権威主義体制後期の1980年代から1990年代にかけ、全国の大学で発展したキャンパスダアワ運動には女子学生も参加していた。このダアワ運動では、イスラームを自ら学び、その教えを実践することによる自己変革と社会改革が目指された。女子学生たちは、ヴェールや服装に関するクルアーンの記述を学び、自発的に肌の露出を避けた全身を覆う服装とヴェールを着用するようになった。当初、若い女性たちの服装のイスラーム化に対しては、イスラームの政治勢力の伸長を嫌う政府から警戒され、また社会的にもとても風当たりが強かった。1980年代初頭から1990年代初頭にかけ、公立学校ではヴェールの着用が禁じられていた。また、良い結婚相手や就職先が見つからないと両親に反対されたり、過激なグループの一員になったのかなどと周囲からの非難を浴びるなど、この時期のヴェール着用者は、様々な困難を経験している。

バンドンのショッピングモールで開かれたムスリム服のファッションショー

しかしその後、民主化を経て、イスラームの教えを自覚的に実践していこうとする人々が増加する中、ヴェール着用は、異なる年代や社会階層にも飛躍的に広まっていった。2000年代後半以降は経済成長の時期とも重なり、人々の購買力が向上し、イスラームに目覚めたデザイナーや服飾業界の人々の努力が実って、ムスリムファッションが産業としても注目を集めるようになった。ヴェールを含むイスラームの教えに適うファッションアイテムが次々と生産され、市場に出回るようになっていった。201

0年代に入ると、インドネシア政府も、ムスリムファッションが成長産業であり、他国に対してもインドネシアの優位性を発揮できる分野だということを認識し始めた。「インドネシアが世界のムスリムファッションの中心になることを目指す」という政府のスローガンのもと、その成長を促進するため業界に対する資金援助が行われたり、全国的なファッションイベントが開催されたりした。

その結果、現在では、街中のショッピングモールやブティック、伝統市場など、どこに行っても様々な年齢層や階層向けのヴェールやムスリム服が数多く売られるようになった。街中で見かける多くの女性がイスラーム式のヴェールを頭に纏い、身体のラインを隠して全身をゆったりと覆うスタイルの服装を着用している。さらに近年では、顔までも黒や地味な色の布で覆い目だけを出すチャダルまたはニカーブと呼ばれるスタイルの女性も見かけるようになった。そのヴェールの色や模様、大きさや巻き方はどれをとっても一人ひとり異なっていて、また、全身を覆う服装の色や雰囲気と合わせたトータルコーディネートも大いに意識されているようだ。

ムスリム服を専門に扱うジャカルタのブティック

イスラームの教えに則った服装を意識する傾向が強まっているのは男性も同じである。預言者ムハンマドのスタイルを真似てあごひげを生やしたり、ムハンマドが日常的に着用していたとされるくるぶしよりもやや短い丈のズボンの着用を好む男性たちも増えている。女性服で成功したデザイナーやファッションブランドは、近年、男性向けのムスリム服を積極的に生産し、販売を行っている。

昨今のインターネットの発展は、この地域のムスリムの服装にも大きな影響を与えている。インスタグラムやYouTube上では、自らのヴェールの巻き方や服装を紹介する若いムスリマたちが写真や映像を投稿し、国境を越えて多くのフォロワーを集めている。デザイナーやファッションブランドがオンラインで販売する服やヴェールは、海外からも購入可能である。一方で、たとえばインドネシアでは、バティックやテヌンなど伝統素材を利用したムスリムファッションも生産され人気を集めるなど、各地の伝統と組み合わせたローカライズの流れも顕著だ。そもそも、身体のどの部分をどのように覆うことがイスラームの教えに合致するのかは、各時代と場所で異なる解釈があり、現在では、個々人が自らの嗜好や信仰心に基づき、こうした解釈を取捨選択し自らの服装を決めている。シンガポールのように政府によってヴェール着用が特定の場面で規制される地域もあれば、インドネシアのアチェ州のように、着用を義務づける動きもある。ムスリムの服装は、グローバルな流行の伝播と、各地域や各個人によって異なる多様化が同時に進行しているのである。

（野中　葉）

▼参考文献

野中　葉２０１５『インドネシアのムスリムファッション』福村出版。
Anwar, Zainah. 1987. *Islamic Revivalism in Malaysia – Dakwah among the Students*. (Selangor: Pelanduk Publications)
Brenner, S. 1996. "Reconstructing self and society: Javanese Muslim women and 'the veil'". *American Ethnologist*, 23 (4).
Fealy, Greg. 2008. "Consuming Islam: Commodified Religion and Aspirational Pietism in Contemporary Indonesia", G. Fealy and S. White, eds. *Expressing Islam – Religious Life and Politics in Indonesia*. (Singapore: ISEAS)
Nonaka, Yo. 2021. "Practising Sunnah for Reward of Heaven in the Afterlife -The expansion of cadar wearing among urban Muslim women in Indonesia", *Indonesia and the Malay World*, 49(145).

18

食とハラール

★認識の多様性と認証制度★

イスラームでは神に禁じられた物事を「ハラーム」、それ以外の許された物事を「ハラール」という。食の禁忌というと病気による食事制限のような辛《つら》さをイメージする日本人が多い。しかしムスリムが多数派の環境では周囲にある一般的な飲食物はみな基本ハラールであって、豚肉や酒などハラームなものを手に入れるには特殊な店に行く必要がある。禁忌を守ることは苦行というほどのこともない。また万一間違えてハラームなものを口にしたとしても、意図せず無意識にしたことは罪にはならないし、ほかに食べ物がなくてどうしようもない場合には緊急避難的に禁忌物を食べてもよいとされている。

神からの啓示により何度も明示的に禁じられた食べ物として、血（屠畜時に流れ出す血）、死肉（イスラーム法に則って屠畜されずに死んだ動物の肉）、豚肉、異教の神に捧げられたものの4種類がある。酒を禁じる啓示もある。それ以外にも、細かい表現や伝承を根拠に、肉食獣、猛禽類、毒物や害虫など有害なものがハラームなものとされる。水産物の解釈は地域や法学派による差が大きいが、東南アジアでは一般的にカエルなど水陸にまたがって生きるものを禁忌とし、魚など水生動物はハラールとする。水生動物やイナゴには屠畜のルールがなく異教徒が屠ったものでもハラールとなる。

私は1992年から2001年にかけて断続的に計約5年にわたってインドネシアに暮らした。その間、食べ物がハラールかどうかについて人が尋ねたり語ったりすることは日常的にはほとんどなかった。それは、疑いや問題があるときにはじめて話題に上る。

インドネシアでは乳製品への豚由来成分の混入が1988年に問題になったことをきっかけに、翌年政府の肝いりで加工品のハラール性を担保するため民間のハラール認証機関ができ、認証済みの小売り商品は、容器包装に認証機関のハラールロゴを印刷した状態で流通するようになった。

しかし認証は万能ではない。2000年末には、インドネシアで製造されたハラール認証取得済みの味の素がハラームだったというニュースが社会を揺るがした。発酵菌の培養に使う培地が豚由来の酵素を触媒として作られたものだったと指摘されたのである。培地も触媒も原材料として製品内に残るものではないし、検査をしても豚由来成分は検出されなかった。しかし東南アジアのハラール認証規格においては、犬と豚が持つ「重度の不浄」は触れたものを重度の不浄に汚染してしまうとされる。そこで汚染の連鎖の結果、味の素はハラームであると解釈されたのである。実はこの解釈にも異論の余地はあるのだが、当時認証機関はそう結論し、全製品が回収・廃棄された。事件当時、私は西ジャワにある住民の100%がムスリムの農村で調査中だったが、村人の多くはニュースを受けて、製品に豚肉が入っていたと受け取り、日本で言えばネズミ肉が混入していたかのような反応を示した。実は、禁忌に対するインドネシアのムスリムの感覚はもともと比較的ゆるく、非イスラーム圏での旅行中や海外土産に関しては、豚肉が入っていなければ食べるし、細かいことは気にしないという人も少なくない。しかし豚肉そのものに対する嫌悪感は強く、大量生産される加工品に対する不信感はこの事件によって増大した。

認証団体はHACCP、ISO22000など近代的な食品衛生管理の手法を下敷きに、農場からテーブルに至るまで材料調達や加工法、助剤や基剤に至るまで危機管理点を洗い出し、ハラール性を担保する方法をマニュアル化して管理する方法を発達させた。マレーシア政府が2000年に国家規格MS1500を公開したのを皮切りに、東南アジアの主要な認証機関は明文化したハラール認証規格を公開するようになった。高度な監査能力を持つ認証機関は、互いに認証した製品を原材料として認め合う相互承認制度を発達させた。東南アジアはハラール・ビジネスにおける世界の先進地域となった。

2010年代に入ると巨大なムスリム市場の魅力が世界的に取り上げられ、中でも、東南アジア・南アジア・北アフリカの新興国市場の将来性が注目されるようになった。食産業においてはムスリム市場でビジネスを幅広く展開するには、ハラール認証の取得が欠かせないという意識が高まった。日本も含め非イスラーム地域の認証機関のうち飲食品や原材料の輸出に関わる機関の関係者は、マレーシアやインドネシアの機関が主催するハラール監査官向けの研修を受け、その規準を参照して自らの規準を作るようになっていった。

黎明期のハラール認証はおもに宗教団体によって担われていた。マレーシアは外資系企業誘致のため、いち早く政府機関が認証を担うことで参入障壁を低め、国内各地に20か所を超えるハラール・パーク（ハラール用の工業団地）を設置した。また、2004年以来、巨大な国際ハラール見本市や国際会議・

第18章　食とハラール

シンポジウムを含む複合イベントをほぼ毎年開催し、世界のハラール・ビジネスを牽引してきた。ハラールかつ良いものを意味する「ハラーラン・タイイバン」というキャッチフレーズのもと、近代的な食品衛生管理に基づいて生産されたハラール認証品は、非ムスリムにとっても安心・安全であるとして世界に売り出そうという機運も高まった。２０１０年代半ばからは認証について中東を中心とした新しい流れが生まれてきているが、東南アジアは依然として世界のハラール・ビジネスの中心地のひとつである。

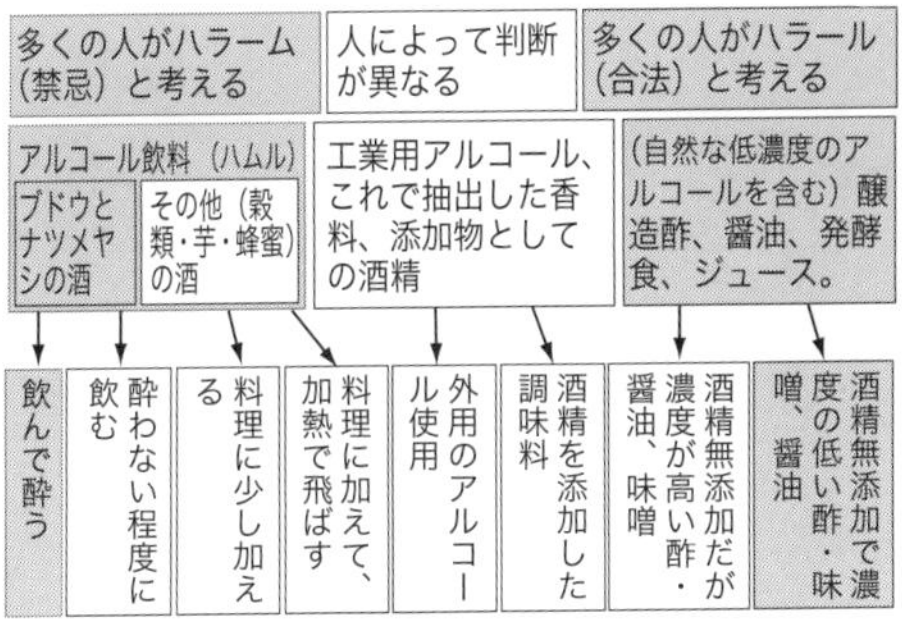

アルコールに対する態度の多様性　筆者作成

ハラール関連で２０１０年代に起こったもうひとつの大きな流れは、風評被害の拡大である。スマートフォンやＳＮＳ等の普及に伴い、ハラール認証済みの商品に豚由来物質が使われているというフェイクニュースが繰り返し広がって、アイスクリームやインスタントコーヒーやグミ菓子の不買につながったり、個人用の簡易検査キットでハラール認証チョコレートから豚のＤＮＡが検出されたというニュースが拡散して操業停止と認証機関による再調査に至るなど、根拠薄弱な消費者発信の情報による事件が相次いで起こっている。そのため、豚や豚由来成分による混入・汚染に対する消費者の危機意識も、企業側の危機管理の必要性も、以前に比べて総じて高まっていると言える。しかしこれに対抗する手段は認証の精緻化ではない。双方向的なコミュニケーションや丁寧な情報開示による信頼の構築であり、風評が起こったときに企業側が素早くこれを感知し対応することである。

なお、ハラール認証規格では通常、酒あるいは酒に由来するアルコールをたとえ一滴でも加えてはいけないが、実は酒についての認識や態度は地域差も個人差も大きい。一般にマレーシアのほうがインドネシアよりも厳しいとされるが、インドネシアにも認証規格を参照して生活から酒類を追放する市民運動もある。しかし、酒への忌避感は豚に比べると穏やかで、イスラームの教えをゆるく解釈するムスリムの中には、だいぶ弱く、料理に酒を少量加える程度ならよい、あるいは加熱でアルコールを飛ばせばよい、酔っぱらわない程度なら飲んでもよいなどと考える人もいるし、酒由来でない工業用アルコールであれば条件付きで使用を許すハラール認証規格もある。酒やみりんを使う本格和食に対する判断も人によって大きく異なるので、決めつけは厳禁である。個人的なもてなしでは、はじめに大まかに意思確認をした上で、相手のニーズに合わせた選択肢や情報の提供を心がけたいものである。

（阿良田麻里子）

▼参考文献
阿良田麻里子 2018『食のハラール入門――今日からできるムスリム対応』講談社。
阿良田麻里子 2018「ハラールな飲食品とハラール認証」小杉泰・黒田賢治・二ツ山達郎 編『大学生・社会人のためのイスラーム講座』ナカニシヤ出版。
遠藤利夫 2005「アル＝カラダーウィー著『イスラームにおける合法（ハラール）と非合法（ハラーム）』抄訳I」『シャリーア研究』2。
八木久美子 2015『慈悲深き神の食卓――イスラムを「食」からみる』東京外国語大学出版会。

19

結婚と離婚

★女性の社会的地位の変化と変わる結婚観★

イスラームの婚姻規範の特徴のひとつは、離婚を容認し、その方法をいく通りも定めている点にある。中でも東南アジアのムスリム社会は、20世紀の半ばまで、他地域のムスリム社会を凌ぐ高い離婚傾向を特徴とする社会、言い換えれば、結婚の結びつきが非常に不安定な社会であった。こうした結婚と離婚のあり方は、20世紀半ば以降、脱植民地化に伴う社会の再編成を経て大きな変化を遂げた。ここでは、マレーシアのマレー人ムスリム（以下、マレー人）の社会に焦点を当てて変化を概観する。

マレーシアに長期滞在していると、よく結婚式に招かれる。私も、親しく付き合った大学のルームメイトたちの結婚のときには、何日か前から村の花嫁宅やその親族宅に滞在しては、結婚式準備に参加した（写真）。都市部では式場での結婚式も増えているが、人々が手仕事で作り上げる村の結婚式も健在で、私も、村の女性陣に混じって料理をしたり、結婚式の定番引き出物ブンガ・テロール（マレー語で「卵の花」）を作ったりした思い出がある。ブンガ・テロールとは、茹で卵をレースやリボンで包んで花のように装飾したもので、多産を祈念する縁起物だ。

マレー人の結婚式では、大勢の客が入れ替わり立ち替わり訪れ、

式前夜、花嫁の指先にイナイ（中東由来の染料）を施す

アカド・ニカの様子を見守る新婦。右手前が新郎。

花嫁花婿に挨拶をして食事をすると帰っていくので、料理も引き出物も大量に用意する。

マレー人の結婚には、3つの段階がある。イスラーム法に則って行われる婚姻締結（アカド・ニカ）、新郎新婦のお披露目（ブルサンディン）、そして婚姻登録である。ブルサンディンは、私がここまで結婚式と言及してきたいわゆる結婚披露宴で、イスラーム法上の義務ではないが、新郎新婦が結婚したことへの社会的承認を得るための重要な儀式だ。イスラーム法上の婚姻を有効とするために義務となるのがアカド・ニカで、新郎と新婦の後見人、通常は新婦の父とのあいだで交わされる。新婦に父がいなければ、イスラーム法の定める父方の男性親族などが代理の後見人をつとめる。東南アジアで主流のシャーフィイー学派の法解釈では、女性が自ら婚姻を締結することは認められていないので、花嫁たちは、アカド・ニカが行われるのを傍らで見守っている（写真）。極論すれば、花嫁が不在でも

第19章
結婚と離婚

アカド・ニカを行うことはできるが、20世紀半ば以降、結婚の当事者は親ではなく新郎と新婦である、という考え方のもと、婚姻登録の書類には花嫁本人の署名が必須とされるようになった。婚姻登録は、いわゆる役所への届出のことで、イスラーム法のもとで締結された婚姻を、国の法律に基づいて登録することが現在は義務づけられている。

イスラームにおいて、結婚は当事者同士の民事契約である。離婚は忌避される行為であるものの、夫婦がうまくいかないときに離婚することは禁じられておらず、複数の離婚方法が認められている。その中でも、夫による離婚宣言（タラーク）は、理由や妻の同意がなくとも一方的に宣言でき、宣言のみによって効力を持つ点で、夫に大きな裁量を認める離婚方法である。妻にはそうした裁量の大きな権限はなく、あらかじめ夫婦で合意した条件を満たしての離婚、夫が金銭的な見返りを払うことによる離婚など、夫の合意が不可欠であるか、そうでなければ離婚の要件を満たしていることを確認するイスラーム法の判事の裁定を受けなければならない。

離婚に関する男女間の権限にはこのような不均衡があるものの、マレー人社会においては、夫の専権事項である離婚宣言を、妻の夫に対する説得や誘導によって行わせるといったように、離婚において妻がイニシアチブを持つ場合も多く見受けられる。とりわけ、1950年代までのマレー人社会は、年間の離婚件数が婚姻件数の50％を超えるほど離婚の頻繁な社会であった。高い離婚傾向の背景としては、社会的にも経済的にも離婚の抑止力が働きにくい親族構造と、イスラーム法が離婚を容認し手続きを提供していることが指摘されてきた。1950年代までは、初婚年齢が女性で15歳前後と低く、多くの離婚が結婚から数年以内に起こっていたことから、若年での結婚も原因と見られた。いずれにせよ、離婚は社会的に容認されており、離婚女性は両親と暮らすことも再婚することも容易だった。

ただし、先述したように、イスラームは離婚を固く戒めてもおり、20世紀初め頃から、イスラーム改革運動を皮切りに、マレー人の離婚の多さを批判する動きが生まれた。とりわけ、飢餓とインフレが蔓延した日本軍政期から戦後すぐの時期には、戦闘や徴発によって夫や頼れる親族を失った寡婦、離婚女性、そして孤児の困窮が顕在化し、安易な離婚は女性の社会的地位を不安定にする悪弊と見られるようになった。この時期の女性の就学率や給与水準は押し並べて低く、寡婦や離婚女性への支援においても、職業訓練として裁縫や読み書きが教えられるとともに、再婚支援に力が注がれた。女性の経済的自立が就学や雇用慣行といった構造的な課題を伴う中、結婚は、困窮する女性の短期的な救済策となったのである。こうした背景のもと、国民国家形成に前後して取り組まれたイスラーム家族法改革は、離婚を希望する夫婦への調停や、夫の離婚宣言の行政手続きを介した制約など、離婚の抑制を打ち出していった。

1960年代に入ると、マレー人の離婚率は劇的に低下した。法規制のみならず、就学率の上昇や雇用拡大といった同時期の社会変動による教育水準や生活水準の向上、また、結婚の安定を重視する価値観の浸透といった相乗的な変化が要因となったと見られる。特に、戦前には低水準だった女性の就学や就業が1970年代までに一般化すると、女性の初婚年齢も副次的に上昇し、これに伴って離婚率の低下が進んだ。就学や就業の機会を得ることで、女性は結婚前の行動の自由も獲得し、親が決める結婚から自ら選ぶ結婚へと結婚の主流も置き換わっていった。

とはいえ、1990年を底に低止まりしていた離婚率は、2000年を過ぎた頃から、都市部を中心に上昇し始めている。インドネシアやシンガポールのムスリム社会でも同様の傾向が指摘され、かつ、妻主導の離婚が全体の3分の2を超えていることも報告されている。かつての高い離婚傾向が、貧困率の高い村落部の現象であったのに対し、都市部での離婚の増加は、学歴と経済力を持つ女性が、不満を抱えたまま結婚生活を続けることを選ばなくなっていることを示唆している。離婚を容認する社会から戒める社会へと舵を切ったマレー人社会は、現在、再び岐路に立っている。

（光成　歩）

▼参考文献
坪内良博・坪内玲子 1971『離婚——比較社会学的検討』創文社（＊CSEASクラシックスにて全文無料公開）。
光成　歩 2014「イスラム法制と女性憲章——シンガポールにおけるムスリムの婚姻法改革」『マレーシア研究』3（日本マレーシア学会）。
Jones, Gavin W. 1994. *Marriage and Divorce in Islamic South-East Asia*. (Oxford University Press)
Jones, Gavin W., Terence H. Hull and Maznah Mohamad eds., 2015. *Changing Marriage Patterns in Southeast Asia: Economic and Socio-Cultural Dimensions*. (Routledge)
Mitsunari Ayumi. 2015. "Controversial Boundary: The Construction of Muslim Law Framework in Decolonizing Singapore". *Malaysian Studies Journal*, 4. (Japan Association for Malaysian Studies)

20

家族と女性

★交錯する女性像と選択する自由★

世界経済フォーラムが毎年公表しているジェンダー・ギャップ指数の2022年におけるインドネシアの総合順位は146か国中92位であり、分野別では教育102位、保健77位、経済80位、政治90位であった。日本は総合116位、分野別では教育1位、保健63位、経済121位、政治139位であり、経済・政治分野におけるインドネシアのジェンダー・ギャップは日本よりも小さい。

インドネシアにおける家族と女性をめぐる言説は、政権が打ち出す女性政策や経済政策に左右され、女性に課される役割は時代の中で変容してきた。たとえば、スハルト政権下（1966~1998）では、「開発」への女性の動員が政策として顕在化し、官製の女性像や家族像に女性の存在を収斂させ、多重の役割が女性に課された。また、人口増加抑制政策のもと、「子どもは2人まで」という「理想的な家族」を推奨する家族計画プログラムが1970年代に設置された国家家族計画調整庁によって推進され、大統領夫人から村長夫人に至るヒエラルキー構造のもとに「家族福祉整備運動」（PKK）が組織された。同時に、1978年の国策大綱で示された「女性の5つの任務」

には、⑴妻として、⑵若年世代の教育者、導き手である母として、⑶家庭の管理者として、⑷職業を持つ労働者として、⑸社会組織、特に女性団体、社会団体などのメンバーとしての任務が示され、女性問題を所轄する省庁として女性役割担当準大臣室（数回の変更をへて２００９年以降は女性エンパワーメント・児童保護省）が設置された。

ムスリムに適用される婚姻法（１９７４年成立）には、イスラームの教義に基づいた家族観とともに、「安定した社会は安定した家族から」というスハルト政権の社会観・家族観も反映されている。成立にあたっては当初、一夫一婦制を義務づけようとしたが、イスラーム法規定との矛盾を指摘する声を受け、一夫多妻を容認する改革案が出された。同法では、早婚に歯止めをかける必要性から婚姻可能年齢（男性19歳、女性16歳、改正により２０２１年以降は女性も19歳）が定められ、同時に夫からの一方的な離婚を避けるため、離婚の手続きには宗教裁判所の裁定が条件とされた。なお、公務員の男性に対しては一夫多妻を限りなく制限する政令が１９８３年に公布された。同法により一定程度、女性の権利が法的に保障され、女性の法的地位は高まったとされる一方で、同法第31条には「夫は家長、妻は主婦」という規定もあり、家庭における女性の役割が法律によって規定される側面も有している。

このような状況の中で、女性はしばしば葛藤を抱えさせられてきた。しかし一方で、女性たちは政府によって示される家族像や女性像を文字通り受け止めるわけではない。「夫が家族の扶養義務を負うから自分は社会活動ができるし、自分の稼ぎは家族に縛られないのよ」。インドネシアで知人女性からこのような言葉を聞いたとき、イスラームの教義は人によっては柔軟に解釈可能であることを実感した。また、預言者ムハンマドは家族を大切にしたという伝承が広く認識されていることもあり、インドネシアでは社会生活の中で家族のケアが優先され、家族サービスや育児参加をせずに家族を顧みない男性の社会的評価は概して低いように感じられる。

上述の例は、確かに宗教教義が人々の日常生活における指針になっていることを示す一方で、宗教教義をどのように解釈するかはその人自身に委ねられていることを示唆している。インドネシアでは民間のイスラーム指導者が教義解釈のイニシアティブを持つが、ジェンダーに関してどのイスラーム指導者の教義解釈に従うかは基本的に個人が自由に選択できる。宗教教義に関わる準政府機関としてウラマー評議会（1975年設置）があるが、同機関が発するファトワー（法学裁定）は法的拘束力を持たない。また、6つの公認宗教の宗教生活の便宜をはかるために宗教省が設置されているものの、イスラーム法の法制化は上述の婚姻法にとどまる（第22章）。

時代を遡れば、インドネシアには植民地期の19世紀末から宗主国によって啓蒙的に提示される家族像や女性像を鑑として、同時にエジプトやトルコのイスラーム改革運動の影響を受け、女性によって自らの社会における家族像や女性像が再考されてきた歴史がある。同時期には数多くの女性団体が設立され、それらの女性団体によって女子のための教育や職業訓練、孤児院の設立などが推進された。また、オランダ領東インド（現在のインドネシア）全域を包括する女性運動の動きとして1928年に第一回インドネシア女性会議が開催されたことは特筆すべきであろう。同会議にはオランダ領東インド全域から30の女性組織が参加し、それらの代表を含む出席者は千人を越えたとされている。この会議では、女子教育や女性の地位向上などが議論された。

独立後のインドネシアで女性の活躍が際立つ分野としては、教育機関や孤児院などを含む社会福祉施設に加え、宗教団体の女性部を基盤とするコミュニティベースの慈善活動などが挙げられる。これらの分野における女性の活躍は日常生活の中でしばしば目にするものであり、何よりも女性自身が生き生きと活動していることが印象的である。インドネシアでは賃金を生み出す生産活動には分類されない社会貢献などの領域に数多くの女性の活躍の場があり、さらに家族や社会はそのような女性の活動を過小評価しない土壌があるように思われる。これらの活動は、上述したような国際指標には可視化されない、あるいは個人単位の指標では評価されにくい地域社会でのゴトン・ロヨン（相互扶助）といった相互行為の中に見ることができるものである。

１９８０年代以降、女性問題に取り組むＮＰＯも数多く登場し、イスラーム法学の古典文献の再解釈を通じてジェンダー公正を求める運動も展開されている（第36章）。今後さらに教育を受けた女性が知識人として積極的に宗教解釈に関わることにより、インドネシア・ムスリム社会の意識を変革し、家族や女性を取り巻く社会状況に対する一層の公正が目指されることが期待される。

（服部美奈）

▼参考文献

小林寧子２０２０「インドネシアの「家族の肖像」――小学校用教科書の中のジェンダー」長澤栄治 監修、服部美奈・小林寧子 編著『教育とエンパワーメント』（イスラーム・ジェンダー・スタディーズ３）、明石書店。

長津一史・加藤剛 編著２０１０『開発の社会史――東南アジアにみるジェンダー・マイノリティ・境域の動態』風響社。

Blackburn, S. 2004. *Women and the State in Modern Indonesia*. (Cambridge: Cambridge University Press)

Martyn, E. 2005. *The Women's Movement in Post-colonial Indonesia: Gender and Nation in a New Democracy*. (Routledge Curzon)

World Economic Forum. 2022. *Global Gender Gap Report 2022*. (Geneva: World Economic Forum)

21

エンターテインメント

★人気コンテンツとしてのイスラーム★

インドネシアでもマレーシアでも、近年、イスラームはエンターテインメントのコンテンツとして人々に好まれ、消費されている。私が頻繁に訪れるインドネシアでは、テレビをつければドラマやトーク番組などイスラーム的コンテンツが容易に見つかるし、また、街中のショッピングモールに併設されたシネコンでは、上映作品のラインアップにイスラームを題材にした映画が頻繁に含まれている。そしてこの傾向は、ラマダーン月にはさらに強まる。ここでは、エンターテインメントの世界にいかにイスラームが顔を出しているのか、世界最大のムスリム人口を抱えるインドネシアを主な事例として、またマレーシアの事例も一部取り上げながら、概観してみよう。

ラマダーン月のテレビコンテンツとしてイスラーム的ドラマが定番化していったのは、インドネシアでは、1990年代末から2000年代初めのことである。民主化を経て、民放局の開設が相次ぎ、各局が競って次々と娯楽番組を作り始めていた時期である。先駆的な作品として知られているのは、1998年末のラマダーン月に放送された「私の祈禱、私の希望」や、1999年から2006年のラマダーン月に毎年放送された

第21章
エンターテインメント

「時間の小道」である。また、2007年以降、2020年に至るまで継続的に制作され放送されている「神を探す人々」シリーズも、ラマダーン月のドラマとして大変人気がある。2000年代に入ると、ラマダーン月以外にも、イスラーム的ドラマは制作され放映されるようになった。中間層以上の女性を主な視聴者層に設定した恋愛ストーリーが人気であり、イスラームの教えに基づく思いやりや誠実さが描かれる一方、多妻婚もしばしばテーマになる。

一方マレーシアでは、1980年半ばに民放化が始まり、また1990年代半ばには衛星放送が導入されてコンテンツの多様化が進んだが、イスラーム的ドラマは、多くの視聴者を獲得した2009年放送の「愛の光」が有名である。またドラマ以外では、コンテスト番組「若いイマーム」が2000年代末に大ヒットした。日本でもよく知られるオーディション番組やアイドル育成番組の手法を使った「若いイマーム」の発掘・育成番組である。一般視聴者から募り、1000人以上の応募者から選ばれたファイナリスト10人が、「若いイマーム」の称号を得るために自らの宗教的知識や素養を披露し、様々な側面からその宗教性を審査される。優勝者は、国内のモスクのイマームに就任するほか、副賞としてメッカ巡礼やサウジアラビアのマディーナ・イスラーム大学への留学の機会を得ることができる。

映画もまた、近年、イスラーム的コンテンツが大変に目立つ分野である。服装の章でも触れたように、都市部の若者を中心に、1980年代以降、ヴェールの着用者は、徐々に見られるようになっていったものの(第17章)、インドネシアの映画の中で、ヴェールを着用した女性の姿はほとんど描かれてこなかった。この傾向を大きく変化させるきっかけになったのは、2008年に上映され、観客動員数の多さと話題性の双方でインドネシアの映画史に名を刻むことになった「愛の章句」だった。イスラーム学の権威として世界的に知られるエジプトのアズハル大学に留学中の若いインドネシア人男性ファハリを主人公に、彼と彼を取り巻く複数の女性たちのかかわりを描く恋愛物語であり、異教徒との結婚や多妻婚が物語の大きなテーマである。これらは、現代のインドネシア社会で論争を招くテーマであり、この作品をきっかけに、これ以降の映画やテレビドラマの定番コンテンツともなっていった。同時に、この作品では、ファハリの第1夫人になるアイシャをはじめ複数の女性主要登場人物がヴェールとムスリム服を着用しており、これ以降の作品でも、この傾向は続いた。主要なムスリムファッションブランドが、こうした映画のスポンサーに名を連ね、作品中の女性登場人物が着用する服やヴェールを提供した。これらの映画の大ヒットは、インドネシア社会の服装のイスラーム化を後押しする大きな要因ともなったのである。

「愛の章句」以後も、イスラームをテーマにした多様な映画が作られており、異教徒との恋愛や結婚（たとえば「3つの心、2つの世界、1つの愛」など）や多妻婚（たとえば「望まれざる天国」など）は、依然として人気のテーマである。また、海外を舞台にイスラームの素晴らしさやムスリムの生活を描く作品（「ヨーロッパの空の99の光」、「アッサラームアライクム北京」、「バックパッカーの巡礼」など）や、イスラームを巡る様々な対立や分断を描く作品も多く見られるようになった。インドネシア社会の多元主義をテーマにした「?（クエスチョンマーク）」は、保守系を中心とする複数のムスリムグループが作品への批判を表明し話題となった。マレーシア映画でも、多民族、多宗教、多言語国家であるマレーシア社会の混成性を描いたヤスミン・アフマド監督の複数の作品（「細い目」、「グブラ」など）が世界的に高い評価を得た一

第21章

エンターテインメント

本章で取り上げた映画・テレビ番組

邦題（筆者による訳）	原題	放送開始・上映年	国	テレビ・映画
私の祈禱、私の希望	Doaku Harapanku	1998	インドネシア	テレビ
時間の小道	Lorong Waktu	1999	インドネシア	テレビ
神を探す人々	Para Pencari Tuhan	2007	インドネシア	テレビ
愛の光	Nur Kasih	2009	マレーシア	テレビ
若いイマーム	Imam Muda	2010	マレーシア	テレビ
愛の章句	Ayat-Ayat Cinta	2008	インドネシア	映画
3つの心、2つの世界、1つの愛	3 Hati 2 Dunia 1 Cinta	2010	インドネシア	映画
望まれざる天国	Surga Yang Tak Dirindukan	2015	インドネシア	映画
ヨーロッパの空の99の光	99 Cahaya di Langit Eropa	2013	インドネシア	映画
アッサラームアライクム北京	Assalamualaikum, Beijing	2014	インドネシア	映画
バックパッカーの巡礼	Haji Backpacker	2014	インドネシア	映画
?（クエスチョンマーク）	? (Tanda Tanya)	2011	インドネシア	映画
細い目	Sepet	2004	マレーシア	映画
グブラ	Gubra	2006	マレーシア	映画

方、国内では、マレー文化を汚すとか、現実のマレーシア社会を描いてはいないなどとして、批判の対象にもなった。

音楽の分野で言えば、イスラームでは音楽が忌避または禁止だと論じられることがあるものの、東南アジアのムスリムたちの間で音楽は大変身近なものである。インドネシアの伝統的な宗教儀礼の場では、タンバリンなど打楽器の演奏に合わせて、神に祈禱する歌が歌われるなど、音楽とイスラームは結びついている。長年インドネシアの国民的歌手として活躍するロマ・イラマ（Rhoma Irama）は、1970年代から、イスラーム的メッセージを歌詞にのせて歌ってきた。また、マレーシアとインドネシア両国で、1980年代末頃から、ダアワ運動に参加したり、関心を寄せる都市部の大学生や若者たちの間で、ナシードと呼ばれるコーラスのジャンルが流行した。一部例外はあるものの、多くのナシードグループは男性のみで構成され、アッラーへの賛美や預言者ムハンマドの教えを歌う。中東起源の音楽ジャンルではあるが、インドネシアではキャンパスダアワ運動に参加する学生たちの間で、ナシードグループが誕生し、学内のイスラームイベントで歌が披露されるなど、特に大学ではよく知られるようになっていった。商業的に大成功したのは、マレーシアのナシードグループ、ライハン(Raihan)であり、インドネシアでも多くのファンを獲得し、CDも大いに売れた。ファンの多くはヴェールを着用した若いムスリマたちであり、彼らの人気の背景には、イスラーム的歌詞やアカペラ音楽が広く受け入れられたということと共に、若くてハンサムな男性ボーカリストたちに女性たちが憧れたという側面もある。

様々なエンターテインメントにおけるイスラーム的コンテンツの需要の高まりは、日常生活において人々がイスラーム的なものを求める傾向の強まりや、「イスラーム的であることの方がイスラーム的でないことよりも良い」という価値観の社会的広がりと呼応している。同時に、業界側にとっては、イスラーム的コンテンツは「売れる」コンテンツであり、ドラマも映画も音楽も、その形式や内容を少しずつ変えながら、次々に生産されている。

（野中　葉）

▼参考文献
西　芳美 2021『夢みるインドネシア映画の挑戦』英名企画編集。
山本博之 2019『マレーシア映画の母ヤスミン・アフマドの世界——人とその作品、継承者たち』英明企画編集。
Rakhmani, Inaya. 2016. *Mainstreaming Islam in Indonesia – Television, Identity & the Middle Class.* (Depok: Palgrave Macmillan)
Weintraub, Andrew N. ed. 2011. *Islam and Popular Culture in Indonesia and Malaysia.* (London and New York: Routledge)

コラム1

マレーシアの日常に増えてゆくアラビア語

久志本裕子

「アッサラーム・アライクム」は、「あなたの上に平安がありますよう」という意味のアラビア語で、「こんにちは」と同じように人と会った時や、「じゃ、また」と同じように人と別れる時に頻繁に使われる。この日常のあいさつをアラビア語表現で行うことは、東南アジアのムスリムにとってはもはやめずらしいことではない。私は2005年から2019年の間に合計約10年間マレーシアに滞在していたが、2005年の時点でムスリム同士の挨拶はもっぱらこの言葉であった。そして、2019年までの間にアラビア語の表現は着々と増えていったと言える。

現在のマレーシア語やインドネシア語の基となったマレー語には、独自の文字はなかった。イスラームが東南アジアに普及する以前の「インド化の時代」（第1章）にはインド系の文字で書かれることもあったが、マレー語を表記するのに東南アジア一帯に広く共通して使われるようになったのは、イスラーム化とともに広まったアラビア文字であった。このアラビア文字表記のマレー語は「ジャウィ」と呼ばれ、現在でもマレーシアではイスラーム関係の宗教書や学校の「イスラーム教育」の教科書などはジャウィで書かれている。このため、マレー語にはアラビア語起源の言葉が多く含まれ、それはイスラームとは関係のない文脈でも日常的に使用される。

最もよい例は曜日を表す語であろう。日曜日を「ハリ・アハド（hari Ahad）」、木曜日を「ハリ・カミス（hari Khamis）」という形で、日曜から木曜までを数字の1から5に由来するアラビア語で表すのは、アラビア語およびその影響を強く受けた周辺の言語と共通する。「ハリ・カミス」の「カ（kha）」というアラビア語の音は、マレー語ではアラビア語由来の語以外には使われず、「カ（ka）」や「ハ（ha）」とほぼ同じ発音で読まれる。このため、多くのマレー語話者はアラビア語でクルアーンを読む際に、マレー語では通常発音しないkhの音を出すのに苦労する。こういった状況からは、マレー語の中のアラビア語由来の言葉は、khのような特殊な音が入っていても、日常では特に「アラビア語起源」とは意識されずに使用されていることがわかるだろう。

一方、マレー語の中に長い間根づいてはいるが、アラビア語起源であることが意識され、イスラームの文脈の中でしか使われない語もある。たとえば、「キターブ」はアラビア語ではただの「本」を表すが、マレー語ではイスラームの「宗教書」を指す。ただし、キターブについてはキリスト教の聖書をマレー語で「アル＝キターブ（アルはアラビア語の定冠詞）」と呼ぶという例外がある。「マドラサ」はアラビア語では「学校」一般を指すが、マレー語では「イスラーム宗教学校」あるいは「イスラームの勉強もできる礼拝所」を指す。こうした語はイスラームの文脈でしか使用されないものの、あくまでマレー語にすでに定着しており、マレー語の辞書に載っているし、ムスリム以外でもマレー語がわかれば基本的に理解できる。

これに対して、冒頭で紹介した「アッサラーム・アライクム」のような語は、明らかに「アラビア語」として使用される語であり、そうした語はイスラームに関わる文脈で、あるいはムスリムによってしか使用されない。近年マレー語の中で使用が増えているのは、このタイプの「アラビア語」なのである。たとえば礼拝は

コラム1

マレーシアの日常に増えていくアラビア語

マレー語では「スンバヤン(sembahyang)」というが、アラビア語の「サラート」が変化した「ソラット(solat)」という呼び方もあり、近年では後者の語を使うことが圧倒的に多くなっている。日常の会話の中でも、「孫が生まれたのよ」など良い知らせを聞いた時に「マーシャッラー!(アッラーの御心のままに)」、約束をするときなどに「インシャーアッラー(アッラーのご意思あらば)」という表現は多くの場面でさらりと出てくるようになった。同じような場面でムスリム以外の人がいたときに「あれ?マレー語でなんだっけ」と考えてしまうくらいである。

アラビア語がマレーシアのムスリムにとって何と言っても重要なのは、名づけの時である。名前のつけ方も、60代以上の年配の人たちと今の若い世代ではずいぶん違い、アラビア語の名前が圧倒的に増えている。マレー人の名前は昔からアラビア語と同様、「個人名・ビン(〜の息子)/ビンティ(〜の娘)・父の名」という形で名乗られており、これは現在でも変わらない。たとえば、マハティール・ビン・モハマドは、「モハマドの息子マハティール」である。「ビン」は省略して書かれることも多い。個人名についても、「ムハンマド・サレ」等昔からよく使われるアラビア語の名前もある。しかし、60代以上の年配の人たちの間では、「アワン(長男)」や「マワール(ばら)」といったマレー語の名前を持つ人も多かった。

これに対して、現在の若い世代のムスリムの名前は、ほぼ100%アラビア語で一般的な名前であり、中でも預言者や預言者の妻、高名なイスラーム学者の名前など、イスラームに由来する名前が圧倒的多数である。しかも、近年のブームは「ムハンマド・アブドゥル・ラフマン・ビン〜」のように個人名の部分だけで3つの単語からなるようなより長い名前である。男性の場合「ムハンマド」がつく学生が多いのだが、女性の名前では「ヌール（光の意味）」や「シティ（高貴な女性の意味）」で始まる名前が非常に多い（シティ・ヌール・アジザ・ビンティ〜など）。

最近では、誰でも聞いたことがある典型的な名前だけでなく、普段聞かないアラビア語の単語や、預言者伝に出てくるマイナーな人物の名前など、バリエーションも増えている。両親がアラビア語に詳しくなくとも、アラビア語に詳しい親族などが名前を考えたり、あるいは書店やインターネットでたくさんでまわっている「イスラームの赤ちゃんの名前事典」などを調べて名づけるのである。

マレー語を母語とする人々の大多数にとって、アラビア語は学ばなければ理解できない「外国語」ではある。しかしながら、彼らにとって少なくとも一部のアラビア語は、聖典クルアーンの朗誦のために幼い頃から親しんでいるだけでなく、日常に埋め込まれ、ないと必要なことが表現できないような「自分の言語」でもある。日常の中で使われるアラビア語は、1970年代以降のイスラーム復興とともに、また近年ではソーシャルメディアなどの影響も受けながら増し続けている。東南アジアのムスリムの日常を知る上で、ごく初歩でもアラビア語を知っていると面白い発見がたくさんあるだろう。

III

各国のイスラームと諸制度

22

インドネシア

——★人々の多様なイスラーム実践と、国家とウラマーの関与★——

インドネシアでは、世界第4位を誇る人口2億7千万人のうち、約87%の2億3500万人がイスラーム教徒である（2021年末：インドネシア内務省データ）。世界最大のムスリム人口を抱える国であるが、イスラームは国教ではない。しかし、いわゆる政教分離の体制でもない。建国時に設定された国家5原則パンチャシラの第1条には「唯一神への信仰」が謳われているし、また宗教を規定した憲法29条では「国家は唯一神への信仰を基礎とする」（29条1）ことと、「国家は、すべての国民がそれぞれの宗教を信仰し、その宗教や信仰に従って宗教実践を行う自由を保障する」（29条2）ことが明記されている。これによればインドネシアでは、国家が国民にそれぞれの宗教を信仰し、実践する自由を認め、それを国家が保障していることがわかる。国家が認める公認宗教には、イスラームの他、カトリック、プロテスタント、仏教、ヒンドゥー、儒教が含まれ、宗教省には、イスラームだけでなく、他の公認宗教を管轄する部局もそれぞれ設置されている。つまりインドネシアは、日本のような政教分離ではなく、むしろ国家が積極的に宗教への関与を行い、国民の宗教実践に対する便宜を図る体制なのである。

第22章

インドネシア

2022年インドネシアの祝日

日時	祝日名	関連する宗教
1月1日	西暦新年	
2月1日	イムレック（中国暦新年）	
2月28日	イスラ・ミラジュ（預言者ムハンマド昇天祭）	イスラーム
3月3日	ニュピ（サカ暦新年）	ヒンドゥー
4月15日	聖金曜日（キリスト受難日）	キリスト教
5月1日	メーデー（国際労働者記念日）	
5月2日	イードル・フィトリ（断食明け大祭）	イスラーム
5月3日	イードル・フィトリ（断食明け大祭）	イスラーム
5月16日	ワイサック（仏教大祭）	仏教
5月26日	キリスト昇天祭	キリスト教
6月1日	パンチャシラの日	
7月9日	イードル・アドハ（イスラーム犠牲祭）	イスラーム
7月30日	イスラーム暦新年	イスラーム
8月17日	インドネシア共和国独立記念日	
10月8日	マウリド（預言者ムハンマド生誕祭）	イスラーム
12月25日	クリスマス（キリスト生誕祭）	キリスト教

国家が宗教を管理し、また各宗教の信者である人々の生活を保障していることは、インドネシアの祝日にも表れている。２０２２年のインドネシアの祝日は年間16日であり、日本の「国民の祝日」の数とまったく同じである。一方で、宗教関連の祝日が皆無の日本と比較すると、インドネシアの特徴は一目瞭然である。全16日間の祝日のうち、宗教関連のものは11日ある。イスラーム関連の祝日の日数が多いものの、その他の公認宗教それぞれに関係する祝日も含まれている。それぞれの宗教の祝日は、たとえ自分の信仰する宗教の祝日でなかったとしても、全国民が祝日を祝い、また祝日を祝っている異教徒たちを尊重し、お祝いの言葉を伝える、そんな日なのである。

また、国民一人ひとりが所有する身分証明書には宗教の項目があり、各自が信仰する宗教名が書かれている。インドネシアに頻繁に訪れるようになり、今ではすっかり慣れてしまったが、私自身、インドネシアで初対面の人にしばしば「あなたの宗教は何ですか?」という質問をされ、最初はとても戸惑ったことをよく覚えている。これほどにインドネシアにおいて宗教は、ある人の属性を示すとても重要な一要素なのである。

しかしだからと言って、インドネシアのムスリムが皆、イスラームを「熱心に」信仰し、決められた儀礼や儀式をきちんと実践する「真面目な」ムスリムだと考えることは短絡的である。また、国家が信者たちの生活を監視し、「不真面目な」ムスリムは罰せられるのではないかと考えることも誤解である。実際には、インドネシアのムスリムの大多数はムスリムの親のもとに生まれたという理由で自動的に「ムスリム」になった人たちであり、2億3500万人いるとされるムスリムは、皆一枚岩ではない。イスラームの信仰の仕方も、宗教実践の様子も、それぞれの人によって異なっているのである。また、国家が国民の宗教生活を監視したり、各信徒の信仰の度合いをはかったりすることはないし、宗教実践を怠ったからと言って、それを取り締まることもない。さらに言えば、国家が国民に対しイスラームをどのように信仰し、実践するかの指針を直接に示すことも基本的にはない。

インドネシアの法体系は世俗のものである。1945年、日本軍政期末期のインドネシアで起草された憲法前文には、イスラーム指導者からの要請で「イスラーム教徒には、イスラームのシャリーアの実践を義務付ける」という文言がいったん盛り込まれたものの、同年8月18日の憲法採択直前に、キリスト教指導者がこれに懸念を示し、この文言が削除されたという経緯がある。しかし、世俗の法体系の中に、イスラーム法の規定を盛り込む形で運用されるケースがある。ここでは、結婚や離婚などを定めた婚姻法（1974年制定）を見てみよう。婚姻法2条1では、「結婚は、それぞれの宗教や信仰の法に従って行われる場合に有効である」ということが明記された。これに基づき、イスラーム教徒同士の結婚は宗教省が管轄する宗務局に登録することが定められた。また、同法3条1では、結婚が1人の男性と1人の女性を原則とすることが述べられる一方、3条2では、男性には、当事者たちが望む場合、複数の妻を持つことが許されるとされた。この後者の規定は、イスラームの教え（クルアーン4章3節）が成文化されたものだと理解されている。

ただし実際のインドネシア社会では、男性の複婚は社会の、特に女性の反発が大きいように思える。２０００年代初頭から半ばにかけて一世を風靡した人気のイスラーム説教師アア・ギムは、２００６年に第2夫人との結婚が発覚すると、その人気絶頂から一転、社会からの厳しい批判を浴びることとなった。毎日のように出演していたテレビ界からも、少なくとも一時的には、ほぼ「追放」されてしまったのである（第50章）。

インドネシアで、信徒に対する信仰や宗教実践のガイドラインを示す役割を部分的に担っているのは、国家ではなく、ウラマーたちが集うインドネシア・ウラマー評議会（ＭＵＩ）であろう。ＭＵＩは、スハルト権威主義体制下の１９７５年、各地のウラマーたちを政府が管理し、政府の出す政策に対してイスラーム的お墨付きを与えることを目的に創設された。政府からは独立した機関であるが、当初は、正副大統領や宗教大臣が、組織内の要職に名を連ねるなど、「準政府機関」と呼べるものであった。民主化後は政府の後ろ盾がなくなり、「政府の従者」から「ウンマ（ムスリム共同体）の従者」になることが宣言された。それ以降、ＭＵＩが様々な社会問題に対して発令するファトワー（法的見解）やタウシヤ（助言・推奨）などのメッセージは、法的拘束力はなく、また様々な形で賛否両論を招くものの、各信徒に参照され、社会で一定の影響力を持つようになった。こうしたファトワーの中には、「宗教多元主義・リベラリズム・世俗主義（ただし日本でイメージされるものとは異なる）」を否定するものや、イスラームの中の少数派を「異端」とするものが含まれるなど、近年のＭＵＩの保守化傾向が顕著に見られるようになっている。

一方、現在のインドネシアでは、様々な社会問題に対するイスラーム的見解を発信するのは、ＭＵＩに限定されていない。ナフダトゥル・ウラマーやムハマディヤをはじめとする主要なイスラーム団体はもちろんのこと、テレビ説教師やソーシャルメディア上で活躍する説教師たちも活発に発信を行い、ひとつのイシューに対し、異なるイスラーム的見解が異なる主体から発信されることも常である。人々は、個人の信仰心や嗜好に応じ、これらの異なる見解を吟味し、自らの日常に活かし、また自らの行動指針を選択しているのである。

（野中　葉）

▼参考文献
荒木　亮　２０２２『現代インドネシアのイスラーム復興』弘文堂。
小林寧子　２００８『インドネシア展開するイスラーム』名古屋大学出版会。
Bruinessen, Martin Van, ed. 2013. *Contemporary Developments in Indonesian Islam*. (Singapore: ISEAS)
Hefner, Robert W. 2018. “Introduction – Indonesia at the crossroads: imbroglios of religion, state, and society in an Asian Muslim nation”, R. W. Hefner, ed. *Routledge Handbook of Contemporary Indonesia*. (London and New York: Routledge)

23

マレーシア

★多民族国家の「唯一の公式宗教」★

マレーシアと言えば「多民族・多宗教の国」として描かれることが多い。街を見れば色とりどりの民族衣装を着た人々が歩いているし、モスク、中華系の廟、ヒンドゥー寺院、キリスト教会が近隣エリアに集まっていることも珍しくない。この多民族・多宗教社会において、イスラームはどのように位置づけられているのだろうか。

マレーシアの2020年国勢調査における総人口は3244万人、うち2975万人がマレーシア国籍、269万人が非マレーシア国籍である。非マレーシア国籍を含む総人口の宗教別の割合を見ると、イスラームが63・5%、仏教が18・5%、キリスト教が9・1%、ヒンドゥー教が6・1%、その他が0・9%、無宗教・不明が1・8%となっている。また、マレーシア国籍人口の民族別内訳ではマレー人が57・1%、マレー人以外の先住諸民族が12・3%、華人が23・2%、インド系が6・7%、その他が0・7%となっている。マレー人とその他の先住諸民族は合わせて「ブミプトラ」というカテゴリーにまとめられ、このブミプトラが69・4%を占めるマレーシアの多数派民族となっている。マレーシアの人口統計は、多くの場合「ブ

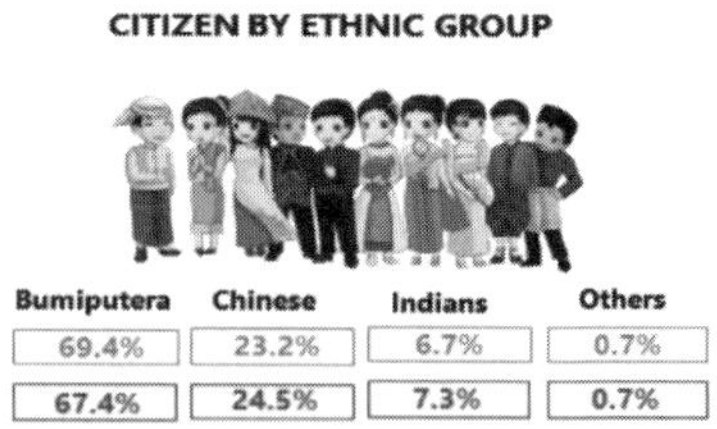

図　様々な民族衣装で示される「多民族国家」の典型的イメージ
マレーシア統計局ホームページより（2020年の民族別人口統計）

ミプトラ」の人口を明示し、その中でマレー人が占める割合は明示されないことが多い（図）。

マレーシアにおいてイスラームは「唯一の公式宗教」とされるが、その他の宗教も、信仰、実践する自由が保障されている。ムスリムは人口の63・5％であり圧倒的多数とは言えないにもかかわらずイスラームが唯一の公式宗教とされているのは、憲法の定義上100％イスラーム教徒であるとされるマレー人が、この国で特別な地位を保障される存在であることと結びついている。

18世紀末に始まるイギリスによる植民地化以前、現在の西マレーシアにあたるマレー半島の各地は、「マレー」と「イスラーム」の要素をあわせ持つ王たちによって治められていた。イギリスはマレー半島を支配するにあたり、これら各地の王たちにはイスラームとマレーの慣習に関する権威を認めてその地位を保障する代わりに、それ以外の行政の権限をイギリス人行政官が担うという間接統治の制度を築いた（第8章）。イギリス植民地期には錫鉱山やゴム農園、商業などの産業の担い手として中国やインドから大量の移民が流入し、1957年の独立時にはマレー人は人口の約半分を占めるに過ぎない状態になっていた。しかし民族間で議論が重ねられた結果、マレーの王権をマレー半島にある州のうち9州において統治者として残し（9人の中から1人が5年任期の国家元首として選出される）、彼らが公式宗教としてのイスラームとマレー人の特権の守護者となる体制が合意されたのである。現在のマレーシアは連邦制であり、13の州と3つの連邦直轄区がある。

このことは、マレーシアのイスラームを理解する上で欠かせない2つの重要な特徴につながる。その1つはイスラームがマレー人という民族アイデンティティと密接に結びついていること、そしてもう1つはイスラームに関する権限を持つのは基本的に連邦政府ではなく各州の王の下に置かれた宗教行政であることである。

人口統計で見れば、ムスリムは約63・5%、マレー人は約57・1%なので、人口の少なくとも約6・4%がマレー人以外のムスリムのはずである。ここにはマレー人以外のブミプトラの一部やインド系、華人のムスリムなどが含まれる。しかしながら、マレー人の日常においては様々な場面でイスラームを語ることはすなわちマレーを語ることであると認識される。たとえば日常の場面では、同じ程度体の線を隠したりしていても、マレー服を着ている人は洋服を着ている人よりも「イスラーム的」であるという印象を与える。また、マレー人の権利を主張する政治家は、時に支持を得るためにイスラームに関する扇動的な主張をすることで、「マレー人の権利を守る人」としてのイメージを有権者に植え付けようとする。政府がマレー人の支持を維持するためには、イスラームを擁護している姿勢を見せることが不可欠なのだ。農村部などでは現在でも、イスラームに改宗することをマレー語で「マレー人になる」と表現するやや古い言い回しを聞くことも稀ではない。これらのイスラームとマレーの結びつきは、世界のイスラームの潮流とマレーシアの政治状況の中で変化しながらも維持されてきた。20世紀初頭のイスラーム改革主義や、20世紀後半のイスラーム復興を経て「マレーと密接に結びついたイスラーム」を批判的に見る意識が広まって以降もなお、むしろより強固になっている面すらある。

イスラームは1957年の独立時に唯一の公式宗教と憲法で定められたが、60年代までは宗教行政が扱うのは公立学校のイスラーム教育、モスクの設立や巡礼者の管理などの限られた分野のみであり、連邦政府としてイスラームに関する積極的な政策がとられるわけではなかった。しかし、1969年にマレー人と華人の大規模な衝突事件である5月13日事件が起こると、暴動の背景が多数派でありながら経済的に不利な立場にあるマレー人の不満と解釈され、マレー人と先住諸民族、すなわち「ブミプトラ」を教育や就業などにおいて優遇する新経済政策が開始した。こうした優遇政策の恩恵を受けて都市に増加したマレー人学生などを中心とするイスラーム復興運動が盛り上がり、イスラームを政策に取り入れることに積極的でない政府に批判が集まるようになっていた。この状況で1981年に発足したマハティール政権では、ブミプトラの優遇をより明確に打ち出す諸政策とともに、イスラームを連邦政府の政策に積極的に反映する「イスラーム化政策」をとったのである。

政府がイスラームに関する政策を積極的に実施することは、イスラームの解釈を管理し、「上から」正しいイスラームを広めていくということでもあった。たとえば、金曜礼拝の際に各モスクで説教が行われるが、この説教の内容は連邦政府の宗教行政機関であるイスラーム発展庁（JAKIM）から各州の宗教局を通じ、各モスクに配付された共通のものでなければならない。JAKIMと言えば日本ではハラール認証の機関として知られているが、ハラール認証はまさに連邦政府の機関が「何がイスラーム的に正しいか」を決定し、国民がそれを受け入れるという構図を象徴している（第48章）。

このように1980年代以降のマレーシアでは連邦レベルでの「上からのイスラーム化」が進み、一定程度の中央集権化が進んだ面もあるものの、「イスラームは州の管轄事項」という原則もまた重要性を持ち続けている。たとえば、イスラームの神学や法学上の解釈に関する問題が起きた際には、各州の宗教行政におけるイスラーム解釈の権限を持つ役職としての「ムフティー」が、ファトワー（法判断）を出す。

イスラーム宗教学校の運営や調整もまた、基本的に州の宗教行政の役割である。連邦教育省が管轄する宗教学校も存在するが数は少なく、多くの宗教学校は各州の宗教行政によって運営される州立の学校か、あるいは民間の団体等によって国や州の補助金を一部受け取りながら運営されるものである。一方、連邦教育省が運営する一般の公立学校において、「イスラーム教育」という科目はムスリムの生徒には必修科目となっている。ムスリム以外の生徒はその時間、宗教的要素を除いた「道徳教育」という科目を履修することになる。

以上のように、マレーシアのイスラームはマレー人という民族との密接な関連性と、州と連邦の複雑な関係を前提としつつ政府が「上から」管理する体制を大きな特徴としている。国家、州、民族と密接に結び付いたイスラームの位置づけは、他の宗教との決して対等ではない関係を形成している。イスラームの教育やモスクの建設、宗教行政の運営には多額の予算が割かれているが、他の宗教に関わる施設などに対する支出は非常に限られている。どの宗教も信仰の自由は認められるが、ムスリムに対して別の宗教を宣教することは認められない。ムスリムと非ムスリムが結婚する場合は、非ムスリムの側がイスラームに改宗する必要がある。さらに、同じムスリムの間でもマレー人以外のムスリムはマイノリティとして不利益を被ることになる。これらの状況は、日本において一般にイメージされる「対等な宗教間関係」からはかけ離れており、「マレーシアのイスラームは不寛容だ」という印象を与えるだろう。だが、マレーシアにおけるイスラームのこのような位置づけはイスラームの解釈の在り方と言うよりも、歴史的に形成されてきたマレーシアの国の在り方そのものと言える。その決して理想的な「平等」でない関係の絶妙なバランスの中で、大規模な紛争などを経験することなくやりくりしてきたということもまたマレーシアの特徴なのである。その点は十分に認識しつつ、より公正な民族間・宗教間関係をマレーシアがどのように創っていくのか、注意深く見守りたい。

（久志本裕子）

▼参考文献
久志本裕子 2018「マレーシア」笹川平和財団編『アジアに生きるイスラーム』イースト・プレス。
多和田裕司 2010「マレーシア・イスラームにおける『イスラーム』と『世俗』——『イスラーム国家』論争を中心に」『人文研究』61巻。
鳥居 高編 2006『マハティール政権下のマレーシア——「イスラーム先進国」をめざした22年』アジア経済研究所、https://www.ide.go.jp/Japanese/Publish/Books/Jpn_Books/Sousho/557.html
長津一史 2019『国境を生きる——マレーシア・サバ州、海サマの動態的民族誌』木犀社。
Khairudin Aljunied. 2019. *Islam in Malaysia: An Entwined History*. (Oxford University Press)
Khairudin Aljunied, ed. 2022. *Routledge Handbook of Islam in Southeast Aia*. (Routledge)

24

ブルネイ

★イスラーム的価値観の醸成を支える制度★

ボルネオ島北西部に位置するブルネイ・ダルサラーム（以下、ブルネイ）は、東南アジアの豊かな資源国という一面を持ちながら、独立以前から今日に至るまで経済の多様化や失業問題といった社会課題を抱えてきた。持続可能な社会を目指すブルネイにとって、国家理念として掲げているマレー・イスラーム君主制（Melayu Islam Beraja, MIB）は、教育、法、経済などにおいて、それぞれ人格の形成、秩序維持、経済発展の実現を支える重要なキータームとなっているのである。

ブルネイの総面積は、５７６５㎢と日本の三重県程度の広さであり、その国土は、マレーシアのサラワク州により囲まれていて、比較的平坦な土地の多い地区と山岳地帯を多く持つ地区とに分かれている。いつ頃からイスラームが広がっていったのかという点については諸説ある。一説によると、初代スルタン（イスラーム世界における王の称号）とされるムハンマド・シャーは、14世紀半ばにイスラームを国教と定め、その後、15世紀にはブルネイ社会においてイスラームの影響力が大きくなっていたとされている。第5代スルタンのボルキア国王（１４８５〜１５２４）統治下のブルネイは黄金期と呼ばれ、その支配範囲は現在のボ

ブルネイ地図（筆者作成）

ルネオ島に加えて、ルソン島（現在のフィリピン領）にまで及んだとされている。現在、インドネシア、マレーシア、ブルネイの領地が含まれるこの島の名称「ボルネオ」は、ブルネイから派生した名前である。

１８８８年には、サラワクや北ボルネオ（現在のサバ州）とともに英国の保護領となったが、１９５９年に、スルタンに絶対的に政治権限を置く憲法が制定され、その後、１９８４年1月1日に完全独立を遂げた。１９９０年代に入ってからは、男女共学の廃止や、酒類の販売・流通の停止など、王室・政府による上からのイスラーム化が推し進められてきた。先述のＭＩＢが国家理念として強調され始めたのはこの頃からである。

ブルネイ統計年報２０２０によると、２０２０年の総人口は約45・3万人とされている。その内訳は、マレー系が約65・8％、華人が約10・2％、先住民族を含むその他が24・0％となっている。マレー系とは、マレーシア、シンガポールのマレー人と、ブルネイ・マレー人を指す。また、主要言語は、マレー語、中国語、英語である。

宗教別人口で見ると、ムスリムが約81・0％、キリスト教徒・仏教徒がそれぞれ約7・1％弱、その他が5・0％となっている。このような人口比率から、一般にイスラームが同国に住む人々の暮らしに深く浸透していると言われている。

ブルネイ国民は、5〜16歳の間、（1年間の就学前教育を含め）7年の初等教育と5年間の中等教育を合わせて12年間の義務教育が課されている。この義務教育の期間には、国家理念のＭＩＢと並んで、「イスラーム宗教知識」という科目が必須科目として定められ、宗教学校出身の教師や宗教家によって教えられている。

２００７年に承認され、翌年２００８年より施行されている「21世紀に向けた国家教育システム（SPN21）」では、イスラーム宗教知識に関する学習到達目標のひとつとして「イスラームは、人生に対して完成された教えを示し、かつ共同体・社会、国家を発展させるためのメカニズムを与えていること」への理解が挙げられている。ブルネイでは、就学前教育の段階から価値教育・道徳教育の中でイスラームの価値観が取り上げられており、その後、これに加えて国家観教育（nationhood education）の学習領域において、ＭＩＢが科目として定められている。このように、個々の倫理観・人生観の生成だけなく、社会・国家観とイスラーム的価値を結びつけ、定着しようという試みが義務教育の中で重視されてきた。また、その他の教科においても、科学的知識のイスラーム化が志向されている。

また、高等教育においては、ブルネイ・ダルサラーム大学スルターン・オマル・アリー・サイフッディーン・イスラーム研究センターが存在している。その役割は、現代の課題に見解を提示できるイスラーム思想家・知識人を輩出することである。

新たな法律の制定や法改正がイスラームの教えに則っているかどうかについては、ブルネイ・イスラーム宗教評議会（ＭＵＩＢ）と宗教省が管轄している。加えて、ＭＵＩＢはラマダーン月におけるレストラン経営の規定など国内のムスリムの宗教的生活に対して介入を強めてきているという。

ブルネイでは、主に下級裁判所、高等裁判所、上訴裁判所によって司法制度が成り立つ。刑事訴訟に関して、高等裁判所が一定範囲の重大な罪に関する裁判を管轄し、上訴裁判所は、最終審を管轄している。また、イスラーム法の下での審理に関わる問題については、シャリーア（イスラーム法）裁判所がこれを扱っている。2001年3月に「シャリーア裁判所法」が制定された後、シャリーア下級裁判所、シャリーア高等裁判所およびシャリーア上訴裁判所が設立され、現在に至る。このように一般刑法とシャリーア刑法との二重の法制度が並存しており、いずれで裁くのかは個別に判断されるものの、後者の場合では複数の証人が必要になるなど、厳格な要件が求められることがあるという。

私は、日本からブルネイ国際空港に到着した際に空港職員から〝No Sake?〟と問われたことがある。同国では、2014年5月にイスラームに基づくシャリーア刑法の一部が第1段階として導入され、その後2019年4月からは完全施行された。そこでは、「イスラーム教徒にのみ適用される規定」と、「外国人および非イスラーム教徒にも適用される規定」とが存在している。後者には、人前での飲酒・喫煙が禁止される、またラマダーン月の期間は日の出から日没において、人前での飲食・喫煙が禁止されているなどの規定が含まれている。

ブルネイでは、イスラームの理念を経済活動に反映させる取り組みのひとつとして、聖典『クルアーン』で禁じられているリバーの取得を回避した形で金融サービスが提供されてきた。現代のイスラーム世界におけるリバーの代表的なものとして利息が挙げられている。同国では、初のイスラーム金融機関であるブルネイ・イスラーム信用貯蓄公社（TAIB）が、国内のマレー人ムスリムがマッカ巡礼（ハッジ）のために資金を積み立てるという目的で1991年に設立され、現在に至る。

ブルネイのイスラーム銀行は、ムスリムの生活に密着しているだけでなく、その規模も非常に大きい点が特徴である。2017年時点において、イスラーム銀行部門の資産規模は、銀行部門全体の60%以上もの割合を占めている。隣国マレーシアにおけるイスラーム銀行資産の割合が全体の3割弱である点を踏まえると、ブルネイにおけるその成長ぶりは著しい。特にブルネイ・ダルサラーム・イスラーム銀行（BIBD）は、国内最大の資産規模を有し、同国の銀行業を代表する存在となっている。

預金サービスを例にとると、BIBDはワカーラと呼ばれる代理契約を用いて、利息の取得を回避している。この契約は、前近代からイスラーム世界で用いられてきた契約手法のひとつで、これを現代の金融取引に応用したものである。BIBDは、預金者の代理人として、預かった資産を彼らの代わりに運用する。つまり、預金者は銀行にお金を貸すのではなく、その運用を代わりに任せるのである。

以上、ブルネイ社会では国王・王室に政治権力が集中する中で、狭義の宗教のみでなく、教育、司法、経済といった広い社会生活に対して、上からのイスラーム化が推し進められてきた。現在はまだ、その過渡期と言える段階であり、どのような形でイスラーム的価値観の普及と定着が人材育成や経済構造の高度化などに繋がっていくのか、注目を集める地域である。

（上原健太郎）

▼参考文献
金子芳樹 2010「ブルネイの政治体制とその変化――スルタン専制の安定性と政治改革の実態」『海外事情』58(12)。
上原健太郎 2015「ブルネイ・ダルサラームにおけるイスラーム金融部門の形成とその特徴」『イスラーム世界研究』8。
杉本　均 2000「ブルネイ王国の言語・価値教育政策――シンガポール・マレーシアとの比較の視点から」『京都大学大学院教育学研究科紀要』46。
De Vienne, Marie-Sybille. 2015. *Brunei: From the Age of Commerce to the 21st Century*. (Singapore: NUS Press)

25

シンガポール

―★多民族・多宗教国家における少数者のムスリムに配慮した制度★―

ゲイランセライの街は、シンガポールの中心部から東寄りにある。ここは、かつてのマレー系の集住地としての面影を残す街だ（写真1）。スカルキャップを着けたムスリム男性たち、カラフルなヒジャーブを着けたムスリム女性たちが目立つ。通りにはイスラーム関係の書籍や礼拝マット、アラビア文字のカリグラフィなどを売る店が並ぶ。街のランドマークであるマーケットの2階のホーカーセンター（屋台村）の大部分はハラールフードの屋台で、行列ができる評判の屋台もある（写真2）。ラマダーン月には大規模な夜市が設けられ、買い物や食事を楽しむムスリムで賑わう。ゲイランセライでは、シンガポールでのムスリムの存在を強く感じることができる。

シンガポールは、居住者の74・3％を占める華人（中華系）のほか、マレー系、インド系等の民族からなる多民族国家だ。宗教で見ても、人口の多い順に仏教、キリスト教、イスラーム、道教、ヒンドゥー教、シーク教などと極めて多様である。ムスリムは15歳以上の居住者の15・6％を占め、この比率を居住者人口569万人にかけると約89万人となる。ムスリムの民族別の内訳は、マレー系が82・0％、インド系が13・0％を占め、そのほかアラブ系、華人等のムスリムとなっている（2020年人口センサス）。

信教の自由が認められるシンガポールで、ムスリムたちは礼拝、食におけるハラールの遵守、ラマダーン月の断食などイスラームの実践を行っている。結婚や葬儀もイスラームに基づく儀礼として行う。公立学校の通常の教育とは別に、イスラームの宗教指導者を養成する役割を担うマドラサと呼ばれる学校も6校ある。マドラサのほかに宗教関係団体等による宗教教室もあり、これに小学校の放課後などに通うムスリムの子どもたちも多い。

写真1　ゲイランセライの街

写真2　ゲイランセライで人気のハラール屋台

シンガポールにおいては、イスラームに関わる様々な制度が国家によって整備されている。これは、シンガポールが1965年にマレーシア連邦から分離独立した結果、少数者となってしまったムスリムに配慮し、マレーシアにならいながらイスラームに関わる諸制度が整備されたことによる。

イスラームに関する基本的な国の法制として、独立の翌年1966年に制定され、1968年に施行されたムスリム法施行法（Administration of Muslim Law Act: AMLA）が存在する。AMLAは、シンガポール・イスラーム評議会、シャリーア裁判所、ムスリム結婚登録所の3つの機関の設置、ザカート（喜捨）、モスク、マドラサ、ハラール認証、ハッジ（巡礼）、結婚・離婚等イスラームに関わる幅広い事柄について定める。

シンガポール・イスラーム評議会（Majlis Ugama Islam Singapura: MUIS）はイスラーム行政全般を担う機関である。MUISに所属するムフティー（イスラームの法判断をする学者）が、宗教上の最高指導者としてファトワー（イスラーム法の解釈に関する布告）の発出等を行う。MUISの役員や幹部職員は、マドラサを卒業してから海外のイスラーム大学で学んだ宗教指導者が多い。MUISの収入の90％以上は、ムスリムから徴収するザカート（喜捨）である。MUISはザカートを主要な財源として、社会開発および貧困層への支援、マドラサおよび宗教教師への支援、宗教教育プログラム、モスクの管理その他幅広い業務を行っている。

マドラサと呼ばれるイスラーム学校はMUISの管理下にあり、MUISがカリキュラム開発、教師の研修等を通じて教育内容に関する指導をしている。また、国内の約70か所のモスクもMUISの管理下にあり、毎週金曜日の集団礼拝の際のフトバ（説教）はMUISが作成し、各モスクに配付する。

第25章 シンガポール

マドラサやモスクの管理もＡＭＬＡに基づいてＭＵＩＳに与えられた権限である。

シャリーア裁判所は、ムスリムの結婚、離婚等に関する裁判を管轄する。ムスリムに対しては、結婚や相続など民事の一部の分野におけるイスラーム法の適用が認められている。たとえば、非ムスリムの家族では民法の規定が適用され男女の相続は同額だが、ムスリムの家族では男子と女子の遺産相続分の比率は2対1となる。同じシンガポール国民でも、ムスリムに対してはムスリム以外の国民とは異なる体系の適用が認められているのだ。

ムスリム結婚登録所は、イスラーム法の規定に基づきムスリムの結婚の登録を行う。たとえば男性2名の証人が必要とされるなど、ムスリムの結婚に関しては、イスラーム法の関係規定が適用される。

以上のように、ムスリムに配慮した様々な特別な仕組みが国の制度として設けられ、特にＭＵＩＳが制度の実施に大きな役割を担う。ＭＵＩＳに財源や権限が集中し、特にマドラサやモスクの管理など、宗教上の指導や教育に関わることは、ＭＵＩＳが一元的に管理している。このことは、計画的なモスクの建設、改修（エレベーターの整備等も含む）など、高く評価される面もある。

一方で、ＭＵＩＳはムスリムの役職員によって運営されるものの、ＡＭＬＡに基づいて設置された政府関係機関であり、会長やムフティーなど主要な役職が政府任命制である。また、トップレベルの役職にはムスリムではあるが宗教指導者ではない政府職員経験者等が就任している。このため、ムスリム社会では、ＭＵＩＳはムスリムの利益を代表するものではなく、政府がイスラームを管理するための手段だと見られがちである。たとえば、高校レベルまでの公立学校の児童・生徒、国軍、警察等の職員、国立病院の看護士に関しては、制服着用時のムスリム女性のヒジャーブの着用が禁止されてきたが、これにMUISが積極的に異を唱えないことについては、不満を持つムスリムも多い。

2001年のアメリカ同時多発テロ、2001年および2002年のシンガポールにおけるテロ未遂犯の拘束以降、政府はイスラーム過激主義の防止に神経を尖らせており、特に2014年以降のIS（イスラミック・ステート）の台頭を受けて対策を一層強化している。2017年には、イスラームの宗教教師に対し、思想チェックのため、MUISによる認証を取得することが義務化された。「イスラームの伝統的な教えに従うべき」との信念から、「ムスリムはイスラームの教えに基づかない世俗国家を拒否すべきだ」と唱え続けたために認証を取り消され、宗教教室で教えることができなくなった宗教教師もいる。

政府は、社会の安定を図る観点から国民の民族・宗教に関わるアイデンティティの表出を抑制してきたが、特にイスラームに関しては過激主義への懸念からも、宗教の教義や実践に対する管理を強化している。そのような政府の立場からすれば、MUISは、ムスリムが拠出する財源を活用してイスラームに対する管理を行える大変都合のいい仕組みである。

ムスリム社会の状況を見ると、過去10年くらいの間でもヒジャーブを着けるムスリム女性の比率がさらに増加するなど、伝統的なイスラームの教え（と彼らが考えるもの）に従い、服装や儀礼の面でより厳格な宗教実践を追求する動きが広まっている。逆に、若い高学歴のムスリムの間で、イスラームにおける男女の役割観を越えてジェンダー平等を主張するなど「リベラル派」が活発に発言する動きもある。他方、ごくわずかであるが、インターネットのコンテンツに影響されて過激主義思想に傾倒するムスリムの若者も出ている。その一方、ムスリムだけが「テロリスト予備軍」として懸念の対象とされる図式には、少しではあるが変化が見られる。２０２１年２月には、２０１９年のニュージーランド・クライストチャーチの事件に感化されたキリスト教徒の若者が、国内のモスクの襲撃を計画し、発覚して拘束されている。

２０２１年11月からは、国立病院の看護士については、ムスリム女性のヒジャーブの着用が認められるようになったが、学校、国軍、警察等に関する規制に変更はない。政府は、ムスリムの宗教意識の高まりが社会からの分離や過激主義につながることを依然として警戒し、また、民族・宗教間の関係を考慮しながら、宗教に対する管理を続けている。

（市岡　卓）

▼参考文献
市岡　卓２０１８『シンガポールのムスリム――宗教の管理と社会的包摂・排除』明石書店。
市岡　卓２０１９「多民族社会シンガポールにおけるムスリムの宗教間結婚」長沢栄治 監修、森田豊子・小野仁美 編著『イスラーム・ジェンダー・スタディーズ1　結婚と離婚』明石書店。
田村慶子２０００『シンガポールの国家建設――ナショナリズム、エスニシティ、ジェンダー』明石書店。
Hussin Mutalib. 2012. *Singapore Malays: Being Ethnic Minority and Muslim in a Global City-State*, (Oxon: Routledge)

26

タイ

★支援と管理が結びついた制度★

仏教が「国教」ではないものの上座仏教徒が国民の90％以上を占めるタイにおいてムスリムは5・4％、358万人ほど（タイ政府による最新の宗教人口統計、2018年）の宗教マイノリティである。しかし、かれらの属性は多様だ。たとえば、民族的背景はマレー系、中国系、南アジア系、西アジア系など幅広い。宗派も、スンナ派に属すムスリムが多数を占める一方、十二イマーム派やイスマーイール派といったシーア派のムスリムもわずかながら存在する。

こうした多様な属性を持つかれらの居住地もまた、国内全域にわたっている。中でもマレーシアとの国境に近い深南部は、マレー系ムスリムが人口の過半数を占める特異な地域だ。20世紀初頭まで深南部と現在のマレーシアの最北部をあわせた地域がマレー系の小王国群の版図であったことから、両地に住むムスリムは、民族のみならず言語や文化を共有しており、婚姻や留学等を通して緊密な関係を持っていた。ところが1909年に英＝シャム条約が締結されたことにより、小王国群はタイと英領マラヤに二分された。今日まで深南部を中心に多数の死傷者を出している反政府運動は、マレー系ムスリムの分断を引き起こしたこの条約の締結を契機に始まったのである。

このように多様な集団からなるムスリムに対してタイ政府は、イスラームに関わる諸制度を作り、運用してきた。まず、ムスリムの宗教生活全般に関する制度については、1949年に制定された「タイ国イスラーム中央委員会規則」がその嚆矢となった。イスラームを仏教になぞらえて中央集権的に捉えるこの規定により、タイ国籍を持つムスリムは、国内にあるモスクの中のひとつに「会員」として登録することが義務づけられた。これは、状況に応じて礼拝するモスクを変えるなどムスリムを一つのモスクに固定することが難しいというイスラームの実情とはかけ離れたものであった。同規則によって各モスクには、選挙で選ばれたムスリムの委員とモスクの管理者であるイマーム（礼拝時の導師）、コーテプ（金曜礼拝の説教師）、ビラン（礼拝の呼びかけ役）からなるモスク委員会が置かれている。モスク委員会は、イスラームに関する相談に乗るなど地域住民の宗教生活を支援する一方、それを管理してもいる。モスク委員会の上には、選挙で選ばれたムスリムの委員からなる県イスラーム委員会がある。この委員会は、県内にあるモスク委員会の活動を管理、支援したり、イスラームに関する県知事の相談役を担ったりしている。県イスラーム委員会の上には、タイ国内のモスク委員会と県イスラーム委員会の活動の管理、支援や、政府によるイスラーム関連事業の実施を担うタイ国イスラーム中央委員会が設置されている。内務省と文化省の下に置かれたこの委員会は、タイにおけるイスラームの最高指導者の地位（国王から任命される官職）であるチュラーラーチャモントリーを委員長に、各県のイスラーム委員会の代表者とチュラーラーチャモントリーが選んだ者から構成される。チュラーラーチャモントリーを頂点に、個々のムスリムを末端に置くこの中央集権的なイスラーム管理制度は、タ

ポーノで学ぶ子どもたち

イに住むすべての僧侶の僧籍を所属する寺院に置くことで僧侶、ひいては上座仏教への管理強化を意図したサンガ制度と酷似している。タイ政府は、この制度を通じて、国内各地のイスラームをめぐる動向を把握できるようになったのである。

次に見たいのは、イスラーム教育に関する制度である。タイにはポーノと呼ばれるイスラーム寄宿学校が、古くから深南部を中心に存在する。この伝統的なイスラーム教育機関は、ウラマーやイマームといったイスラーム指導者の再生産に中心的な役割を果たしてきた。ポーノをマレー系ムスリムによる反政府運動の温床とみなした政府は、「南タイ4県のムスリムの教育問題に関する委員会」の設置（1960年）を端緒とする一連の政策を通して、深南部にある多くのポーノを私立イスラーム学校に改編した。その結果、私立イスラーム学校となったポーノは、学校教育制度の中に組み込まれることになった。これにより、タイ政府から財政などの支援を受けられるようになったが、同時に教育省が作成したカリキュラムや教材の使用を求められるなど政府の管理の対象にもなったのである。

他方で、学校教育制度の中にある公立学校でも政府が公認したイスラーム教育が行われている。たとえば公立小学校では、1970年代からイスラーム教育が始められた。全国で初めてイスラーム教育が行われたのは、深南部の一部の小学校で1976年のことであった。この背景には、イスラーム教育を導入することで、仏教やタイ語といったタイ的要素の強さから生徒が集まらなかった当時の深南部の公立小学校をめぐる状況を打開しようという政府の意図があった。その後、１９８１年に深南部の４県（パッタニー、ヤラー、ナラティワート、サトゥーン県）の公立小学校でクルアーンをはじめとしたイスラームに関する科目が正規の必修科目として認められたが、全国の小学校でイスラーム教育が導入されるには１９９７年まで待たねばならなかった（第45章）。

最後に、イスラーム法に関する制度について見たい。タイでは、１９４６年に「パッタニー、ヤラー、ナラティワートおよびサトゥーン県地域におけるイスラーム法の適用に関する法律」が制定された。これにより、深南部４県に住むムスリムの家族と相続に限ってイスラーム法が適用されることになった。タイには、インドネシアやマレーシアと異なりシャリーア裁判所が存在しないため、この２つの領域にかかる事件の審理、裁判には、深南部４県の県裁判所に置かれたダト・ユティタムと呼ばれるイスラーム法裁判官が一般の裁判官とともにあたっている。こうしたタイのイスラーム法をめぐる制度は、法の適用範囲が限定されていることからもわかるように、ムスリムの実情に合っているとは言い難いものとなっている。

以上のようにタイではこれまで、イスラームに関わる様々な制度が作られ、運用されてきた。そしてそれは、イスラームに対するタイ政府の支援と管理という２つの側面を併せ持つものとなっている。タイのムスリムは、こうした制度と折り合いをつけながら日々の生活を営んでいるのである。

（小河久志）

▼参考文献

小河久志 2016『「正しい」イスラームをめぐるダイナミズム――タイ南部ムスリム村落の宗教民族誌』大阪大学出版会。
笹川平和財団編 2018『アジアに生きるイスラーム』イースト・プレス。
床呂郁哉・西井涼子・福島康博編 2012『東南アジアのイスラーム』東京外国語大学出版会。

27

フィリピン

★宗教的多元性を制度化する★

フィリピンは公式には世俗国家であり、政教分離を謳うが、公立学校でキリスト教会が宗教教育を担ったり、人工妊娠中絶禁止法が存在するなど、キリスト教やキリスト教団体が国の政治や法形成に大きな役割を担っている。一方で、非キリスト教の扱いについて、イスラームはマラナオ、マギンダナオ、タウスグといった特定の民族集団と紐づけられており、中央政府は彼らを「文化的マイノリティ」として位置づけ、教育や宗教実践を制度化してきた。教育においてはマドラサと公教育を統合させた政策の遂行や、公立学校での生徒の宗教上の権利保障、宗教実践に関しては大統領府直轄機関として国家ムスリム委員会を設立し、その中の巡礼・寄付局では国内外の人やモノの行き来の管理をしている。また、ムスリムのみに適用される法や裁判所があるなど、フィリピンには法の多元性が存在する。

全人口1億人余り（2015年）のフィリピンの宗教別割合を見ると、カトリックや諸派を含めたキリスト教徒が85％を超え、次いで多いのが約6％のイスラーム教徒（ムスリム）である。イスラーム教徒は、地域的には、南部のミンダナオ島西部やスールー諸島、パラワン島南部に集中して居住しており、それらの地域から地方都市や首都圏に移動したムスリムもいる。そこでは、キリスト教徒と共に学校で学び、職場で仲間として生計を営み、街中の乗り物では肩を並べて座るなど、隣人として暮らしている。だが、まだまだ互いに知らないことも多い。

２００６年、俳優のロビン・パディリャがイスラーム入信後に複婚や離婚をしていたというニュースが社会を賑わせた。「反逆児」として名の知られたロビンは、１９９４年に銃の違法所持で捕まり３年間服役した際に、ムスリムの囚人と知り合ってイスラームに入信したという。出所後、彼は、妻のイスラームへの改宗を促し（のちに離婚）、２００６年には2人目の女優と結婚して別れ、３人目と結婚する予定でいることが明らかになった。これが報道されると、「ロビンは女性たちとの関係を合法にするためにムスリムになった」、「自身の不貞を改宗によって隠した」、「豚肉や酒と引き換えに一夫多妻を選んだ」といった言葉が大衆紙面に並んだ。これらの言葉には、ムスリムの婚姻制度に対する、非ムスリムのフィリピン人のややシニカルな見解が表れていると言えよう。では、なぜ同じフィリピン人であっても、ムスリムと非ムスリムには異なる法が認められているのだろうか。

フィリピンにおけるムスリムは、20世紀初頭以降のアメリカ統治下で始まった政治的・経済的・文化的周辺化により、１９６０年代から分離独立運動を展開させた。これに対し政府は、ムスリムを国家の文化的共同体のひとつとして認め、彼らの慣習や伝統、信念を保護することが当該社会の秩序を維持させるだけでなく、フィリピン国家としてのまとまりを高めるものと捉え、いくつもの法令を成立させた。そのひとつに、１９７７年に発布された大統領令第１０８３号、通称「フィリピン・ムスリム身分法」（以下、ムスリム身分法）がある。フィリピンでは外来のイスラームの浸透とともに広まったイスラーム法と土着の慣習法が混合しているが、ムスリム身分法はその一部をまとめたものである。内容としては、ムスリムの個人や家族を巡る法体系であり、個人の地位、結婚と離婚、夫婦間の義務と権利、配偶者間の財産関係、養育と相続といった事項を扱う。これらの事項については、一般的にフィリピン人には家族法（1987年制定）が適用されるのに対し、ムスリムにはムスリム身分法が優先される。両者の間で異なる点はいくつかあるが、とりわけ婚姻に関しては主に次の3つの点で大きな違いが見られる。

第1は、離婚である。カトリックの影響を受け、フィリピンはバチカン市国と並び、世界で2つしかない離婚不在国家である。では、婚姻解消は全く認可されないかというと、家族法裁判によって婚姻無効や取消しを発出してもらう方法があるが、これには申し立て後、5年や10年など時間を要する。一方、ムスリム身分法では夫からの一方的離婚宣言（*talaq*）や、妻からの離婚宣言（*tafwid*）、シャリーア裁判所（後述）での離婚申し立て（*faskh*）が認められている。結婚時において、万が一離婚する際にどのような措置を取るか、契約書に記載されることが多い。

第2は、一夫多妻の認可である。家族法では複婚は認められない。一方、ムスリム身分法では、クルアーンに記されているように、第1妻の許可を得て、なおかつ複数の妻を平等に扱う義務を負うという条件付きで、同時に4人まで妻帯が可能である。第1妻にきちんと権限があるとはいえ、ムスリムの間でよく言われるように、親が血を分けた複数の子に平等に接することは難しく、妻ならなおさらといった意見から、実質的には一夫一妻制が良いと考えるムスリムが多い。

第3は、結婚時における婚資（*mahr*）の支払いである。フィリピンのムスリムの慣習では、男性側から女性側の家族へ土地や家畜といった財が婚資として渡されることが多かった。生活変化に伴い、今日では、新生活に要する現金を婚資としたり、元キリスト教徒や近代教育を受けたムスリム女性の中には、婚資はまるで女性の売買だとする考えに賛同して、クルアーンの章句を唱えるだけ、披露宴費用を折半するだけというものもある。また、先にいくばくか支払い、結婚後や離婚したときに残りを支払うという取り決めもある。

ムスリムの結婚は、役所に提出する結婚許可申請書にムスリム用別紙を付帯することで、ムスリム身分法が適用されるムスリム婚として保障される。婚姻の継続に支障が出たり、離婚時に適切に実行されなかった場合、地域の宗教指導者による和解や、ムスリム身分法で設立されたシャリーア裁判所での解決を探ることになる。

フィリピンには、最高裁判所の下に南部フィリピンを中心に5つのシャリーア地方裁判所と51の巡回裁判所がある。取り扱われる事例としては、財産所有権の争いなどもあるが、妻からの離婚申し立てが最も多い。その一方で、元キリスト教徒の女性たちの中には、ムスリム身分法を理解して結婚した人は少なく、生まれながらのムスリムであってもこの身分法を熟知しているとは限らない。広く行われてきた夫からの離婚宣言しか知らず、ネグレクトや経済的窮乏に苦しんでいても離婚できない人もいる。ムスリム男性が慣習の「好

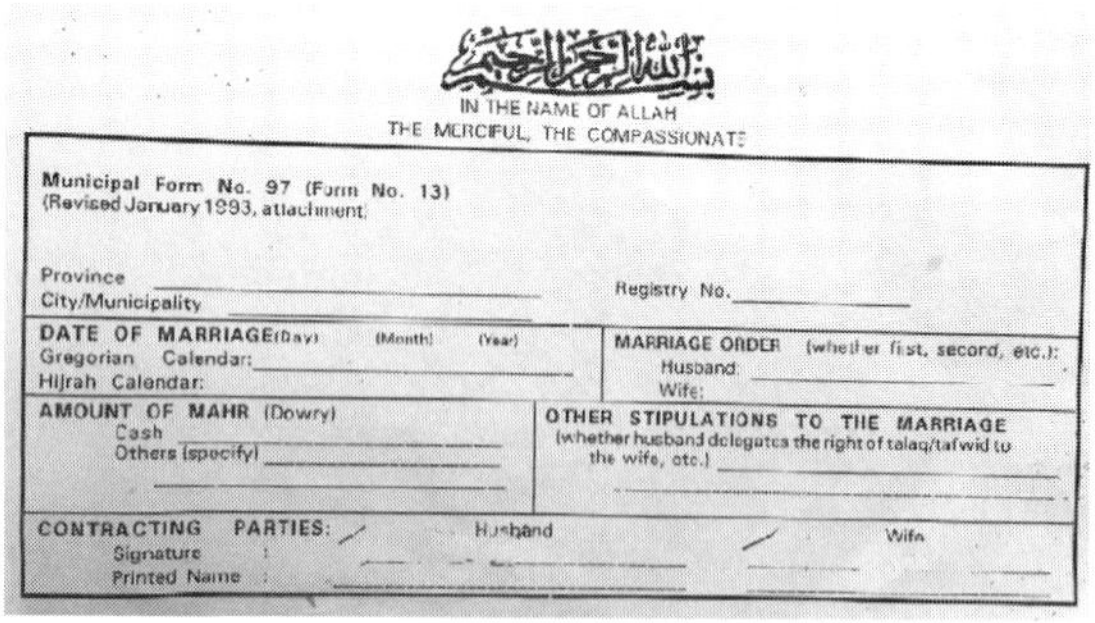
IN THE NAME OF ALLAH
THE MERCIFUL, THE COMPASSIONATE

Municipal Form No. 97 (Form No. 13)
(Revised January 1993, attachment)

Province
City/Municipality
Registry No.

DATE OF MARRIAGE (Day) (Month) (Year)
Gregorian Calendar:
Hijrah Calendar:

MARRIAGE ORDER (whether first, second, etc.):
Husband:
Wife:

AMOUNT OF MAHR (Dowry)
Cash
Others (specify)

OTHER STIPULATIONS TO THE MARRIAGE
(whether husband delegates the right of talaq/tafwid to the wife, etc.)

CONTRACTING PARTIES: Husband Wife
Signature :
Printed Name :

フィリピン結婚許可申請書に付帯するムスリム用の別紙

いとこ取り」をして、女性に権利行使の機会を与えていないという意見を持つ法律家もいる。そうした人たちの訴えを受け止めるシャリーア裁判所に関して、裁判所が身近なところになかったり、裁判所があっても、フィリピン法とシャリーアの双方に精通する法律家が少ないこと、ましてや女性の法律家も少ないことが課題として挙げられる。ムスリム身分法についても、その記載がフィリピン公用語のひとつの英語であるために、英語がわからない人たちに不利になっている。それゆえ、時代への適合や女性の地位向上のために、ムスリム身分法の一部を改正する動きも出ている。より脆弱な立場にいる人たちが守られるように、これらの課題を時間をかけて解消していくことが求められる。

このように、フィリピンは、ムスリムを主流社会に取り込むべく、宗教的多元性を認め、様々な制度を整えてきた国であると言えよう。

（渡邉暁子）

▼参考文献
笹川平和財団編 2018『アジアに生きるイスラーム』イースト・プレス。
森　正美 2005「フィリピン」柳橋博之編『現代ムスリム家族法』日本加除出版社。
吉澤あすな 2017『消えない差異と生きる――南部フィリピンのイスラームとキリスト教』風響社。
渡邉暁子 2014「イスラーム世界と人びとの移動から地域研究を考える　イスラーム改宗者とフィリピン・ムスリム社会の再編」『地域研究』14（1）。

28

ミャンマー

★仏教徒社会のマイノリティ★

ミャンマーでは１９６２年のクーデターから１９８８年の民主化運動を経て長期間にわたり事実上の軍政が継続していたが、２００８年の国民投票により憲法が制定され、その憲法に基づき２０１０年に総選挙が行われ、２０１１年3月末に民政移管された。その後は、軍服を脱いだだけの民政移管という当初の予想に反し様々な規制が徐々に緩和され、国軍が勢力を保ちながらも民主化が進んでいるように見えたのだが、２０２１年２月1日、国軍がクーデターにより再び政権を掌握した。10年の間に進みつつあった民主化はクーデター以降、急激に後退している。

クーデター後のミャンマー国内は非常に不安定な状況にあるが、２００８年の憲法は停止されずに現在も有効である。法の支配が大きく揺らいでいるとはいえ、まずは宗教に関してミャンマー憲法がどのように定めているのかというところから、ミャンマーにおけるイスラームを考えていきたい。

まず、憲法第34条において「公序、倫理、国民の健康、その他憲法上の規定に反しない限りにおいて」という但し書きはつくものの、信仰の自由は認められている。次に具体的な宗教について言及されている項目を見ると、第361条「国家は、仏教を大多数のミャンマー国民が信仰する特別に名誉ある宗教として承認する」、第362条「国家は、キリスト教、イスラーム、ヒンドゥー教及び精霊信仰も憲法が発効した日にミャンマー国内に存在している宗教として承認する」、第363条「国家は、国家が承認した宗教を可能な限り支援し、保護する」となっている。これらの条項からわかることは、信仰の自由は認められている一方で、憲法で認定した5つの主要な宗教の中で仏教が特別な地位にあることが明示されている、ということである。

憲法には「大多数のミャンマー国民が信仰する」のが仏教だとあるが、ミャンマーの宗教別人口割合はどうなっているのか。2014年3月実施の国勢調査によれば、推計値を含むミャンマー全人口5148万6253人のうち仏教徒は87・9%を占め、ムスリムはキリスト教徒6・2%に次ぐ4・3%（約223万7000人）であった。国勢調査の数字に対する信ぴょう性には様々な議論があるが、いずれにしても仏教徒が多数を占める一方、ムスリム人口はかなり少ないということもわかる。

この国勢調査では宗教別人口は公開されたが、民族別人口の内訳はいまだに公開されていない。また、全体の4・3%というムスリム人口には、ラカイン州の推計人口が半分弱含まれている。「政府が認めていない民族名（ロヒンギャ）を回答したため」国勢調査に正式に加えることはできなかったが、ムスリム推計として計上したと説明されている。つまりムスリム人口の半数弱はロヒンギャということになる（第40章）。ロヒンギャ以外に関して言えば、一部ムスリムの間では国勢調査前、「民族」をどう回答するかの議論があった。国勢調査における「民族」の欄は、政府公認の135の土着民族から選ぶか、「その他」として民族名を記載することになっていた。ここで議論になった理由は、身分証明書申請の際、ムスリムが自身の民族をマジョリティである「ビルマ族（バマー）」にすることが認められないためである。本来は国勢調査と身分証明書は全く別であるが、身分証明書申請でしばしば遭遇するトラブルであるため、国勢調査時にも混乱を招いていた。「ビルマ族」と回答したいという人もいれば、「その他」の欄に「バマー・ムスリム」（説明は後述）と記載しようという議論もあった。

では、ロヒンギャ以外のムスリムはどのような人たちなのだろうか。簡単に述べると、現在ミャンマーに暮らすムスリムは、イギリス植民地時代に英領インド各地から流入した移民の子孫や、移民とミャンマー土着民族との間に生まれた人たち、また、その子孫が多い。植民地以前のミャンマー王朝時代に、南アジア、西アジア、中央アジアほか各地から仕事で、あるいは、兵士や戦争捕虜としてやってきて定住したムスリムの子孫も存在する。こうしたムスリムのアイデンティティは、自分の祖先とミャンマーとの歴史的なかかわりや祖先の移民時期、あるいは自分自身のミャンマー文化の受け入れ度合いなどにより異なっていてひとつにはまとまらない。ミャンマー王朝時代のムスリムの呼称「パディ」を好むムスリムもいる。また「バマー・ムスリム」は、ミャンマー文化を理解し非ムスリムとの良好な関係を保つムスリムが自らを指す用語として使用することが多い。一方、イスラームは外来のもの、特に植民地時代にインドから入ってきたインド人ムスリムの宗教という印象が今でも強い。ミャンマー生まれでミャンマー語しか話せず、ミャンマー人仏教徒の親戚もいて、自分ではミャンマー人と考えていても、ムスリムというだけでインド人などと言われることから、「ムスリム民族」でいい、と考える人もいる。また、それぞれ少数ではあるが、政府公認の土着民族であるカマン民族、他の宗教からの改宗者、中国系ムスリム（パンデー）、マレー系ムスリム（パシュー）といった人々もいる。

このように、「ミャンマーのムスリム」と一言で片づけられないくらい、様々なバックグラウンドを持ったムスリムがいるが、そうは言ってもミャンマー社会の中ではマイノリティであるムスリムコミュニティ全体をまとめるような強力な組織があるのでは、と考える人もいるかもしれないが、残念ながら存在しない。何かあったときに政府との窓口となる「全ミャンマー・イスラーム組織」は存在するが、植民地時代から続く5つの組織を単にまとめたものである。幹部や代表者を選ぶことはせず、声明を出したりムスリムに注意を促したりする際の文書には各組織のトップが全員署名する形をとっている。現在は下火であるが、2012年以降、反ムスリム運動が大きく展開された際にも政府に対して強く抗議するなどの活動は組織として行っておらず、物足りなく感じているムスリムも多いのが現状である。

とはいえ、上述の組織は個別にムスリム同胞のための活動を行っている。たとえば、ミャンマーにおいては家族法に関して宗教や慣習法が優先されることが多く、ムスリムも婚姻や相続に関しては宗教指導者に仲介を願い出ることがほとんどである。ムスリムのための裁判所等はないが、ムスリムの婚姻や相続の場合、普通の裁判所に行ったとしても、イスラーム指導者のところで解決するか指導者による決定が書かれた文書をもらってくるように言われる。この時、全ミャンマー・イスラーム組織に含まれる5つの組織のうち、イスラーム宗教評議会（Islamic Religious Affairs Council）とウラマー全国組織（Jamiat Ulama-El-Islam）がこうした婚姻や相続に関し問題解決にあたっている。

また、ミャンマーでは仏教徒人口が多いことから、ミャンマーのムスリムは日常生活でも仏教あるいは仏教徒と関わる機会も多い。たとえば、ムスリムの子どもたちはモスクや近所にあるクルアーン学習のための学校に夕方5時ごろから7時すぎくらいまで通うことが多いが、昼間は公立の学校に通っている。通っている学校にムスリムの子どもが多くても少なくても、各種仏教行事は学校でも行われることが多く、仏教徒かそうでないかにかかわらず行事の準備を生徒皆で行う。そのため、特に教えなくとも仏教徒がどの時期にどのような行事を行うということは、学校行事での体験からミャンマー国民のほとんどが知っている。一方、学校で仏教以外の宗教行事が行われることはない。また、ムスリムの子どもたちは仏教行事の準備を手伝ったあと、僧院でお礼にと食事やお菓子がふるまわれても宗教上食べられないことが多く、ラペッと呼ばれる発酵したお茶の葉に揚げ豆などを混ぜたものだけを食べて帰ってくることも少なくないという。

以上のように、ミャンマーに暮らすムスリムは、ミャンマー社会でマイノリティではあるが新規移民ではなく、植民地時代あるいはそれ以前からミャンマーに暮らす人々とその子孫である。2011年の民主化、そして2021年の軍クーデターという大きな社会変動の中で、様々な苦労を抱えながらもミャンマー国民としてたくましく生きているのである。

（斎藤紋子）

▼参考文献

斎藤紋子 2010『ミャンマーの土着ムスリム――仏教徒社会に生きるマイノリティの歴史と現在』風響社。
斎藤紋子 2020「第7章　民主化による新たな試練とムスリムコミュニティ」土佐桂子、田村克己 編『転換期のミャンマーを生きる――「統制」と公共性の人類学』風響社。
笹川平和財団 編 2018『アジアに生きるイスラーム』イースト・プレス。

29

カンボジア

──★カンボジアのマイノリティ・ムスリム　チャム人の離散の歴史★──

カンボジアのイメージはと言えば、仏教国、アンコールワット、ポル・ポト、クメール・ルージュ、地雷……などが思い浮かぶのではないだろうか。そこにはムスリムの入り込む余地はまずないだろう。私はイスラーム思想を専門とし、中東や欧米で調査もしてきたのだが、偶然、チャムと呼ばれるカンボジアのムスリムの調査を行うことになった。しかし調査を始めてみると、彼ら・彼女らが波乱の歴史を生き抜いてきたことを知り、その歴史的・地理的広がりのダイナミズムに圧倒されたのであった。本書でカンボジアのムスリムを扱うのは本章だけなので、制度だけではなく、歴史・文化的背景や現状についてもふれつつ、その民族史を概観していきたい。

２０１８年のカンボジアの全人口は１６４０万人であった（アメリカ政府調べ）。その95％は上座部仏教の信徒で、その他の5％にキリスト教徒、ムスリム、ユダヤ教徒、バハーイー教徒、カオダイ教徒が含まれる。ムスリムの占める割合は、2・1％（カンボジア政府調べ）とも4〜5％（非政府組織調べ）とも言われる（30万〜80万人程度と推定される）。居住地域はトンレサップ湖やメコン川沿いの町や漁村であることが多いが、都市部に居住する者もいる。カンボジアで「チャム人」と言えば「ムスリム」を意味するが、「クメール・イスラーム」という公称もある。これは前国王のシアヌーク殿下が「クメール（つまりカンボジア）のムスリム」といった意味でつけた呼称で、カンボジアの枠組みに包摂しようとする政治的意図によるものである。

チャム人の祖は、今のベトナム中南部で紀元前に栄えた鉄器文化、サーフィン文化の民とされ、言語系統はオーストロネシア（マレー・ポリネシア）語族に属す。チャム人が支配したチャムパ（チャンパ）王国はマレー世界や中国まで海上交易を行い、中国史料には2世紀に「林邑」として登場する。5世紀頃からヒンドゥー教文化圏となり、特にシヴァ神信仰が盛んになった。7～13世紀にかけて建てられたミーソン遺跡が世界遺産に認定され、現在ベトナムの観光地のひとつになっている。8～9世紀にはムスリム商人が東南アジアと往来し始め、チャムパ王国にも影響を及ぼしていったが、この経緯についてはさらなる研究が必要である（第30、53章）。

10世紀以降ベトナム王朝が勢力を増し南下したため、チャムパ王国は首都を南に移し弱体化していった。その中で離散が進み、メコン川経由でカンボジアに移住する者、インドネシアや中国の海南島に逃れる者、そしてベトナムに残る者に分かれていった。バンコクにはカンボジア経由で移住してきたと考えられるチャム人集落があり、タイ土産として知られるシルクのブランド、ジム・トンプソンと深い関係がある。

19世紀前半にチャムパ王国は滅亡したが、15世紀以降、断続的にカンボジアに移住してきたチャム人は王室とも良好な関係にあった。ただ、多くのカンボジア人には今なお、チャム人は呪術に長けていると信じられ、頼られたり恐れられたりもしている。１９７５～79年のクメール・ルージュ時代に

「チャム人」地区チュロイ・チュンワにあるモスク

は、クメール民族ではないためジェノサイドとも言われる過酷な迫害の対象となった。チャム人の生存率はクメール人の半分ほどだったとも言われ、また１１３あったモスクは破壊されて５つしか残らなかった。私は主に２０１３年に現地調査を行ったが、この時代がカンボジアの人々に残した傷跡の深さを実感した。１９９０年代以降、カンボジアの復興が進められたが、チャム人にはムスリム・ネットワークを通しての援助が多かった。マレーシアとは歴史的に長きにわたって深い関係にあったが、さらにブルネイ、クウェート、サウジアラビア、アラブ首長国連邦などが支援した。１９９０年代初期には20以下しかなかったモスクは、２００７年には２８０にまで急増している（写真）。２００１年にはクウェートの援助によって、クルアーン初のクメール語訳・チャム語訳が刊行された。

カンボジアのチャム人は大きく分けて3つの集団からなる。80%以上を占めるマジョリティがスンナ派でシャーフィイー法学派に属す人々である。この集団だけを指して「チャム人」と呼ぶこともあるため、以下、カギカッコを付けて表記する。ほかにイマーム・サン（またはジャーヘド）と呼ばれるチャムパ王国の伝統を色濃く残す集団があり、5%ほどとされる。これら2集団はチャムパ王国の末裔であり、チャム語を話す。だがチュヴィエと呼ばれる第3の集団はジャワ島などからの移住者の子孫とされ、チャム語は話さないが、ムスリムであるためチャム人として認識されている。

「チャム人」やチュヴィエの行動様式はスンナ派のものであるが、イマーム・サンは金曜日に一度しか礼拝せず、独特の祝祭や呪術的儀礼を持ち、チャムパ時代の影響を色濃く残している（写真）。また最近の海外ムスリム諸国からの援助の流入に伴い、サラフィーとも呼ばれるイスラーム主義の影響が強まり、チャム人共同体全体に改革の動きも見られる。またインドで生まれたジャマア・タブリーグ（タブリーギー・ジャマーアト）の教えを受け入れる人々も増え、ダクワ（原音はアラビア語のダアワ）と呼ばれ、イスラームに厳格な生活様式を実践している。

イマーム・サンの祝祭の様子

「クメール・イスラーム」という呼称が示すように、チャム人は現在のカンボジアで信仰の自由が認められ、概して共存的関係を構築してきた。たとえばシアヌーク殿下の葬儀にはチャム人の要人が公式に招かれ、後述するカンボジア・イスラーム宗務最高評議会と宗教省が主催するクルアーン読誦大会ではフン・セン首相がスピーチを行っている。カンボジアの仏教界とも交流があり、イマーム・サンの祝祭の場を高僧が訪問している様子を私も目にしている。

「チャム人」の公的な組織としては、カンボジア・イスラーム宗務最高評議会があり、その宗教生活全般を統括することを政府から認められている。その長はムフティー（アラビア語で「イスラーム法を判断する学者」の意味）と呼ばれるが、カンボジア政府からはオクニャーという称号も与えられている。このムフティーは、カンボジア・イスラミック・センターという宗教寄宿学校の校長でもあり、地域の宗教指導者を任命する権限を持つ。イマーム・サンの長もムフティーかつオクニャーであるように、チャム人共同体は全体としてカンボジア政府の管轄下でその存在と活動を認められている。

このようにカンボジアのムスリムは複雑な歴史的背景をかかえ、周囲に援助者を見出しつつ生き抜いてきた。今後はカンボジア国内のみならず、その外に広がるチャム人ムスリムの動向を含めて理解する必要があるだろう。その範囲は東南アジアにとどまらず、欧米や中東にも広げることができる。たとえばポル・ポト時代に難民として移住したチャム人が、アメリカのシアトルなどで拠点を形成してきた。また、中東への留学生の動向も興味深いものがある。このようにチャム人ムスリム研究はグローバル化された世界の中でさらなるダイナミズムを獲得する可能性を持っている。

（大川玲子）

▼参考文献
大川玲子２０１７『チャムパ王国とイスラーム――カンボジアにおける離散民のアイデンティティ』平凡社。
チャン・キィ・フォン、重枝豊１９９７『チャンパ遺跡――海に向かって立つ』連合出版。
Kiernan, Ben, 2008. *The Pol Pot Regime: Race, Power, and Genocide in Cambodia under the Khmer Rouge, 1975-79*. (New Haven and London: Yale University Press)
So, Farina, 2011. *The Hijab of Cambodia: Memories of Cham Muslim Women after Khmer Rouge*. (Phnom Penh: Documentation Center of Cambodia)

30

ベトナム

★「ホイザオ」の現在★

ベトナム社会主義共和国は、1945年に独立した北ベトナムすなわちベトナム民主共和国の体制を受け継ぐ形で、南北統一後の1976年に成立した。ベトナム民主共和国独立後に制定された1946年憲法から最新の2013年憲法に至るまで、憲法はすべての人に宗教・信仰を持つ権利を保障してきたが、同時に、共産党が国民の指導的立場にあることも規定してきた。概して、他の社会主義諸国と同じように、ベトナムでは党と国家が宗教を統制している側面が強いと言える。

宗教を統制するための方策のひとつが、宗教および宗教団体の国家による公認制度である。この制度ができたのは1950年代後半のベトナム民主共和国期で、同国における社会主義体制下の愛国的な仏教やカトリックの団体の設立が目的であった。1976年の社会主義共和国成立以後もこの制度は継続し、旧南ベトナム（ベトナム共和国）領内の宗教勢力も対象に再編が進められてきた。今日のベトナムにおいて、国家公認の宗教団体は共産党・行政組織と共に階層的な組織を作り、寺院やモスクを統制している。ベトナムのイスラームにも適用される制度なので、宗教に関する近年の動向を踏まえつつここで概観しておこう。

現体制下のベトナムでは、1986年に提起されたドイモイを起点として従来の社会主義イデオロギーに基づく一元的な政策が見直されるようになり、それまで宗教活動として開催を制限されてきた村の祭礼など民間信仰的なものは「伝統文化」として見直され、1990年代にはあちこちで村の祭礼などの「復興」現象が現れた。一方で宗教勢力に対する警戒が解かれた訳ではなく、西側諸国との交流が深まっていく1990年代以降には宗教政策の法整備が強化され、2004年には「宗教・信仰条例」が公布、さらに、2016年には条例に基づいて作成された国内初の「信仰宗教法」が国会で可決されている（2018年施行）。

条例では、宗教的なものが「宗教」と「信仰」に区別されることが明記された。のちに成立した「信仰宗教法」の中で「宗教」は「信仰の対象、教理、教義、儀礼、組織などを含む信仰の体系や活動を有している」もの、「信仰」は「伝統的な風俗・習慣と結びついた儀礼などを通して表象される人々の信念」と定義され、前者の活動拠点が主に教会、寺院、モスクなどであるのに対し、後者は村のコミュニティハウス、村の守護神を祀る祀廟、親族集団の祖霊を祀る祠堂などであることが明記されている。国家公認の宗教団体は「宗教」に適用される制度であるが、別の言い方をすれば、「宗教」とは警戒と統制が必要なもの、「信仰」とは伝統文化として扱えるものというのが当局の認識であろう。

さて、国家公認の宗教団体とは、法人資格を持つ公認の「宗教」の組織のことで、2021年時点では16の「宗教」とそれぞれの宗教に紐づけられた合計36の宗教団体が公認されている（表1）。公認宗教団体に対する指導をはじめ、国内の「宗教」やその活動に関する事項は、中央政府「内務省」直

表１　公認宗教と公認宗教団体数一覧（2021年）

1.	仏教（1団体）
2.	カトリック（1団体）
3.	プロテスタント（9団体）
4.	カオダイ（10団体）
5.	ホアハオ仏教（1団体）
6.	ホイザオ（7団体）
7.	バハイ教（1団体）
8.	浄土居士仏会（1団体）
9.	セブンスデーアドベンチスト（1団体）
10.	四恩孝義仏教（1団体）
11.	明師道（1団体）
12.	明理道一三宗廟（1団体）
13.	バラモン教（2団体）
14.	モルモン教
15.	タロン孝義仏教
16.	宝山奇香

属の「政府宗教委員会」が管轄する。地方レベルでは、ベトナムの行政単位である省や市に設置されたそれらの支部の責任者が、国家の法律の範囲内で布教活動や儀礼の実施、宗教団体の管理といった宗教活動を行うよう各団体の代表者らを通じて指導し、団体の代表者らは管轄下の各宗教施設に働きかけるといった具合に、末端のレベルまで階層的に統制される。

各宗教団体の代表は、「国内に居住しているベトナム国民であること」など法的に資格を満たす推薦候補者（通常は宗教指導者など団体の委員）の中から選出された人物で、任期は5年である。代表者を決める総会も現行法に従って開催される公的なもので、内務省、政府中央委員会、地方政府の代表らも出席する。また代表者になった人物は、共産党の指導下で活動する経済・政治を含む各団体の連合体「祖国戦線」のメンバーに加入することになっている。

このように、国家公認宗教団体は、共産党・行政組織と共に階層的な組織を作り、国家の側にとっては国家と信者との橋渡し役となって宗教を統制するために機能し、信徒の側にとっては、一定の統制を受けながらも、党・国家との良好な関係を維持して活動するための制度として機能していると言える。

第30章
ベトナム

ここで、ベトナムのイスラームと宗教団体について見てみよう。「ベトナムのイスラーム」は、国家公認の16「宗教」のひとつで、ベトナム語では「ホイザオ」(「回教」のベトナム式発音)と呼ばれている。「ホイザオ」には「イスラーム(Islam)」と「バニ(Bani)」という2つの「教派」があり、いずれの信徒もベトナム中部以南に暮らす先住民チャム(2世紀から17~19世紀までベトナム中部を中心にあったチャンパ王国の末裔)が絶対大多数を占めている(第29章)。ここで注意したいのは、ベトナムでは、ホイザオの英訳としてもイスラーム(Islam)という宗教の名称が当てられていることである。ホイザオの「教派」としての「イスラーム」の信徒は主にスンナ派四法学派のひとつであるシャーフィイー派に属すムスリムで、イスラーム教徒としてのアイデンティティも明確であるが、バニの信徒はそもそも「ムスリム」とは自称せず、「イスラーム法」の概念も共有しておらず、その宗教を「イスラーム」と呼ぶことについても否定的である。他者に対する彼らの自称は「チャム・バニ」であることが多く、20年近く調査を続けてきた私の印象ではイスラーム教徒というアイデンティティも形成していない。そこで以下では、ホイザオはそのままホイザオと記し、そのうちスンナ派を主流とする「教派」を「イスラーム」と記すことにする。

「ホイザオの信徒」はベトナムの総人口約9700万人の0・1%にも満たないおよそ7万人で、そのうち約4万人をバニ、3万人を「イスラーム」の信徒が占めている。宗教団体の所在地はすべて南部のチャム人集住各省・市にあり、2021年時点でバニの2団体と「イスラーム」の4団体を含む計6つの国家公認宗教団体が活動中である(表2)。北部には唯一、19世紀末にインド人商人らによって建てられたと言われるモスクがハノイ市内にあり、ハノイ市内務局が公認したモスク管理委員会が

表２　ホイザオ国家公認団体一覧（2021年時点。（　）は公認された年）

ホーチミン市イスラーム共同体代表委員会（1992年）
アンザン省イスラーム共同体代表委員会（2004年）
ニントゥアン省バニ最高指導者評議会（2007年）
タイニン省イスラーム共同体（2010年）
ニントゥアン省イスラーム共同体代表委員会（2012年）
ビントゥアン省バニ最高指導者評議会（2012年）
※ハノイ・アルヌールモスク管理委員会（2013年にハノイ市内務省が認可）

その運営にあたっている。

　ホイザオのうち「イスラーム」系の４つの宗教団体中で最初に設立され、現在でもその中核にある「ホーチミン市イスラーム共同体代表委員会」を例に挙げて見てみよう。この団体はベトナム共和国期の１９６１年にベトナム唯一の「イスラーム」組織として結成された「ベトナム・チャム・イスラーム協会」を前身とする。ベトナム共和国が崩壊した１９７５年以降はしばらく活動を停止していたが、新たな体制の下で再編され、１９９２年に正式に設立された。現在は5年ごとに選出される10名ほどの委員で構成され、市内にある４つの礼拝所と10のモスク、約７５００人の信者を管理する体制がつくられている。団体の活動は、法的な事柄や政府、外国との交渉などモスク単体では行い難いこと、たとえば、イスラーム法と国家法の遵守を前提とするコミュニティと信者の指導・管理、マレーシアやサウジアラビアといった国々との交流と政府機関との連携、留学生の派遣、「ダアワの宗教教育」、チャム語とクルアーン教室の開講などである。

　ベトナムにはイスラーム学校や公学校におけるイスラーム教育は存在しない。コミュニティレベルで開かれるチャム語やアラビア文字の教室、クルアーン教室などがイスラームを学習する限られた機会であるが、すべてのコミュニティにそうした教室が開かれている訳ではない。一方で、ＳＮＳやブログで発信されている情報を見ると、１９９０年代よりは明らかにイスラーム諸国からの援助やこれらの国々への留学の機会が増えていることがわかる。また、コロナ禍の前に私がホーチミン市のモスクを訪れた時は、マレーシアの観光客を得意先とするチャム人ムスリムの旅行会社の車を頻繁に見かけたし、「ムスリム御用達」のホテルが並ぶ通りもできていた。国内の絶対的な少数派として暮らすムスリムにとってベトナムは制度的な制約が多い国と考えられるが、インターネットを通じて海外のムスリムとのつながりを強めたり、増加するムスリム観光客を相手に自分達が優位なビジネスを国内で展開するなど、受け身一辺倒という訳でもなさそうである。

（吉本康子）

▼参考文献

今井昭夫　１９９９「社会主義ベトナムにおける宗教と政治――国家公認宗教団体を通して〈小特集〉宗教と地域アイデンティティ）」『Quadrante』1。
吉本康子　２０１０「イスラーム性とエスニック要素をめぐる交渉過程についての一考察――ベトナムにおける「チャム系ムスリム」の事例を中心に」『関西大学文化交渉学教育研究拠点（ＩＣＩＳ）次世代国際学術フォーラムシリーズ第２輯：文化交渉による変容の諸相』。
Farouk Omar and Yamamoto Hiroyuki, eds. 2008. *Islam at the Margins: The Muslms of Indochina.CIAS Discussion Paper No.3*, (Center for Integrated Area Studies, Kyoto University)
Taylor, Philip. 2007. *Cham Muslims of the Mekong Delta: Place and Mobility in the Cosmopolitan Periphery*. (Singapore: NUS Press)

Ⅳ

イスラームと政治・市民運動

31

インドネシアのダアワ運動

★その政治的・社会的インパクト★

ダアワは、「呼びかけ」を意味するアラビア語の単語に由来し、イスラームの文脈では、特に、人々をイスラームへと呼びかける「宣教」を意味する。ダアワには、非イスラーム教徒に対するイスラームへの呼びかけだけでなく、同胞のイスラーム教徒に対し、よりよくイスラームを信仰し、実践するように呼びかける活動も含まれる。現代インドネシアのダアワ運動としてよく知られているのは、20世紀後半から末にかけ、スハルト権威主義体制下で全国的に広まった大学生たちによるキャンパスダアワ運動である。この運動の大きな特徴のひとつは、イスラーム大学ではなく世俗教育を提供する一般の国立大学が主な拠点となったことであり、学生たちは、イスラームを軸に自己を変革し、さらにイスラームを周囲に広めることでよりよい社会を作っていくことを目指した。スハルト体制は、開発独裁体制としても知られ、体制の意向に反するとみなされたあらゆる運動や勢力が弾圧され、厳しい監視の対象になったが、キャンパスダアワ運動には、様々な政治的、社会的活動を制限された大学生たちが多く参加し、発展していった。そしてこの運動を通じ、イスラームを学び、同胞に広める活動に参加した若者たちが、民主化後のインドネシア社会におけるイスラームの顕在化の一翼を担っていったのである。

スハルト体制下で進展したキャンパスダアワ運動の端緒は、１９５０年代末に始まるバンドン工科大学でのモスク建設運動である。国内最難関の理系大学であり初代大統領スカルノの出身校としても知られる同大学では、１９５０年代末、学内に礼拝の場所を求めるモスク建設運動が始まった。学生や若い講師たちは、大学や行政にモスク建設に向けた働きかけを行うと共に、学内のムスリムに対し、礼拝を呼びかけ、イスラームを広める様々なダアワの活動を実践した。モスク建設は、資金不足や、スカルノからスハルトへの権力移譲の時期と重なったことによる不安定な社会状況など、様々な困難に直面して長い時間を要し、１９７２年にようやく完成した。モスクは預言者ムハンマドの教友（ムハンマドと直接接した初期世代ムスリム）で優秀な技術者として知られるサルマーンの名にちなみ、サルマンモスクと名づけられた。名づけ親は、１９６０年代初頭、学生たちからのモスク建設の要請を承認した初代大統領スカルノだった。バンドン工科大学は世俗教育の牙城だったが、完成したモスクに学生たちが徐々に集うようになり、学内の同胞向けの宗教講和会やイベント開催のほか、中高生や小学生向けのイスラーム勉強会や学校の授業の補習、レクリエーションなどを通じたダアワの活動が展開し、サルマンモ

バンドン工科大学サルマンモスク

スクはダアワの一大拠点となっていった。

サルマンモスクの名を全国に知らしめるきっかけになったのは1970年代半ばにスタートしたダアワ・ムジャーヒド・トレーニングだった。50名ほどの学生が約1週間モスクに滞在し、寝食を共にしながらイスラームを集中的に学ぶ、ダアワの実践者を育てるための研修である。考案者はサルマンモスクのリーダーのひとりで、バンドン大学講師のイマドゥディン・アブドゥルラヒムだった。イマドゥディンやトレーニングを指導する同校の若い講師たちが注力したのはタウヒード（神の唯一性）を論理的に説くことであり、イスラーム諸学の知識の伝達よりも、熱意とインスピレーションを与えて、学生一人ひとりの意識変革を促すことが目指された。それまで学んできたイスラームとは手法も内容も大きく異なっていて、学生たちは大いに感銘を受けた。次第に、このトレーニングには、バンドン工科大学の学生だけでなく、全国の大学からダアワを志す若者が参加するようになり、サルマンモスクのダアワの活動やスピリットは、トレーニング参加者を通じて全国に伝わっていった。

サルマンモスクでの学生向けイスラームの勉強会

イマドゥディンはマレーシアのダアワ運動ともかかわりを持った人物である。彼は、1972年から73年にかけ、マレーシアの国民工科学院（現マレーシア工科大学）に大学を通じて派遣された。マレーシアではこの時期、ブミプトラ政策の一環で、大学の教授言語を英語に代えマレー語に転換する政策が実施されており、これに伴う教員不足を補うため、マレー語とよく似たインドネシア語を母語とするインドネシア人大学教員たちが、一時的にマレーシアに派遣されたのである。イマドゥディンは、同大学で教鞭をとるかたわら、サルマンモスクで考案したダアワのトレーニングをマレーシアの学生たちにも実施した。トレーニング参加者の中には、アンワール・イブラヒムをはじめ、マレーシアのダアワ運動を牽引することになるマレーシア・イスラーム青年運動（ABIM）のメンバーも含まれていた。この後、1980年代初頭にアンワール・イブラヒムはマハティール政権に参加し、同国のイスラーム化政策を推し進めていく。

一方、帰国したイマドゥディンは1970年代末、依然としてイスラーム勢力の伸長に警戒心を解かないインドネシア当局により逮捕され、その後、生涯にわたり、大学に戻ることは許されなかった。1980年代には、以下に論じるタルビヤの勢力が出現し、多くの学生をひきつけるようになり、サルマンモスクの全国的な影響力は相対的に弱まっていった。

タルビヤは、1970年代から80年代初頭にかけ、サウジアラビアに留学しイスラームを学び、その後帰国した複数の人物が中心的指導者となり、ジャカルタやその近郊の高校生や大学生を集め、定期的な勉強会を開催したことから始まった。この勉強会は通常、アラビア語起源のハラコ（「サークル」を意味する）やリコ（「会うこと」を意味する）と呼ばれ、1人のリーダーと10人前後の参加者からなるグループで、モスクやリーダーの自宅などを会場に、毎週開催された。リーダーを中心に参加者が車座になって、自由に発言したり議論したりする中で学びを深める形態であり、双方向性と継続性が特徴だった。

私的で小規模な勉強会という形式をとることで、当局の厳しい監視を逃れることもできた。最初に学ばれるのはイスラーム神学やタウヒードなど信仰の根幹であり、その次の段階では共同体やダアワの重要性が学ばれた。学生たちに神について学ぶ機会を提供し、ムスリムとしての覚醒を促し、イスラームの学習と実践を通じて現実の社会を漸進的に改良していくことを意識づけるものだった。参加者は一定の学習を終えると、次の段階では、後輩たちを集めて別のグループを作り、そのグループのリーダー役として自らが学んだ内容を後輩に教える。「学びながら教える」形態で、参加者同士のつながりを通じて、短期間に全国の大学に広まっていった。

１９９０年代に入ると、タルビヤで学ぶ学生たちは、各大学で組織化し、大学公認のキャンパスダアワ組織として活動を展開するようになった。メンバー育成に小グループで学ぶスタイルを取り入れながら、学内でイスラームの勉強会やイベントを企画したり、キャンパス周辺地域での社会貢献活動を実施したり、中高生を学内のモスクに集めて補習塾を開くなど、活発な活動が行われた。１９９０年代初頭は、全インドネシア・ムスリム知識人協会（ＩＣＭＩ）が設立されるなど、それまで警戒心の強かったスハルト政権がイスラーム寄りの政策を打ち出し始める時期であり、大学生たちもイスラームの活動をオープンにできる雰囲気が広まっていた。同時に各大学のダアワ組織の連携も強まり、全国的なネットワーク、ダアワ・カンプス組織友好フォーラム（ＦＳＬＤＫ）が結成され、定期的に各大学での活動を共有する年次大会が開催されるようになった。１９９８年3月には、アジア通貨危機に端を発する経済危機を受けスハルト退陣を求める動きが全国に拡大していく最中、マランのムハマディヤ大学で開催された第10回ＦＳＬＤＫ大会にて、インドネシア・ムスリム学生行動連合（ＫＡＭ

MI）の創設が宣言された。KAMMIには、全国の学生ダアワ活動家が結集し、同年5月のスハルト退陣をもたらす原動力の一端を担った。さらに、同年8月にはダアワ運動に参加する全国の学生たちを主要な支持母体として、新しいイスラーム政党である正義党が設立された。正義党は後に福祉正義党に改名し、2004年の総選挙では首都のジャカルタで第1党となるなど、都市部を中心に大躍進したものの、その後の勢いは停滞している。各大学のダアワ組織は同党とのつながりを強め、2000年代半ば頃には各キャンパスで、また全国的にもその活動がとても活発になったが、その後は逆に同党との結びつきが強まることで政治色が強まり、多様な学生たちにアピールすることができなくなっていった。

インドネシアのダアワ運動は、民主化後に創設され躍進した福祉正義党とのつながりから政治的に注目を集めてきたが、同時に、世俗教育を受けて育った非宗教系大学の学生にイスラームの覚醒を広くもたらしたという大きな社会的意義を持つ。それまで、礼拝や断食など儀礼の実践に留まっていた青年エリートたちが、イスラームを学び、クルアーンを読み、神と向き合う機会を得て、それを同胞に広めていく活動に参加していったことは、この運動の政治的インパクトに比べあまり注目されてこなかった。大学時代にダアワの活動に参加した人々の中には、その後、教育、出版、芸能、服飾など様々な分野でイスラームを広める活動を展開し、それを職業にした人々が多く含まれている。1980年代から90年代に活躍したキャンパスダアワの活動家が、2000年代以降のインドネシアの社会の幅広いイスラーム化を牽引する重要な役割を担っているのである。

（野中　葉）

▼参考文献
野中　葉　２００８「インドネシアの学生ダアワ運動の原点――サルマン・モスクにおけるイスラーム運動の展開」『Keio SFC Journal』８（２）。
野中　葉　２０１０「インドネシアの大学生によるタルビヤの展開――大学ダアワ運動の発展を支えた人々とイスラーム学習」『東南アジア研究』48（１）。
野中　葉　２０１８「マレーシアのダアワ運動と高等教育機関のイスラーム化に対するインドネシアのインパクト――インドネシア人活動家イマドゥディン・アブドゥルラヒムを事例に」『ＣＩＲＡＳディスカッションペーパー78：「カラム」の時代――マレー・ムスリムの越境するネットワーク２』。
見市　建　２００４『インドネシア――イスラーム主義のゆくえ』平凡社。

32

マレーシアのダアワ運動

★学生運動から官製の社会変化へ★

現在のマレーシアを訪れると、至るところに「イスラーム」の記号が溢れている。道行くマレー人の女性は大多数がスカーフを被ってゆったりと体を覆う伝統服「バジュ・クロン」やロングスカートの洋服を着て歩き、男性は長ズボンをはき様々な長さのあごひげをはやしている。街にはモスクはもちろんのこと、裁判所や役所、ショッピングモールなどでもイスラーム的な幾何学模様などのモチーフを持つ建築が見られ、ほぼどの銀行にも「イスラミック」部門があることが示されている。スーパーに行けば売られている商品のほとんどにハラール認証がついている。1990年代末にマレーシアを訪れるようになった私にとっては初めからこれがマレーシアの風景なのだが、このような状況は、1970年代前後からイスラームの復興を目指して盛り上がった「ダアワ運動」と、1980年代の「イスラーム化政策」を経て社会が大きく変化した結果なのである。

1957年にマラヤ連邦としてイギリスから独立した際にイスラームを国教とし、初代ラーマン首相の時代（1957～1970）にもモスクの建設やクルアーン朗誦大会の開催などが進められてはいたものの、独立後の社会を主導したのはイギリス時代の世俗的エリート教育を受けた層であり、植民地期に形成された多民族の都市では西洋的な生活スタイルが広まっていた。マレー人ムスリムが多く住む農村部でも一般の学校での教育機会や近代的産業の雇用機会が徐々に広まる中で、マレー半島北部など一部の地域を除いてイスラーム学校やイスラーム指導者の影響力は限られたものとなっていた。このような状況の中、1960年代末から70年代にかけて地方の敬虔なムスリムの一般家庭に育ちつつも世俗的な学校で良い成績を収め、クアラルンプールなどの都市の大学や、奨学金を得てイギリス等海外の大学に進学する新しい世代のマレー人が少しずつ増えてきていた。そうしたマレー人青年らにとって、イギリスはもちろん、マレーシアの都市もまた自分たちのものではない価値観が力を持つ、「異文化」の世界であった。

よりイスラーム的な生き方と社会の在り方を求める「ダアワ運動」は、そうした都市に出てきたマレー人の若者たちが中心となって起こった。「ダアワ」はイスラームの教えを伝えることを示す一般的な用語であるが、マレーシアの「ダアワ運動」というと1970年前後を境に盛り上がった一連の社会運動を指す。

ダアワ運動を担った様々な団体の中で最大勢力となったのがマレーシア・イスラーム青年運動（ABIM）であった。ABIMはクアラルンプール周辺の大学における学生運動から発展する形で1971年に設立された。国内都市部のマレー人学生によるイスラーム運動は、イギリスに留学していたマレー人学生たち、および帰国後にマレーシアの大学の教員となった人々と合流して盛り上がった。「ウスラ」と呼ばれる小規模の学習グループが定期的に開催され、世界的にはムスリム社会全体の問題、国内的にはマレー人社会の発展の停滞など現代社会の問題が、エジプトやパキスタンのイスラーム運

第32章

マレーシアのダアワ運動

動の指導者による著作を参照しながら論じられた。初期のＡＢＩＭの中心となったのは、宗教中等学校（イスラーム系学校）ではない一般の学校の出身で教育学や経済学など主に文系分野を専門とした学生と教員であり、高度な英語力による世界のムスリムの状況についての情報や議論へのアクセスが運動の盛り上がりを支えていた。

ダアワ運動の拡大の中でＡＢＩＭを代表するカリスマ的指導者となったのが、アンワール・イブラヒムであった（第56、57章）。アンワールは１９７４年から１９８２年までＡＢＩＭの会長を務め、その間ＡＢＩＭは各分野の大学教員や学校教員、都市中間層などを中心に幅広い支持を得ただけでなく、宗教学校の教員や中東留学経験者なども運動に取り込むことに成功して急拡大した。ＡＢＩＭの主張の中でも目立ったのは、教育、法、銀行などの近代的諸制度を排除することではなく、イスラームの理念を根本に置いて再定義するという提案であり、それらの近代的制度に関して欧米で教育を受けた専門家を有していることがＡＢＩＭの強みでもあった。

一方、ＡＢＩＭとは別の路線で勢力を拡大したダアワ団体にアル＝アルカム（初期はダールル＝アルカム）があった。１９６０年代末の首都近郊で、宗教学校の教師であったアシャアリー・ムハンマドを中心に小さな勉強会として始まったグループであったが、１９７０年に急拡大し、各地で自給自足的生活を営む独自の共同体を運営するようになった。アル＝アルカムはスーフィズム（イスラーム神秘主義）的な教義や実践が目立ち、アシャアリー・ムハンマドを精神的な導師、「父」として家族的な紐帯を持つ点が特徴的であった。男性は白いローブにターバン、女性は目だけを出した黒いローブなど特徴的な外見で、一夫多妻を推奨するなど、アル＝アルカム外の人々から批判される面も多かったが、ハラール認証などなかった時代にいち早く「ハラール」を謳う調味料などの食品の工場を作って販売したり、「ナシード」と呼ばれるイスラーム的歌謡（第21章）を歌うグループを作ってイスラーム的エンターテインメントの土台を作るなど、現在のマレーシアのイスラーム的消費のあり方の原形を提示した点でその影響力は大きかった。1994年に「異端」とされ活動が禁止されたものの、現在でもその潮流を受け継ぐ様々な団体が活動している。

このようなダアワ運動が勢いを増していた1981年に首相に就任したマハティールは、研究者などに「イスラーム化政策」と総称されるイスラーム勢力の懐柔政策を取った。ABIMのアンワール・イブラヒムは1982年に与党統一マレー人国民組織（UMNO）に加わり、1983年に青年スポーツ大臣として取り立てられ、教育大臣、財務大臣を経て1993年には副首相に上り詰めた。この間にマハティール政権は、ABIMの専門家を各種顧問として重用し、イスラーム銀行やイスラーム大学の設立、イスラーム法廷の役割強化などABIMの主張の大部分を政策に反映させた。

この結果、マレーシア社会には冒頭で述べたように「イスラーム的」なものが溢れるようになった。政府のイスラームに関わる行政部門、政府系企業、教育機関などが拡大しイスラームの専門的知識を活かせる職業が増えたことは、大学のイスラーム

写真　1983年のクダー州のムスリム女子学生。ミニスカートで、スカーフを被っていない［個人所有のアルバムの写真を筆者撮影］

学専攻と、そこへの進学に有利なイスラーム宗教学校の人気を後押しした。スカーフの着用などは1980年代前半まではABIMなどの団体に関わりがある人のみの実践と見られていたが（写真）、1990年代半ばにはムスリムであればスカーフを着用することが当たり前という状況が生まれていた。

だが今では、イスラーム運動、イスラーム政党はあるが、ダアワ運動の時期にあったような「イスラーム的でない社会を変えなくては」という主張はもはや力を持ちにくい。また、「マレー人」という民族集団とイスラームがほぼイコールで結ばれていることの問題性や、「イスラーム的」というラベルの政治的、経済的な利用、多民族・多宗教社会における共生のあり方など、単に「イスラーム的」なものを溢れさせることの限界も指摘されるようになっている。マレーシアのムスリム社会は今後これらの問題にどのように取り組んでいくのだろうか。マレーシアの事例からは、「イスラーム復興」とは何だったのか、ムスリムと他の人々の共存の可能性とは何かを考える重要な視点が見えてくるだろう。

（久志本裕子）

▼参考文献
久志本裕子 2014『変容するイスラームの学びの文化――マレーシア・ムスリム社会と近代学校教育』ナカニシヤ出版。
左右田直規 2012「ニュータウンのムスリム・コミュニティ――マレーシアの首都郊外におけるスラウの役割をめぐって」床呂郁哉・西井涼子・福島康博 編『東南アジアのイスラーム』東京外国語大学出版会。
多和田裕司 2005『マレー・イスラームの人類学』ナカニシヤ出版。
Nagata, Judith. 1984. *The Reflowering of Malaysian Islam: Modern Religious Radicals and Their Roots*. (Vancouver: University of British Colombia Press)

33

インドネシアにおける政治的競争とイスラーム

★社会の分断を読み解く★

インドネシアのイスラームが「保守化」あるいは「過激化」している、との解説や報道は少なくない。インドネシア人に聞いても、そのように現状を説明する人は少なくないだろう。たしかに数十年単位で見れば、日常生活から政治まで、宗教的なシンボルが強調される場面は確実に増えている。2016年末には華人でキリスト教徒の政治家バスキ・チャハヤ・プルナマ（通称アホック）の「イスラーム冒瀆発言」への抗議運動が大規模な大衆動員に成功し、その余波は2019年大統領選まで続いた。

ただし、1998年の民主化後数年の間に加熱した宗教間の紛争は収まっており、武装闘争派による爆弾テロ事件も2010年代に入ってから規模は小さく、頻度も低くなっている。また、1955年選挙では45％を占めたイスラームを掲げる諸政党への支持は、民主化後は2004年の38％をピークに、3割弱と低迷を続けている。では、この相反するように見える状況をどう理解すれば良いのだろうか。

私は、「標準化」と「商品化」というキーワードを提案したことがある。標準化とは、より「正統」とされる（スンナ派の）

イスラーム理解やイスラーム実践への統合が進む状態を指す。ヴェールの着用や食品のハラール認証が拡大するのは、そうした標準化志向を示している。そしてその標準から逸脱するような信仰の形態が衰退し、あるいは排撃される傾向を示している。逸脱とみなされるのは、精霊信仰、呪術などの慣習、創設者を預言者のひとりと崇める一派であるアフマディーヤなどである。重要なのは、このイスラームの標準化が多宗教の共存に基づくインドネシアのナショナリズムを前提に進んでいることである。したがって、たとえばマスメディアや公的な議論の場において、イスラーム国家樹立の主張を許容する余地はほとんどない。

一方で、こうした標準に収まる範囲では、無節操と言えるほどの商品化がなされる。つまりエンターテインメントに宗教的イメージが取り入れられ、あるいは宗教がエンターテインメント化している。イスラームをテーマにした歌謡ショーや恋愛ドラマが量産され、宗教イベントがショーアップされる。同様に、政治家はナショナリズムとともに宗教的要素を全面に出して自らを宣伝し、あるいは対立候補のナショナリズムや宗教性の薄さを攻撃材料にする。制度的にも、大統領と地方首長の直接選挙や個人名に投票する選挙制度（比例代表非拘束名簿制）の導入によって、政党よりも候補者個人間の競争を促すようになっている。イスラーム政党が退潮気味なのにもかかわらず、宗教が政治的競争に持ち込まれる所以である。

以上のような枠組みが、一見「保守化」や「過激化」と単純に解釈されがちな現象の発生要因をより良く説明する。冒頭で触れた、アホックの「宗教冒瀆発言」事件とその政治的帰結を例に考えてみよう。アホックの発言に抗議する２０１６年12月２日の集会は数十万人の規模に膨れ上がった。主導したのは、在野のイスラーム組織であり、これまで宗教的少数派などへの暴力的な事件で知られていたイスラーム防衛戦線（FPI）がその中心にあった。過去にFPIなどが主導したデモは数多いが、ここまでの規模になったことはなかった。アホックが再選を目指す州知事選が近かったため、対立候補を推す政党が協力した側面はあるが、多くの無党派層が参加した理由を説明できない。

動員に成功した背景には、アホックへの攻撃の論理の巧みさがあった。もちろん、争点は異教徒によるイスラームへの冒瀆発言である。しかし、この点を強調し過ぎると、多宗教の共存というインドネシア・ナショナリズムの原則に反することになりかねない。つまり宗教的少数派への抑圧や差別という構図となり、一般のムスリムを遠ざけてしまう。そこで抗議運動は、アホックの罪は（イスラームへの冒瀆だけではなく）インドネシアの多宗教間の調和への挑戦であり、彼こそが「国民の敵」であるという論理を用いた。また、国軍や警察の幹部も登壇し、一様にインドネシアの国旗をあしらった紅白のはちまきを身につけてナショナリズムをアピールした。

さらに抗議集会は政治的な「糾弾集会」ではなく、平和的な「祈禱集会」であると宣伝して、参加の敷居を下げる工夫がなされた。そして、テレビで人気を博してきたイスラーム説教師の登壇が予告され、ソーシャルメディアでは

「イスラーム冒瀆発言」への抗議運動１周年を祝う集会（2017年、ジャカルタ）

州外からも数日かけて徒歩で参加する人々が紹介されるなど、事前にイベントへの期待が高められた。このようにナショナリズムの原則を踏まえたうえで、説教師のような商品化されたイスラームを通じて大衆動員が図られたのである。この結果、アホックは2017年4月の州知事選に敗れ、刑事裁判でも有罪になった。

抗議運動を主導した人々は続けて2019年大統領選における現職ジョコ・ウィドド（通称ジョコウィ）の落選を狙い、対立候補のプラボウォ・スビアント支持に回った。問題の発言をしたアホックは、ジョコウィ現大統領の政友であったからである。しかし今度はプラボウォの背後には「反ナショナリスト」、「イスラーム過激派」がいるとのジョコウィ政権側の宣伝が功を奏した。ジョコウィは、急進的な新興組織台頭への危機感を強める最大イスラーム組織のナフダトゥル・ウラマー（NU）を陣営に引き入れ、またイスラーム過激派の台頭を恐れる非ムスリムの圧倒的な支持を受けた。特にNUが基盤とする大票田のジャワ島で票を伸ばし、ジョコウィは無事再選を果たした。

私が十分に注意を払っていなかったのは、標準化の奥底に潜む社会の分断である。大統領選挙では、友人や家族との関係に支障をきたした人々も少なくなかった。そして対立候補のプラボウォが新政権に入閣し、エリート間の関係修復がなされたあとも、ソーシャルメディアには反政権の空気が渦巻いている。

社会を分断するひとつの要素と考えられるのは、宗教道徳観、とりわけジェンダー観の差異である。世界的な潮流も反映し、ジョコウィ政権には女性の権利を巡る法制度の整備を推進する活動家が多く関わっている。また若者を中心に性的少数派（LGBTQ）の権利への認知度も上昇基調にある。これに対して、保守的なジェンダー観の維持を主張する社会運動やソーシャルメディア上のインフルエンサーは大統領選で一様に反ジョコウィの立場を取った。「性の乱れ」や家族制度の崩壊を憂慮する彼らは、西洋諸国の支援を受けた、フェミニズムやＬＧＢＴＱの権利運動の拡がりがその一因だと信じている。彼らは、ソーシャルメディアによるアピールから政治家や官僚への水面下の働きかけまで、熱心に活動している。その背景には急激な社会変化への不安があり、彼らの考えは一般の人々の理解を得やすい。こうした運動が現政権への不信感を煽り、断層を形成しているのである。２０２４年の大統領選でも、候補者の組み合わせによっては、再びこの断層が動いて政治的な対立の火種になるかもしれない。

（見市　建）

▼参考文献
川村晃一編　２０２０『２０１９年インドネシアの選挙――深まる社会の分断とジョコウィの再選』アジア経済研究所。
見市　建　２０１４『新興大国インドネシアの宗教市場と政治』ＮＴＴ出版。

34

マレーシアの政治・政党とイスラーム

★世界のすべてとしてのイスラーム★

イスラームとは、アッラーが世界のすべてを決定しているという世界観を受け入れることであり、自然現象も人間の行為もすべてイスラームである。そのため、善であれ悪であれ、世界で起きていることはすべてイスラームである。人間の行為もすべてイスラームである以上、「イスラーム的政治」というものは特に存在しない。どの政党が特にイスラーム的であるということはあり得ないし、そのような議論に意味はない。そして、政治というのは生活全般を含むすべての人間の営為のことであり、マレーシアであれ、他の世界のどこであれ、人間の行為はすべてイスラームと政治に関わる。

マレーシアは1957年に独立した国であるが、それ以前から、ムスリムの社会があった。現地で現存している最も古い法典は、15世紀につくられたマラッカ法典である。法典をつくった統治者はムスリムであり、法典の内容は、クルアーンに則っている部分もあれば、そうではない部分もある。法体系が完全にクルアーンにのみ基づいているというのは不可能なことで、法が現存する社会のあり方に対応してつくられるものである以上、クルアーンの内容だけから法体系がつくられるということはあり得ない。

いずれにしろ、法というものが存在するとすれば、それはイスラームの法である。マラッカ法典や、15世紀から18世紀にかけて他の東南アジアの地域でつくられた法典が、「イスラーム法典」などと名づけられることはなかった。法というのはすべてイスラームであるから、「イスラーム法」などと特に限定する必要はなかったからである。

「イスラーム法」という法とそうではない法、という概念は、19世紀に英国をはじめとするヨーロッパ諸国の植民地統治政策として、インドや東南アジアに持ち込まれた。法とは本来すべてイスラームである以上、「イスラーム法」というのは、イスラームへの理解を著しく欠いた概念であり、イスラームを矮小化して理解しようとする意図から植民地統治のために持ち込まれたものである。

「イスラーム法」、「イスラーム教育」、「イスラーム経済」といった、あたかも人間の行為にイスラーム的なものとそうではないものがあるかのようなヨーロッパから持ち込まれた理解は、1957年に独立した後のマレーシアでも、議会や行政において、マレー人の政党により維持され続けた。

1940年代後半から、独立運動の過程で政党が結成されていった。その中で最大であったのが、統一マレー人国民組織（UMNO）であった。UMNOは、2022年現在でも政府与党で、マレーシア最大の政党である。

UMNOは、1946年に結成され、様々な出自を持つマレー半島に住む多様なムスリムを「マレー人」という同一民族として扱い、政治的要求を共有する社会集団として組織していった。UMNOの政治的要求とは、英国統治からの独立、マレー人君主の主権者としての地位、マレー語の公用語化、

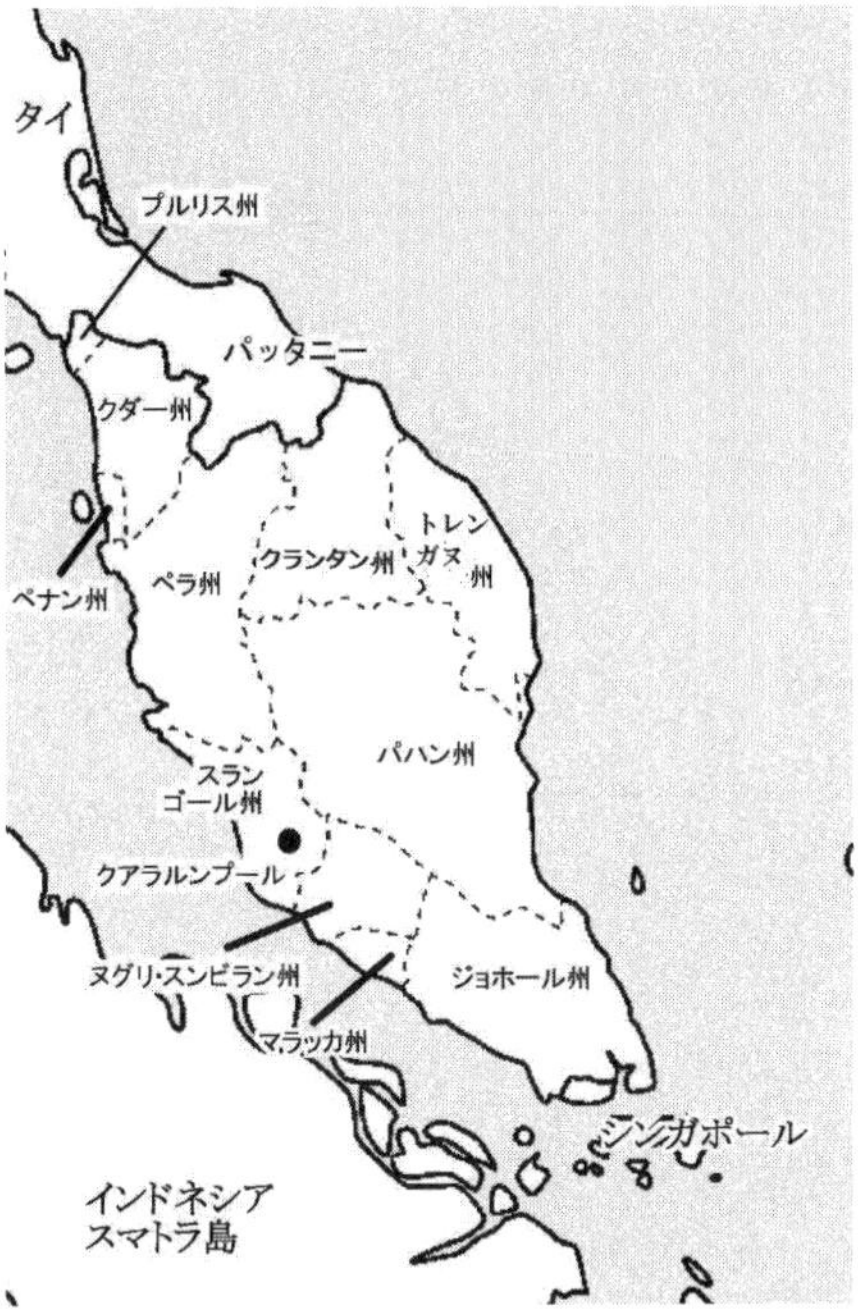

1957年独立当時のマラヤ連邦。1963年にサバ、サラワク、シンガポールが加入してマレーシアとなった。

マレー人の経済的権益の保障などであった。いずれも特段イスラームの教義に基づいた要求というわけではなかったが、政治的要求実現のためにムスリムを組織し、マレー人という最大多数派の民族集団を形成する必要があった。

マレー半島に住む多様なムスリムを、あたかもひとつの民族集団であるかのように統合していったマレー民族主義と呼ばれる政治運動の主な背景は、英国統治時代に急増していった華人やインド人といった非ムスリムの人口急増とその経済的台頭であった。マレーシアでは、華人など非ムスリムの経済力がムスリムを凌駕していたため、マレー人政党は政治経済的権益を確保しようとした。そのために、マレー人政党は１９４０年代後半から、イスラームが民族的特性であるかのように主張し、政治経済的権益の要求を宗教的な義務と権利として正当化した。このように、マレーシアでは政治的作為によってイスラームが民族集団の政治経済権益と結びつけられている。人間はすべからくムスリムであり、人間の営為はすべてイスラームである、という認識が、ムスリムの間でも浅いと言える。

マレーシアの連邦憲法第3条では、イスラームが「連邦の公式な宗教」であると定義されている。この条項についての解釈は、現在まで議論されているが、イスラームを信仰する民族、すなわちマレー人が政治、経済、社会的地位において特権を保持する根拠となっている。

連邦憲法第160条では、マレー人とは「イスラームという宗教を信仰し、マレー語を習慣的に話し、マレーの慣習に従っている個人」であると定義されている。この条項は、英国の植民地行政を継承したものである。元来、インドネシアやタイ、インド、中東などの各地から移住してきた多様なムスリムを「マレー人」という行政上の社会集団としてまとめたのが、19世紀からの植民地統治であった。この植民地行政の民族区分を、マレー人政党も継承した。

1955年には、UMNOとは別にマレー人ムスリムの政党としてマレーシア・イスラーム党（PAS）が政党登録された。PASも、政治的要求はマレー人の権益であり、UMNOとほぼ変わらない。PASは組織の地盤が、歴史的にタイ南部と交流の多いマレー半島北部に集中している点で、UMNOとは異なる。UMNOは、マレー半島南部やボルネオ島のサバ州に強固な地盤を持っている。

マレー人という民族集団は、華人やインド人といった非ムスリムに政治、経済面で対抗するためにUMNOのような政党に組織化されたが、経済的には華人の優勢が変わらなかった。1969年にマレー人の華人に対する民族間暴動が起きると、マレー人の社会経済的地位向上のため、新経済政策と名づけられた一連の経済政策が始められた。マレー人が大学進学や奨学金、起業のための融資、等々で優遇されるようになった。その一環として、1970年代からは、イスラームの名のもとにマレー人の政治経済権益にさらに予算が分配されるようになった。「イスラーム銀行」、「イスラーム大学」、「イスラーム教育」などのためにマレー人の雇用を増やす一連の政策は、「イスラーム化政策」とも呼ばれた。

このように、ムスリムを主な構成員とする政党であっても、党名にイスラームとついている政党であっても、特段イスラームの教義に基づいているわけではない。これは、世界の他の地域においても同様で、政党の構成員がムスリムであろうが、党名にイスラームという語が入っていようが、他の政党と何ら異なることはない。人間の活動を含め、すべての現象はイスラームである。マレーシアについても特段イスラームの観点から政党や政治を理解する必要はないし、そのようなことはできない。

（塩崎悠輝）

▼参考文献
塩崎悠輝 2016『国家と対峙するイスラーム——マレーシアにおけるイスラーム法学の展開』作品社。
鳥居 高 編 2007『マハティール政権下のマレーシア——「イスラーム先進国」をめざした22年』アジア経済研究所。

35

タイ南部の分離独立運動とイスラーム

★政府との戦いは「ジハード」か★

私は2015年にパタニ民族革命戦線(BRN)が設立されたルーソという町に住んでいたことがある。ある日、イスラーム学校の教員をしているアブドゥラと話をしていたとき、この地域で起こっている戦いはジハードなのかと聞いてみた。アブドゥラは、タイ政府がナーユー(パタニのムスリム)の土地を奪い人々を抑圧してきた苦難の歴史を忘れてはならない、宗教・民族・郷土を守るために武器を用いて戦うことはジハードだと語った。

かつてパタニ王国があった南部国境3県パッタニー、ヤラー、ナラティワート(深南部)は、マレー語のパタニ方言を話すムスリムが人口の7割以上を占めている。タイ南部の分離独立運動は、タイの近代国民国家としての歩みとともにあった。そもそも19世紀後半に東南アジアの植民地化が進む中で、歴史的にシャム(タイの旧称)の影響下にあった地域の帰属を巡る混乱が生じた。1909年3月10日にイギリスとシャムの間で国境画定条約が結ばれたとき、深南部はその他のマレー地域と切り離され、仏教王国シャムの一部となったのである。

分離独立運動におけるイスラームの役割を考えるにあたって、

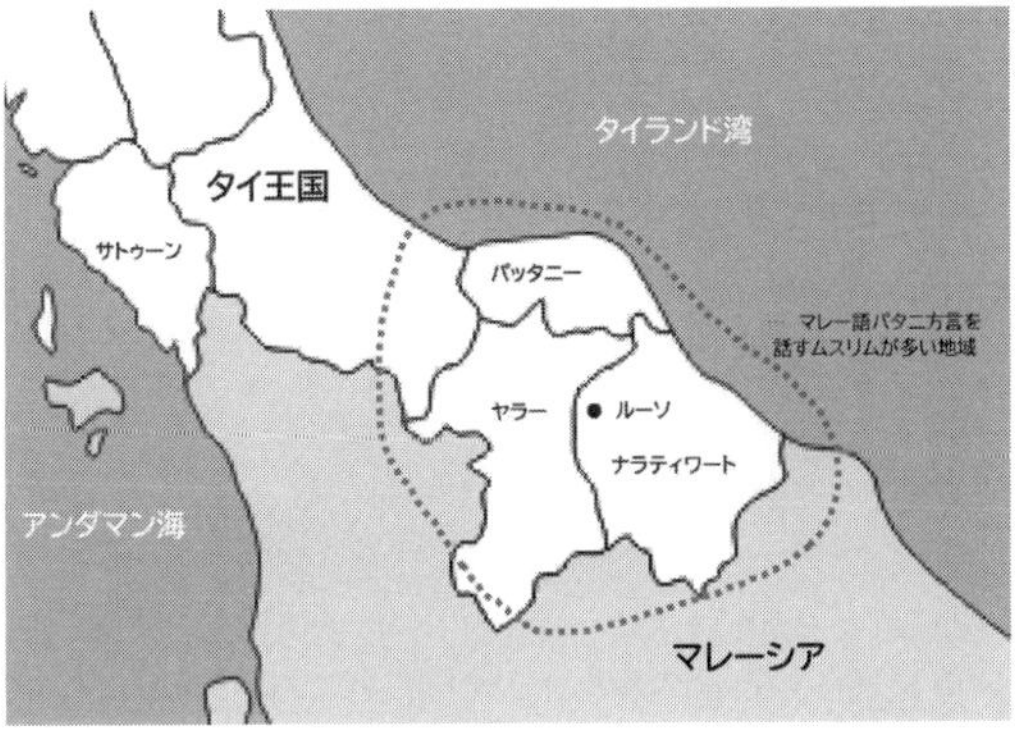

タイ南部国境３県（深南部）

ナーユーが誰のことを指していて、イスラームとどのような関係にあるのかという点が重要になってくる。イスラームに改宗することを、深南部ではマソ・ナーユー（ナーユーに入る）という。年配の人から、マレー語ができるかという意味で「イスラームを話すか」と尋ねられることもあった。イスラームとナーユーであることは深く結びついており、民族の自決を求める闘争はイスラームを守る戦いとしても捉えられてきた。

深南部のムスリムに対する差別や偏見の存在はさておき、タイではイスラームの信仰や実践、教育が妨害されることなく、政府によって公式に認められている。しかし、政府がイスラームを抑圧していると捉えられても仕方のない状況が存在したことも事実である。１９４５年に撤回されるまでの一時期、仏教やタイ文化を重視した政府によって、１９４１年にクルアーン、マレー語、アラビア語の学習が禁じられ、１９４３年にはイスラーム法の廃止とタイ民商法典の適用が決定された。１９４７年、深南部で尊敬を集めていたイスラーム指導者のハジ・スロンは、この地域におけるムスリム知事の選出やムスリム公務員の増員、マレー語の公用語化、イスラーム法廷の設置などを含む７つの要求を政府に提出した。外国勢力とのつながりが疑われたハジ・スロンは、反乱罪で１９４８年に逮捕されたのちに、１９４９年にタイ政府を中傷する文書の配布が罪と認められて収監された。1952年に出所した後、1954年8月13日の夜に謎の失踪を遂げたまま、いまだ行方不明である。

1960年代には、パタニの民族運動組織が相次いで設立された。パタニ王国の貴族の血筋を引くトゥンク・ジャラル・ナセルは、1937年に初の深南部出身のムスリム議員として選出された。しかし議会を通したムスリムの権利向上に限界を感じマレーシアに亡命、1959年にパタニ王国の復興を目指すパタニ民族解放戦線（BNPP）を設立した。一方、1960年、イスラーム寄宿塾ポーノの政府による管理強化に抵抗するため、アブドゥルカリム・ハサンによって結成されたのが冒頭のパタニ民族革命戦線（BRN）である。イスラーム社会主義を掲げるBRNは、スルタン制といった封建的な制度には否定的であった。パタニ統一解放機構（PULO）は、1968年にトゥンク・ビラ・コトニラによって、サウジアラビアで設立された。宗教・民族・郷土・人道主義を理念とするPULOは、パタニの解放とイスラーム共和国の設立を掲げてはいたものの、闘争は反植民地主義的なナショナリズムに基づいていた。

1954年8月13日の夜に失踪したままのハジ・スロン（左）と妻の肖像。ハジ・スロンは警察に殺害され、ソンクラーの湖に沈められたと語り継がれている（パッタニー県、ハジ・スロンの家）

国外にいる一部の指導者を除き、深南部で運動にかかわっていた人物の詳細は明らかではないものの、宗教教員や地元のマフィアがいたと言われている。これらの運動において、タイ政府との武装闘争はジハードの理念に基づくと捉えられていた。闘争は世界のイスラーム地域からの支援を受け、特にマレーシア北部に強固な基盤を持つマレーシア・イスラーム党（PAS）は、パタニの闘争を公に支持していた。トゥンク・ジャラルが1977年に死亡し、アズハル大学の卒業者などで構成される中央委員会がBNPPの組織を担うようになった。同じ頃、BRN内部では闘争の理念を巡る対立が生じた。そして1980年代には、戦闘を放棄したアブドゥルカリム率いるウラマー派の他、武闘派である会議派、政治を重視するコーディネート派に分裂した。

1980年代、分離独立運動を巡って3つの側面で変化があった。内政では、タイ政府がそれまでの武力による鎮圧からマレーの文化や宗教を尊重する融和政策に転換したことで、政府とムスリムとの和解が進んでいった。ムスリム社会の内部では、宗教への回帰現象が顕在化した。中でもサウジアラビアで学んだ指導者が率いる改革主義勢力は、イスラームは民族を超えるものであるとして分離独立運動とは距離を取り、教育を軸とする平和的手段によるムスリムの権利向上を掲げている。外交面では、マレーシアとタイの二国間関係が改善し、90年代にマレーシア国内で分離独立運動の指導者が相次いで逮捕された。これによって続く新たな時代の闘争は、深南部の隅々に張り巡らされた地下ネットワークによって展開されていくことになる。

2004年4月28日、ナイフなどで武装したムスリム106名が、軍の発砲で命を落とした。そのうち32名はパタニ王国の歴史遺産クルセ・モスクで死亡したことから、クルセ・モスク事件として知られている。現場で見つかった冊子には、カーフィル（不信仰者）や協力者のムナーフィク（偽善者）からパタニを解放するためのジハードは義務であり、その過程で死んだ者はシャヒード（殉教者）

パッタニーの歴史遺産、クルセ・モスクの標識。2004年4月28日軽武装のムスリムが軍に包囲され銃弾に倒れた。標識には、その時の銃痕が残っている。

であると説かれていた。２０００年代以降の紛争の背後には、ＢＲＮコーディネート派の存在があるとされる。アルカイダやジャマア・イスラミヤ（ＪＩ）などグローバルなジハード主義組織とのかかわりについては、ＢＲＮ自身が否定している。

クルセ・モスク事件から10年以上が経った頃、話をする機会があったムスリムは口をそろえて、事件の多くはイデオロギーによるものではなく予算や麻薬といった利害をめぐる対立だと言っていた。しかし分離独立を掲げて戦う組織の存在自体は信じられていて、組織の実体や主張についての十分な情報がないことから、彼らの闘争が「ジハードではない」と言い切ることができる者も多くなかった。冒頭のアブドゥラの同僚ハミッドは、分離独立派の戦いはイスラームのためと言うより現世における権利の要求だと言う。ハミッドはさらに、時代も人も変わった、命や財産を損なうようなやり方ではないジハードがあるはずだと続けた。分離独立運動に対して、たとえナーユーとしての共感を持っていたとしても、イスラームの観点からは判断が留保される。イスラームは、かつてのようには運動を支える理念とはならなくなっていると言えよう。（西　直美）

▼参考文献

西　直美 ２０２０「イスラーム的価値観をめぐる相違と「過激化」問題――タイ深南部を事例として」『一神教世界』11。

西　直美 ２０２２『イスラーム改革派と社会統合――タイ深南部におけるマレー・ナショナリズムの変容』慶應義塾大学出版会。

橋本　卓 １９８７「タイ南部国境県問題とマレー・ムスリム統合政策」『東南アジア研究』25（2）。

堀場明子 ２０１９「タイ深南部・パタニ紛争――なぜ紛争は国際問題化しないのか」川名晋史 編著『共振する国際政治学と地域研究』勁草書房。

McCargo, Duncan. 2008. *Tearing apart the land: Islam and legitimacy in Southern Thailand.* (Ithaca: Cornell University Press)

36

インドネシアとマレーシアにおけるフェミニズム運動

★運動の発展と法制度改革の異なる経路★

女性の権利を巡ってインドネシアとマレーシアで一貫したテーマとなってきたのは、一夫多妻や児童婚の問題、女子教育の拡大である。これらに加え、時代とともに、性と生殖に関する健康と権利、性器切除（ＦＧＭ）、性暴力などが俎上に載せられるようになっている。そして、ムスリムが多数派の両国における女性の権利は、イスラームの性に関する道徳規範を巡る議論と切り離せない関係にある。では、両国におけるフェミニズム運動（女性解放運動）はどのようにこうした問題に取り組んできたのか、国家と社会の相互関係に注目して概観する。⑴植民地期から独立期にかけての興隆と国家による抑圧、⑵権威主義体制期における制約、⑶１９８０年代以降の影響力行使とイスラミック・フェミニズムの台頭、という時代の特徴を摑みながら、両国の差異を確認していきたい。

インドネシアにおいて、女性運動の先駆者とされるのはカルティニである。彼女はオランダ植民地時代の１８７９年にジャワ人貴族の家に生まれ、ヨーロッパ人小学校に通った。貴族の慣習に従って閉居を強いられる中、オランダ語による読み書きをマスターし、植民地政庁の高官やその妻、学者などと文通を重ねた。カルティニは3人側室を持つ男性との結婚を余儀なくされ、出産後間もなく弱冠25歳で死去した。しかしその死後に書簡が出版されたことにより、一夫多妻や児童婚に反対し、女子教育の拡大を志した開明的な思想が明らかになった。カルティニはまた民族意識覚醒の嚆矢ともみなされ、「国家英雄」として現在まで顕彰されている。

カルティニの書簡が出版された1910年代になると、各地で次々と女性組織が設立されるようになった。植民地政府の学校に対抗して、イスラーム学校でも女子教育が始められ、現在のマレーシアに当たる地域からも留学生が集まった。1928年には全国30の女性組織が一堂に会してインドネシア女性会議が開催され、一夫多妻や児童婚や女子教育の拡大について話し合われた。

マレーシアでは、太平洋戦争終結直後の「覚醒する女性軍（AWAS）」（1946年結成）がフェミニズム運動の先駆けとなった。AWASはインドネシアの独立とナショナリズムの高揚に感化され、イギリス植民地からの完全独立を求めるムラユ・マラヤ民族党の女性部門としてスタートした。植民地政府は武力闘争を行っていたマラヤ共産党や日本と連携しているとの難癖をつけて1948年に活動を禁止してしまったが、AWASを代表する活動家らは、他の組織や政党に活動の場を見出した。たとえば、指導者のひとりだったアイシャ・ガニは、与党の統一マレー人国民組織（UMNO）女性部門に加わった。1962年8月25日には、女性の社会や国家における役割をアピールする大規模な集会を開いた。この日は現在までマレーシアにおける「女性の日」と定められている。集会はガニらが率いるUMNO女性部門が女性諸組織を統括するマレーシア女性団体連合会議（NCWO）と共催したものであった。ガニは国連女性の地位委員会の委員を務めたあと、1973年から10年以上にわたって社会福祉担当大臣を務めた。なお、ガニを始め、AWAS指導部にはパダン（インドネシア）のイスラーム女子学校で教育を受けたものが少なくない。

独立後のインドネシアでは、1950年に結成された「ゲルウィス（覚醒する女性運動）」から発展した「ゲルワニ（インドネシア女性運動）」が初の大衆的女性運動となった。ゲルワニは「民主主義、女性の権利、生活の向上」を掲げ、女性も独立革命や社会変革の一員として、男性と変わらない存在であることを強調し、さらに一夫多妻の禁止を主張した。また識字教育や裁縫の講習、小規模金融などの活動を農村部に急速に拡大、そのピークには300万人のメンバーを公称していた。しかしゲルワニは1965年以降の共産党員粛清の嵐の中で非合法化された。共産党の関与が取り沙汰されたクーデター未遂事件をきっかけに、世界でも稀に見る大虐殺が起こったのである。ゲルワニは実際にインドネシア共産党の選挙運動に積極的に加わっており（ただし下部組織ではなかった）、多くのメンバーが長年投獄され、拷問、あるいは殺害された。加えて、ゲルワニの女性は「破廉恥」で「性道徳に反する」存在であったとの政治的な宣伝が広く行われた。1965年の悲劇は、インドネシアのフェミニズム運動を大きく後退させることになった。

1970年代以降の両国では、権威主義体制による安定的な政治を背景に、経済開発と国民の福祉向上政策がトップダウンで実施された。スハルト体制下のインドネシアにおいては、ゲルワニが一掃されたあと、女性の福祉向上を担ったのは政府の家族福祉教育（PKK）プログラムであった。PKKは「開発の父」スハルト大統領を頂点とする男性中心の官僚制度の相似形であり、末端では村長の妻がPKKの責任者になった。女性は貞淑で、母や妻としての「義務」を果たす従順な役割にとどまるものとした。そして、こうした男女間の役割分担はイスラームに基づく道徳規範として教えられた。前述のカルティニもまた「良妻賢母」のモデルとして表象されるようになった。他方、PKKの実施は女性たちが担っていた。女性たちは、建前上は家庭に押し込められながら国家に動員される、極めて矛盾した立場に置かれたのである。それでも、PKKの活動によって妊婦の健康管理などの状況は改善した。

極めて父権主義的なイデオロギーが強要されたスハルト体制下のインドネシアであるが、一部のイスラーム知識人の中では、自由や人権を重視したイスラーム思想の改革勢力が興隆した。こうした潮流の中から既成の秩序に批判的なフェミニズムの担い手たちも現れた。そして、二大イスラーム組織のナフダトゥル・ウラマーとムハマディヤの女性活動家が、女性の権利と健康に資するイスラーム法解釈を提言した。ファタヤットとアイシャという両組織の女性部門では、のちに、ジェンダー公正が人材育成プログラムの中心に据えられた。しかし、こうした社会的なフェミニズムの広がりは、なかなかジェンダー関連の法制度改革には結びつかなかった。

1980年代には、「国連女性の10年」など世界的な潮流の中で、両国のフェミニズム運動も興隆した。特にマレーシアでは、UMNOの女性部門と近いNCWOがフェミニズム運動の窓口になった。1989年には政府は「全国女性政策」を発表、1991年からの5か年計画には初めて「開発における女性」についての章がもうけられた。さらに、政府与党へのロビーによって、強姦についての刑法改正（1989年）、家庭内暴力法の成立（1996年）が実現した。

インドネシアで政府がジェンダー関連の法制度改革に着手するのは、1998年の民主化以降である。世俗、イスラームを問わず多数のフェミニズム組織が結成され、諸法の制定や改正、根本的な解決がなされていない諸問題に連携して取り組んでいる。そのひとつのきっかけは、1998年の政変の際に起きた華人女性に対する組織的な強姦事件とその真相解明チームから発展した「女性への暴力に反対する国家委員会」の結成である。独立性が高い同委員会は、法案の策定から国会議員へのロビーまで行うようになった。

両国では共通して、初期のフェミニズム運動が国家によって強権的に排除されたために、根本的な差別解消は遠のいた。その後のマレーシアでは、長期にわたる権威主義体制の中で、体制内の女性政治家や1980年代に台頭したNGOが政府や与党との交渉によって、漸進的な法制度の改革を実現していった。インドネシアでは、イスラーム大衆団体などによる女性の組織化やイスラームに基づく独自のフェミニズム思想の形成に先んじていた一方で、これが政策に反映されるようになるのは遅かった。1998年の民主化以降に様々な法改正や新法制定が実現するようになったのである。

（見市　建、ハズマン・バハロム）

▼参考文献

富永泰代2019『小さな学校――カルティニによるオランダ語書簡集研究』京都大学学術出版会。
Cecilia Ng, Maznah Mohamad and tan beng hui, 2006. *Feminism and the Women's Movement in Malaysia: An Unsung (R)evolution*. (London and New York: Routledge)
Wieringa, Saskia E. 1993. "Two Indonesian women's organizations: Gerwani and the PKK," *Bulletin of Concerned Asian Scholars*, 25(2).

37

フィリピンにおけるムスリム政治運動の変容

★武装闘争と政党政治★

２０１４年、フィリピンにおけるムスリムの最大武装組織、モロ・イスラーム解放戦線（ＭＩＬＦ）とフィリピン政府との間で、バンサモロ（モロの人々）の固有のアイデンティティを認め、従来のムスリム・ミンダナオ自治地域（ＡＲＭＭ）に代わる、より高度の自治政府の設立を定めたバンサモロ包括和平合意が成立し、ＭＩＬＦの40年余りにわたる武装闘争に終止符が打たれた。モロとはフィリピンのムスリムを指すスペイン語起源のことばで、かつては野蛮な異教徒、海賊など、ネガティブなイメージを伴う他称であったが、１９６０年代末に開始されたモロ民族解放運動の中で、スペイン人の支配に屈せず勇敢に抵抗した南部フィリピンの人々というポジティブな意味で自称として用いられようになり、今日ではこの用法が広まっている。２０１８年の国会でのバンサモロ自治地域（ＢＡＲＭＭ）組織法成立と２０１９年の住民投票を経て、同年、ＭＩＬＦが率いるバンサモロ暫定自治政府（ＢＴＡ）が発足した。３年後の２０２２年にはバンサモロ自治地域首相選挙、および、同地域議会議員選挙を実施し、バンサモロ自治政府が発足する予定であった。しかし、準備が整っていないとしてバンサモロ暫定自治政府は選挙の延期を要請し、フィリピン政府がこれを認めたため、バンサモロ自治地域選挙は2025年に延期された。

MILFは包括和平合意成立後、「統一バンサモロ正義党（UBJP）」を組織し、バンサモロ自治地域選挙に備えてきた。MILFはかつては「イスラーム国家建設」を掲げて武装闘争を行ってきたが、「統一バンサモロ正義党」は、より広範な人々の支持を獲得するためにイスラーム主義的な主張を薄め、「イスラーム的民主主義」を掲げ、「モラル・ガバナンス」を通じて腐敗防止に努めると述べる。ムラド・イブラヒム暫定自治政府首相・MILF議長は、「モラル・ガバナンス」とは、イスラームの教えが説く人間全般の倫理的徳性に基づくガバナンスであるとし、ムスリムだけを対象とするイスラーム・ガバナンスとは異なり、より普遍的な概念であると説明する。2022年5月のフィリピン総選挙を間近に控えた3月末、「統一バンサモロ正義党」はコタバト市で大規模集会を開催し、市長・副市長候補者を正式に発表した。同党が候補者を擁立して選挙に直接参加するのは今回が初めてである。ムラド・イブラヒム暫定自治政府首相も同党のシンボルカラーの緑色のシャツを着て出席し、バンサモロ自治地域は40年余り続いたMILFの闘いの果実であり、これを守るためには今回の選挙でぜひとも勝たねばならないと述べ、同党候補者への投票を強く訴えた（写真）。同党はコタバト市長選では勝利したが、マギンダナオ州知事、同州選出下院議員選挙では敗北を喫した。

2022年3月、コタバト市での統一バンサモロ正義党の集会で演説するムラド・イブラヒム・バンサモロ暫定自治政府首相。（統一バンサモロ正義党 Facebook。https://ja-jp.facebook.com/ubjp.ph/）

モロ民族解放を目指して武装闘争を開始し、1996年以降、ムスリム・ミンダナオ自治地域政府を主導してきたモロ民族解放戦線（MNLF）主流派も、2022年3月、「バンサモロ党（BP）」を設立し、3年後のバンサモロ自治地域選挙に向けて準備を進めている。

他方、これに先立つ2017年、イスラーム過激派組織（IS）に忠誠を誓う地元のイスラーム過激派集団がミンダナオ中部マラウィ市を占拠し、フィリピン政府軍との5か月にわたる戦闘により市中心部が壊滅状態となり、約20万人のマラウィ市民の大半が避難を強いられた。これらの人々の生活の再建とマラウィ市の復興が急務となっている。

このような近年の動きを少し長いスパンで考えるために、1946年のフィリピン独立から今日までのフィリピン・ムスリムの政治運動を概観してみよう。図はこれを図式的に示した略年表である。

図　フィリピン・ムスリムの政治運動の略年表（1946～2022年）

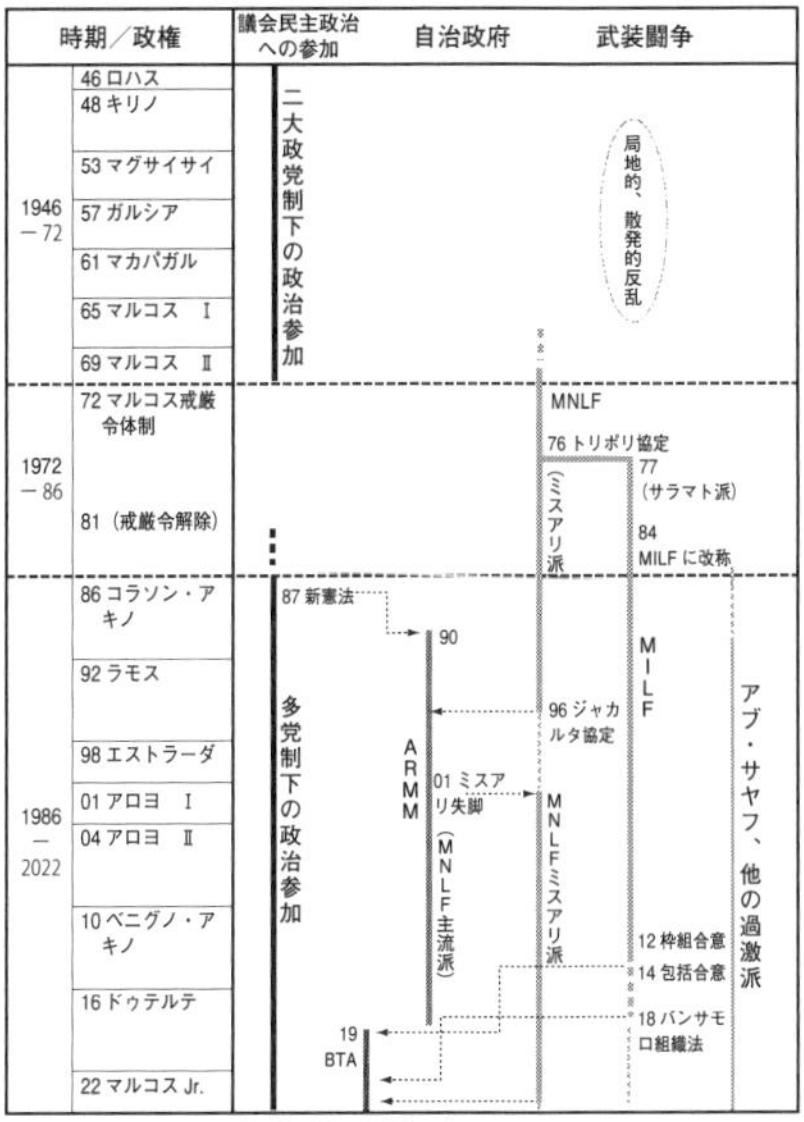

MNLF：モロ民族解放戦線／ MILF：モロ・イスラーム解放戦線／ ARMM：ムスリム・ミンダナオ自治地域／ BTA：バンサモロ暫定自治政府（～25）
筆者作成

1946年のフィリピン独立から1972年のマルコス大統領による戒厳令布告までの時期は、二大政党制に基づく議会民主政治の時代であった。一部のムスリム政治家が二大全国政党の周辺部に組み込まれ、地方への利権配分のシステムに参加した。しかしムスリム議員は議会で圧倒的少数派であり、そのような不利な状況の中でムスリムに対する構造的差別の解消を目指して議会活動を行った議員はほとんどいなかった。例外として、政府のムスリム政策の変更を求めて積極的に議会活動を行ったドモカオ・アロントが挙げられる。この時期の末期にあたる1960年代末から70年代初めにかけて、マニラの急進左派学生運動の影響を受けたムスリム青年が従来のムスリム社会の指導者を批判し、急進的改革を求めて対抗運動を組織した。南部フィリピンでムスリム、キリスト教徒双方の有力者間の選挙がらみの暴力が多発したため、南部フィリピン社会で緊張が高まった。そうした中で、自分たちをモロ民族と名乗り、南部フィリピンにモロ民族の国家を樹立することを求めて闘う組織としてモロ民族解放戦線（ＭＮＬＦ）が結成され、ヌル・ミスアリが議長に就任した。

１９７２年から１９８６年までのマルコス戒厳令体制期には、議会が停止され、議会民主政治を通じての改革の道が閉ざされた。ＭＮＬＦは戒厳令体制に不満を募らせていたムスリム住民の支持を得て軍事作戦を展開し、これに対してマルコスは大量の国軍兵力を投入して武力鎮圧を試みたため、多数の死傷者や難民が発生した。１９７６年にフィリピン国家の主権の枠組みの中で南部フィリピンのムスリムに自治を与えることを骨子とする「トリポリ協定」がフィリピン政府とＭＮＬＦの間で結ばれるが、マルコス政権下の名目的自治を不満とするＭＮＬＦは戦闘を再開した。ＭＮＬＦの指導者のひとり、サラマト・ハシムはミスアリとの対立から袂を分かって分派を率い、これをモロ・イスラーム解放戦線（ＭＩＬＦ）と名づけ、イスラームに基づく国家、または高度の自治の確立を掲げて武装闘争を展開した（第59章）。

１９８６年のマルコス政権崩壊後、議会民主政治が復活した。多党制の下、イスラーム知識人が政党を結成し、地方政治への参加を通じて社会改革を目指す運動を開始した。同年に南ラナオ州で結成されたオンピア党がその例である。また、新憲法の規定に基づいて１９９０年にムスリム・ミンダナオ自治地域（ＡＲＭＭ）が発足した。１９９６年、フィリピン政府とＭＮＬＦの間に新たな和平協定が締結され、ミスアリが選挙を通じてARMM長官に就任した。しかし2001年、ミスアリはMNLF内部対立により失脚した。その後、ミスアリは自身の支持者とともに武装蜂起したが、フィリピン・ムスリムの広い支持を得ることはできず、その影響力は衰退した（MNLFミスアリ派）。フィリピン政府はマレーシアを仲介者とし、日本を含む国際的枠組みの下でMILFとの和平交渉を行い、2014年の包括和平合意、2019年のバンサモロ暫定自治政府設立に至った。

このようにフィリピンにおけるムスリムの政治運動は、近年、政党政治への参加を主流とするようになった。しかし、この変化が南部フィリピン社会に安定と発展をもたらすか否かは、政党政治の中身にかかっている。1960年代末、フィリピンのムスリム青年は、一般民衆の切実な問題に取り組まず利権獲得や既得権の維持につとめるムスリム社会の既成指導者を批判し、フィリピンからの分離独立だけでなく、ムスリム社会の変革も目指して急進的運動を開始した。バンサモロ自治地域はMILFにとって長年の闘いで勝ち取った果実であるものの、それを守るだけでなく積極的に活用し、南部フィリピンで暮らす多くの貧困層の人々の生活を向上させ、不平等を是正し、一般の人々が果実を味わえるようにすることが求められている。

（川島　緑）

▼参考文献
石井正子 2018「モロと非モロ先住民の平和へのポテンシャル――フィリピン南部におけるバンサモロ自治政府設立をめぐって」『文化人類学』82（4）。
川島　緑 2012『マイノリティと国民国家――フィリピンのムスリム』山川出版社。
谷口美代子 2019『平和構築を支援する――ミンダナオ紛争と和平への道』名古屋大学出版会。
Hutchcroft, Paul D, ed. 2016. *Mindanao: The Long Journey to Peace and Prosperity*. Mandaluyong City, Philippines: Anvil)

38

ムスリム少数派への不寛容

★インドネシアとマレーシアの事例から★

インドネシアとマレーシアにおけるムスリムの圧倒的多数派はスンナ派であるが、シーア派やアフマディーヤなどムスリムの少数派も存在する。シーア派は元々、預言者ムハンマドの従弟かつ娘婿であったアリーとその子孫こそが正統な後継者であったと主張し、アリー以前の3人のカリフの正統性を否定した分派であった。すなわち、スンナ派とは預言者ムハンマドの後継者の正統性を巡って見解を異にしてきた。両国においてシーア派は古くから存在したが、1979年のイラン革命の影響を受けてスンナ派からの大量の「転向」者が現れた。政府機関などの推計によると、現在インドネシアでは250万から500万人、マレーシアでは20万から25万人程度がシーア派だと推定されている。他方で、19世紀末のインドで結成されたアフマディーヤのうち、カーディヤーン派は、その創始者ミルザー・グラーム・アフマドを預言者のひとりであるとともにメシア（救世主）と見なす。この点で、預言者ムハンマドが最後の預言者であると信じる一般的なイスラームの理解から外れるため、アフマディーヤの教義は「異端」と認識されてきた。インドネシアにおけるアフマディーヤの信者は多く見積もって40万人、マ

第38章

ムスリム少数派への不寛容

レーシアでは3千人に満たないとされる。

インドネシアとマレーシアにおいてこれらの教義上の差異は長く認識されていたものの、暴力を伴う過激な排斥運動や信者の逮捕といった深刻な抑圧に結びつくようになったのは比較的近年である。

その要因としてしばしば指摘されるのは、初期イスラームへの回帰による「純化」を謳う国際的なサラフィー主義の影響である。特に、サウジアラビア政府は1960年代からイランとのイスラーム世界の覇権争いを背景に、インドネシアやマレーシアにもふんだんな資金援助を行い、「正統なイスラーム」として自国の厳格なサラフィー主義（いわゆるワッハーブ主義）の伝播を促した。サラフィー主義者たちはアフマディーヤやその他の少数派のほか、イラン・イスラーム革命以降には特にシーア派を「異端」として批判するようになった。また、シーア派批判に関してはとりわけ2011年のシリア内戦勃発および2014年の「イスラーム国（IS）」の台頭以降、ソーシャルメディア等を通じて両国のムスリム社会にも広範に波及するようになった。しかし、インドネシアとマレーシアで少数派抑圧の担い手となるのは必ずしもサラフィー主義の信奉者ではない。また、両国における「不寛容」の主要な担い手やその抑圧の形態は異なる。

スハルトの権威主義体制下のインドネシアにおいては、物理的暴力を伴う扇動行為や動員は社会不安を呼ぶものとして当局が監視し、抑制されていた。しかし1998年のスハルト体制の崩壊とともに当局の監視が事実上取り払われると、各地でシーア派やアフマディーヤのモスクや家屋の焼き討ち、家財の収奪のほか、殺傷を伴うような迫害に発展するケースが生じるようになった。

こうした排斥運動の背景となってきたのは、多くの場合、宗教指導者間の権力闘争である。たとえば、インドネシア最大のイスラーム組織のナフダトゥル・ウラマー（ＮＵ）においては、１９８０年代半ば以降、アブドゥルラフマン・ワヒド元議長（第58章）を筆頭に少数派の権利を擁護する派閥が強い影響力を持ってきた。これに対して、彼に反感を抱く一部の地方の指導者や野心的な若手説教師たちは、その少数派擁護の主張を批判することで発言力を高めようとしてきたのである。こうした対立はワヒド議長時代から顕在化していた。しかしそれが特に深刻な人権侵害に発展するようになったのは、大統領および地方首長の直接選挙制が導入された２００４年より後のことである。以降、政治家たちは自らの集票力をアピールする宗教指導者や説教師たちの圧力に対して脆弱になっている。選挙において彼らの集票力に依存する政治家は、当選後にしばしば少数派に対する暴力行為を黙認し、警察などの法執行機関もその取り締まりに消極的になる。そのため人権侵害が拡大するのである。

しかしシーア派の信奉者および擁護者には先述のＮＵのほか、ムハマディヤなど主要イスラーム組織の指導者や政界人もおり、中央政府や議会はこれを法的に禁止するには至っていない。これに対して、シーア派のようにエリート間のネットワークを持っていないアフマディーヤはより脆弱な立場にある。２００８年には、初の直接選挙で選ばれたスシロ・バンバン・ユドヨノ大統領に対して、アフマディーヤ排斥を訴える活動家たちが圧力をかけた結果、彼らの宗教活動を禁止する決定（「インドネシア・アフマディーヤ信徒および市民に対する勧告と命令に関する宗教省、内務省、検察長官の共同決定」）が発令されるに至った。このようにインドネシアでは、エリート間のネットワークの有無が宗教的少数派の信仰の自由を実質的に左右する。

マレーシアにおいては、公的機関が主体となって少数派に対する抑圧が生じる場合が多い。そもそも1984年の国家ファトワー委員会の決定では、シーア派のうち一部の宗派は正統であると認められた。しかし、マハティール政権はマレー系住民からの支持調達と野党勢力の弱体化のために、スンナ派の正統性を軸にイスラーム行政と司法の中央集権的な整備を開始した。その過程で1996年には、国家ファトワー委員会がこれまでの立場を覆してシーア派を「異端」と決定したのである。以降はシーア派が「革命」を誘発する危険な勢力とみなされ、その取り締まりには国内治安法が適用されるようになった。

その後、全国14州のうち10州の州政府がシーア派の宗教活動を禁じる法的拘束力を持つファトワーを発令していった。特に、シーア派の拠点のひとつとみなされるスランゴール州では、いち早くシーア派を異端として取り締まるためのファトワーが発令された。また同州の宗教局は、各モスクでの毎週金曜の礼拝においてシーア派を糾弾する文章の読誦も義務づけた。さらに、シーア派の代表的な宗教行事であるアーシューラーなどの集会摘発のほか、その取り締まりの対象はシーア派の「プロパガンダ」を含むとみなされた出版物を所持した個人にも及んでいる。他方、アフマディーヤは自らムスリムではないと宣言することで、「異端」取り締まりの対象から逃れている。

マレーシアでも国内の政治的競争が少数派取り締まり強化の背景として指摘されている。とりわけ、2018年まで連立与党の中核政党だった統一マレー人国民組織（UMNO）はマレー人ムスリム票を勝ち取ろうとシーア派批判を利用してきた。野党の汎マレーシア・イスラーム党（PAS）にはクダー州など一部の支持基盤にシーア派の有権者が存在し、シーア派に同情的で、スンナ派との融和を説く政治家もいたためである。

以上のようにインドネシアにおいては、主に社会勢力によって排斥運動が行われ、宗派対立として水平的紛争となる場合が多い。これに対し、マレーシアでは公的な宗教機関が主体となって取り締まりが行われるケースが多く、国家による垂直的抑圧の形態をとるのである。

（茅根由佳）

▼参考文献

茅根由佳　２０１９「現代インドネシアにおけるシーア派排斥運動の台頭とその限界」『アジア・アフリカ地域研究』19（1）。

Musa, Mohd Faizal, and Tan Beng Hui. 2017. “State-backed discrimination against Shia Muslims in Malaysia” *Critical Asian Studies*. 49(3).

Najib, Ahmad. 2014. “Hating the Ahmadiyya: the place of “heretics” in contemporary Indonesian Muslim society.” *Contemporary Islam* 8.

Saleem, Saleena.2018. “State use of public order and social cohesion concerns in the securitisation of non-mainstream Muslims in Malaysia.” *Journal of Religious and Political Practice*. 4(3).

39

武装闘争派の思想とネットワーク

★グローバルな闘争のローカルな歴史★

東南アジアのイスラーム主義武装闘争派（以下、武装闘争派）に世界的な注目が集まるようになったのは、2002年10月12日のインドネシア・バリ島テロ事件以降のことである。ここでいう武装闘争派とは、「イスラーム的政治権力の樹立を目標として、平時においても暴力的闘争を主たる手段として正当化する」勢力を指す。英語ではジハード主義者（jihadist）と言われることが多い。

このように対象を絞るのは、しばしば「過激派」と一括りにされるが、行動原理やネットワークにおいて大きく異なる勢力と区別するためである。すなわち、本章では(1)イスラーム的政治権力の樹立を目標としていても、選挙や宣教など様々な非暴力的な手段によってこれを実現しようとする勢力、反対に、(2)イスラーム的政治権力の樹立が目標でなくても、暴力的手段を用いるグループ、は扱わない。また、(3)戦争や革命時の非常手段などに限定して暴力を使用するのは武装闘争派とは言い難い。

武装闘争派は、ムスリムが多数派で、一定の民主的権利を認めるインドネシアやマレーシアの政府に対しても、アメリカ政府やシオニストなど「イスラームの敵」とのグローバルな闘争の一戦線とみなして武力行使を正当化するのである。

以下では、東南アジアの武装闘争派の代表格であるインドネシアのジャマア・イスラミヤ（ＪＩ）を中心に、一部フィリピンにも言及しながら、その系譜と国際的ネットワークを検討する。そして近年の「イスラーム国（ＩＳ）」台頭後の展開について概観する。

バリ島テロ事件の実行犯グループの起源は、１９５０年代のインドネシアのダルル・イスラーム運動（イスラーム国家建設運動、略称ＤＩ）にまで遡ることができる。ＤＩは独立戦争後の混乱期に起こった地方反乱の集合体であり、共通してイスラーム法を適用する「イスラーム国家」の旗を掲げた。ＤＩによる反乱は西ジャワの指導者カルトスウィルヨが１９６２年に処刑されたことで鎮圧された。

しかしながら、ＤＩは地下組織として各地で生き延びた。それぞれの分派は自律的で、統一する指導者はいなかった。こうした分派のうち、中ジャワ州ソロ近郊の宗教学校を拠点とするアブドゥラ・スンカルとアブ・バカル・バアシルが率いるグループが国際化し、特異な発展を遂げた。そのきっかけは、この２人の指導者がインドネシア政府を批判したことで１９８５年に国家転覆罪に問われ、収監される前にマレーシアに逃亡したことだった。彼らは世界的な「イスラームの敵」との闘争に重きを置くようになった。

２人はマレー半島南部のジョホールを拠点に、１９８０年代末からソ連侵攻後のアフガニスタンに人員を派遣し、のちのアル＝カーイダから軍事訓練を受けた。その後フィリピンのミンダナオに訓練キャンプを移した。そして１９９０年代半ばにはＪＩを結成、シンガポールやオーストラリアまで含めた国際的ネットワークに成長した。一時は２０００人ほどのアクティブな成員がいたとされる。

スンカルとバアシルらが設立した宗教学校（中ジャワ州ソロ）

１９９８年5月の政変でインドネシアが民主化されるとスンカルとバアシルは帰国、スンカルが翌年死去したためにバアシルが指導者となった。そこで２００１年のアメリカ同時多発テロ事件が起きた。ＪＩは呼応するように翌２００２年にバリ島で２００人以上が犠牲となった事件の他、数々の爆弾テロを起こして一躍注目を浴びた。東南アジアはグローバルな武装闘争と「テロとの戦い」における「第2の戦線」となったのである。もっとも当時ＪＩの存在は国内ではほとんど知られておらず、バリ島の事件のあと逮捕されたバアシルは国際的な陰謀の被害者だと考える人も少なくなかった。当時のハムザ・ハズ副大統領が刑務所のバアシルに面会に行ったほどである。

しかし、バリ島の事件の全貌が明らかになり、毎年のように大きなテロが起こるに至ると人心は離れていった。またインドネシアでのテロ事件を契機に、マレーシアやシンガポールで活動してきたＪＩメンバーも多数逮捕され、そのネットワークは大きなダメージを受けた。その結果、ＪＩはいくつかの組織に分裂した。それぞれ武装闘争を正当化するイデオロギーを維持しつつも、大半のメンバーは宣教と社会・経済活動によって組織の立て直しを図るようになった。

フィリピンでは、南部のムスリム居住地区の自治権を求めて1984年に発足した主要組織モロ・イスラーム解放戦線（MILF）の分派などから、武装闘争派諸組織が生まれた。彼らはバリ事件後にインドネシアから逃亡したJIメンバーを受け入れるなど、国際的な武装闘争派のネットワークを維持しながらも、同地で独自の活動を展開した。特にアブ・サヤフは外国人の誘拐で有名になった。

2010年代後半にイラクとシリアにおいてISが出現すると、東南アジアの武装闘争派の活動方針に大きな影響を与えた。ISは元々イラクにおけるアル＝カーイダの分派を起源としている。しかし、アメリカのヘゲモニーの打倒を目指してグローバルな闘争を唱えてきたアル＝カーイダに対して、ISは眼前のイラクやシリア政府を主たる敵に定めた。ISはまた両国の政情を反映してシーア派との敵対を強調する。

こうした中、JIはアル＝カーイダおよびそのシリアにおける出先組織であるヌスラ戦線を支持した。他方で、インドネシアやミンダナオの新興組織は相次いでISへの「忠誠」を宣言した。ISの一員を名乗ることで、国際的な関心や資金の流入を期待できるうえに、そのローカルな政府との戦いという方針は彼らの戦略とも合致したのである。インドネシアでは、シリアにいるISインドネシア人幹部の指示によるテロが一時活発化した。最も暴力が拡大したのはミンダナオだった。ISに忠誠を誓ったマウテ・グループが、2017年に南ラナオ州の中心都市マラウィを占拠し、5か月にわたってフィリピン国軍と戦闘を繰り広げた。ここまで大規模な戦闘が可能だったのは、マウテ・グループが地元のネットワークを築き、エリート層から遠い存在ではなかったという背景がある（第37章）。

ＩＳの台頭は、近年のソーシャルメディアやメッセージアプリの発展を伴って、武装闘争派のネットワークやその構成員にも変化をもたらしている。第1に特定の学校や師弟関係を中心としていた人的ネットワークに加え、インターネットを使ったリクルートが重要になった。第2に、女性の主導的役割が高まっている。これまでのテロ活動において女性の関与は家族の一員としてほぼ後方支援に限られてきたが、近年では女性たちが主体的に資金調達や自爆テロの実行犯となる例が見られるようになった。また、ヨーロッパからＩＳへの移住が若者に偏っていたのとは対照的に、東南アジアでは家族単位が多かった。中には親子3世代、一家20人以上の移住という事例もあった。

以上のように、武装闘争派の活動は国際的な連動が顕著な一方、各国における暴力の規模や形態、その背景となる歴史的な発展の経路や国内の社会的基盤も異なる。暴力の発生や拡大の原因を解明するためには、そうした差異への理解が不可欠である。

（見市　建）

▼参考文献
見市　建　２０１４『新興大国インドネシアの宗教市場と政治』ＮＴＴ出版。
Solahudin, Dave McRae trans., 2013. *The Roots of Terrorism in Indonesia: From Darul Islam to Jema'ah Islamiyah*. (Ithaca and London: Cornell University Press)

40

ミャンマーにおけるロヒンギャ問題

★国内に暮らすロヒンギャの状況★

２０１７年８月末、アラカン・ロヒンギャ救世軍（ＡＲＳＡ）の戦闘員らがラカイン（ヤカイン）州北部でミャンマー国境警察の施設を攻撃したことに対し、ミャンマー国軍は掃討作戦を開始した。ミャンマー国軍はＡＲＳＡ戦闘員および協力者を捜索し逮捕するのみならず、この地域に暮らす多くのロヒンギャに対しても掃討作戦を実行した。国軍は否定しているものの、これにより一部のロヒンギャは殺害され、さらに70万人が国境を越えてバングラデシュ側に避難する事態となった。

おそらくこの２０１７年の難民大量流出はロヒンギャに注目が集まった最も新しい出来事であろう。しかし、ロヒンギャがバングラデシュ側に流出することはこれが初めてではなく、流出の理由はそれぞれ違うが過去４回（１９７８年、１９９１年、２０１２年、２０１６年）の大規模な難民流出があった。ミャンマー側に帰還した人もいるものの、２０１８年の70万人と合わせ、バングラデシュ側の難民キャンプには１００万人ものロヒンギャが暮らしている。

それでは、ロヒンギャ問題とはこの難民流出のことを指しているのだろうか？　そうであればミャンマー政府が難民の帰還

第40章

ミャンマーにおけるロヒンギャ問題

を受け入れれば解決ということなのか？　なぜ何度も難民が発生しているのか？　100万人にも及ぶ避難民はどうやって暮らしているのか？など様々な疑問が浮かぶだろう。実際には問題は多岐にわたっておりすべてを簡潔に説明することは難しいが、以下では特にミャンマー国内のいくつかの問題に焦点をあてていきたい。なお、ロヒンギャとは、ラカイン州北部に暮らし、ベンガル語の一方言を話す、ほとんどがイスラームを信仰する人々の自称の民族名である。日本語では「ロヒンギャ」と表記しているが、ビルマ語では「ロヒンジャ」、ロヒンギャが話す言語においても「ロヒンジャ」「ルインジャ」（「ジャ」が「ガ」に聞こえる場合もある）という発音になる。

ミャンマー国内のロヒンギャについては、ミャンマー政府の圧力もあり、自由に調査できる状況にはない。UNHCR（国連難民高等弁務官事務所）やWFP（世界食糧計画）、MSF（国境なき医師団）など国連機関や国際NGOといった援助団体であっても活動に多くの制限があり、活動許可が下りない時期もあった。メディアなどが自由に入って取材できる状況にもなく、国内のロヒンギャの実態はなかなか把握することが難しい。前述した2017年の大量流出が大きく報じられたため、現在は国内にほとんどロヒンギャが残っていないような印象を持つ人も多いが、実際にはラカイン州にロヒンギャは今も暮らしている。正式な統計がないため推測ではあるが、あるロヒンギャ団体に尋ねたところ、先の大量流出以前にロヒンギャが多数居住していたラカイン州マウンドーとブーディータウンに現在も約28万5千人のロヒンギャが残っていると言い、ラカイン州内のその他地域に約40万人、ヤンゴンなどラカイン州以外のミャンマー国内に約15万人が暮らしているとのことであった。なお、ラカイン州内では多くのロヒンギャが国内避難民キャンプに暮らしている。このほか、ミャンマー・中国国境やミャンマー・タイ国境の町にも多数のロヒンギャが居住しているようである。

ミャンマー政府は「ロヒンギャという民族集団は存在しない」という立場で、ロヒンギャという呼称も認めず、バングラデシュからの不法移民であるとの見解をとっている（なお、日本政府も「ラカイン州のイスラム教徒」というように、ロヒンギャという呼称を避けている）。ミャンマーでは1982年の国籍法において、政府が認める土着民族であれば自動的に国籍が与えられるとされたが、ロヒンギャは前述のとおり不法移民の扱いで、国内の土着民族とは認められていない。ただし、1982年以前に国籍を取得していたり、役人の裁量によってロヒンギャ以外の「民族」名を記載して国籍取得するなど、実際には様々な方法でミャンマー国籍を有している（＝身分証明書を所有している）ロヒンギャもいる。その場合、身分証明書の民族名はロヒンギャとは記載されておらず、ベンガリ（ベンガル人）あるいはラカインムスリムなどと記載されている。このように、国内では、国籍があって身分証明書を持つ人、ミャンマー政府の発行した国籍保証のない臨時身分証明書を持つ人（ただし現在は回収されている）、1982年国籍法制定以前に発行されていた古い身分証明書をそのまま持ち続けている人、住民票はあるが身分証明書がない人やその逆パターンの人、身分を証明するものが何もない人、というように、ロヒンギャ内部でその法的身分は様々である。

一方でバングラデシュ側に逃れた避難民は、身分証明書を持ち出すどころか着のみ着のままで逃げた人がほとんどである。数世代に渡ってミャンマー国内で暮らしてきたロヒンギャも多いが、居住していた村落は焼き払われて証拠も何も残らず、帰還できたとしてもこれまでのような生活ができるのかについて、彼らは大きな不安を抱えている。

ラカイン州に暮らすロヒンギャに話を戻そう。ラカイン州に暮らすロヒンギャには移動の自由に制限がある。この移動制限は1988年の軍政が始まったあとに課され、2011年の民政移管後も継続し、2021年クーデターを経ても変更はない。この移動制限は、ラカイン州内であっても、自分の居住する郡を出る場合には移動許可証が必要、というものである。取り締まりの厳しさは内政にも左右されるが、厳しい時期であれば、漁師が魚を売りに行った先の市場が居住する郡の外にあるということで逮捕されたという事例も聞いたことがある。

さらに、ロヒンギャがラカイン州から出る場合も同様で、行先を申請し移動許可証をもらい、警察や軍の検問所で許可証を見せて了承を得ないと先に進むこともできない。一度ラカイン州を出たら戻ることも難しいので、戻らないつもりで出る人も多いという。「車でヤンゴンに向かう途中のロヒンギャを逮捕」などのタイトルがついたニュースを耳にすることがあるが、彼らはヤンゴンから出国して海外で働く予定だった、あるいは陸路でタイに出ようとしていた、といった内容であることが多い。交通違反や罪を犯してのことではなく、移動許可証を持たずにラカイン州から出てきたために逮捕につながった、という状況である。

この移動制限は、国籍を持っていない（有効な身分証明書を持っていない）人にのみ通常は課されるというが、ラカイン州内のある郡で2021年11月に出された通達を見ると、移動許可が必要な人を「ベンガル人」や「土着民族でない人」と表記している。そうすると、身分証明書を提示したとしても、民族欄が「ベンガル人」であれば移動許可証の提示を求められることになるのであろう。

また、前述の通りロヒンギャの多くは国内避難民キャンプに暮らしているが、このキャンプは20

12年のラカイン人仏教徒女性への暴行殺害をきっかけとしたラカイン人とロヒンギャとの間で発生した大規模暴動のあとに設置されたものが多い。木や竹で作られた家屋は古くなり、ビニールシートなどでの修理を重ねてはいるがかなり劣化しており、本格的な修理あるいは建て直しが必要となっている。また一部地域では現在の場所より不便な場所への移転計画が進められている。2021年2月の国軍のクーデターのあと国内情勢が不安定で、WFPや国内NGOからの食糧援助等も途絶えることがあり、難民キャンプでの生活は非常に厳しいというニュースも見られる。

2023年2月現在、ミャンマーは民主派と軍の闘いが続いており、民主派はロヒンギャを含めた新しい国造りを多少なりとも考慮に入れ始めたようだが、軍政はロヒンギャ問題をどのように扱おうとしているのかあまり見えてこない。民政移管によっても解決されなかった問題を、軍と民主派が対峙する状況下ですぐに解決するのはもちろん難しいが、少しでも多くのミャンマーの人たちが「ロヒンギャはベンガル人不法移民」というこれまでの政府や軍の説明からまず一歩離れて、何が問題なのかを理解していくことが重要であろう。

（斎藤紋子）

▼参考文献
宇田有三 2020『ロヒンギャ――差別の深層』高文研。
日下部尚徳、石川和雅 編著 2019『ロヒンギャ問題とは何か――難民になれない難民』明石書店。
塩崎悠輝 編 2019『ロヒンギャ難民の生存基盤――ビルマ／ミャンマーにおける背景と、マレーシア、インドネシア、パキスタンにおける現地社会との関係』SIAS Working Paper Series 30. 上智大学イスラーム研究センター。
中坪央暁 2019『ロヒンギャ難民100万人の衝撃』めこん。
中西嘉宏 2021『ロヒンギャ危機――「民族浄化」の真相』中央公論新社。

コラム2

マレーシアに暮らすロヒンギャ

塩崎悠輝

ロヒンギャは、ミャンマーの西部、ラカイン州を中心に暮らしてきたムスリムの集団である。仏教徒のビルマ人が過半数を占めるミャンマーでは、1982年に制定された国籍法により、当時の軍政がロヒンギャとみなした人々の国籍と国籍に付随するすべての権利が剥奪された。1990年代から国軍の主導で迫害が繰返され、そのたびにロヒンギャの国外脱出が起きてきた。2012年、そして2017年に大規模な殺戮を伴う掃討作戦が起きたことで、ロヒンギャの避難が続き、ミャンマー国外で暮らすロヒンギャ難民は200万人を超えた。

ロヒンギャの避難先として最も大きいのは隣国のバングラデシュで、2021年時点で100万人を超えている。他にパキスタンのような南アジア、サウジアラビアのような中東、タイやマレーシアのような東南アジア諸国に暮らしている。難民としての流出が増加していったのは1990年代からで、マレーシアでも徐々にロヒンギャ難民のコミュニティが増大し、2012年からは急速に流入するようになった。

ロヒンギャは東南アジアのムスリムなのか、タイやマレーシアに暮らしているから東南アジアのムスリムの一部なのか、といった問いには意味が無い。ムスリムは歴史を通して移動してきたし、現在の東南アジアでも、中東やアフリカ、南アジアから移動してきたムスリムが多数暮らしている。また、東南アジアのムスリムもエジプトやサウジアラビアのような中東諸国に移動し、その多くは定住している。

ロヒンギャは、東南アジアにも、南アジアにも、中東にも住んでいるが、イスラームの行為規範に関する法学上の学派では、インドやバングラデシュに多いハナフィー派が中心である。歴史的にインドのムスリムと密接な関係がある。イスラームについて学ぶ場合は、バングラデシュ、インド、パキスタンが、主な留学先となっている。

ロヒンギャは、地域を越えて移動しているムスリムであり、20世紀に今のミャンマーのラカイン州にたまたまいたムスリムが、ロヒンギャということになった。ラカイン州は、ビルマ人の王朝とインドのベンガル地方の王朝の中間に位置している。ラカイン州は、1429年から1785年まで存在していたアラカン王国の領域と重なっている。アラカン王国は、ベンガルの王朝のスルタンに服属していた時期もあり、アラカン王国にもムスリムが仕えていた。貿易港によって栄えていたこともあり、ムスリム、仏教徒、ヒンドゥー教徒が出入りする地域で、その多くが定住し、現在のラカイン州の住民の祖先にあたる。

第2次世界大戦後にビルマ人を中心に独立した国家がつくられていく過程で、宗教的なマイノリティで、西部国境地帯の周縁部に住んでいたムスリムは国籍を剝奪された。パスポートを持たず、教育を受ける機会を与えられなかったロヒンギャは、外国に逃れて成功することも難しい。避難先への入国は不法入国にならざるを得ず、働くのも不法就労になる。それでも、よりチャンスの大きいマレーシアへの密入国を目指して、海を渡る密航船が絶えない。その一部は途中で水没し、運の良い一部はマレー半島の海岸から密入国する。

マレーシア政府が、ロヒンギャ難民を公式に難民として認めることはないが、東南アジアでは比較的産業が発展しているマレーシアでは、不法就労の機会がある。2020年の国勢調査

コラム2

マレーシアに暮らすロヒンギャ

では、マレーシアの人口３２６５万人の内、国民は２９９６万人、外国人は２６９万人となっている。そしてこの他にも、不法滞在の外国人３００万人程度がマレーシアには暮らしているといわれる。

　マレーシアでは、建設や製造業、サービス業など、様々な分野が、不法就労を含む外国人の労働によって維持されており、それが常態化している。不法就労の外国人もまた経済に必要であるため、徹底的に取り締まられることはない。20万人程度のロヒンギャ難民がそこに入ってきても、働いて所得を得ることは可能であった。

　不法滞在者であるロヒンギャ難民は、公立学校で教育を受ける権利もないため、児童労働に従事する子どもが非常に多い。教育の場は、ロヒンギャ難民の中のウラマーが運営する私塾やマレーシア人のＮＧＯによる活動に限られている。

　マレーシアでは、ロヒンギャのコミュニティは、荷揚港や農産物市場といった就労の場の近辺で広がっている。しかし、２０２０年からのコロナ禍では、市場での感染クラスター発生や、経済活動の制限のため、社会的に苦しい立場に置かれることになった。ロヒンギャのマレーシア滞在は、労働力需要のために許容されているが、経済活動が低調になると、新規の流入は、マレーシア政府によって厳しく取り締まられるようになっている。

▼参考文献

中坪央暁　２０１９『ロヒンギャ難民１００万人の衝撃』めこん。
中西嘉宏　２０２１『ロヒンギャ危機――「民族浄化」の真相』中央公論新社。

V

イスラーム知識の伝達と教育

41

東南アジアのムスリムが学ぶイスラームの知識

★「普通のムスリム」と「学者」とその間★

ムスリムは、イスラームをどのように理解しているのだろうか？　イスラームになじみの薄い人々が「ムスリム」を名乗る人、特にスカーフを被ったりあごひげを生やしたりと「ムスリムらしい」外見を伴うような人を見ると、「この人はイスラームの教義をさぞよく知っているのだろう」と直感的に思うのではないだろうか。あるいはそうした人々が語る「イスラームとはこのような宗教である」という説明を聞いて、「なるほど、それがイスラームというものなのか」と思うのではないだろうか。このように、目の前の、あるいはメディアの中の「ムスリム」が語るイスラームを「イスラームそのもの」として捉えることは、ムスリムの多様性を無視することにもつながってしまう。そうすると、ある「ムスリム」が「イスラームの教えに基づいて、不信仰者の施設を爆破した」などと語れば、「イスラームとはそのような教えなのであろう」と捉えることにもつながる。

このような単純なイスラームとムスリムの結びつきを解き、その多様な在り方に目を向けるひとつの鍵が、それぞれのムスリムが持つ「知識」に着目することである。イスラームには一般に「聖職者」は存在せず、すべての人がそれぞれのできる範囲でイスラームの教えを理解し、学ぶことが奨励される。だから、その中には当然ながらイスラームの知識をたくさん学んだ人と、そうでない人が出てくる。東南アジアで多数を占めるスンナ派では、基本的に両者を明確に分けることはしない。一定数の人々が「あの人は良く知っている」とみなせば、その人は「良く知っている人」にカテゴライズされ、中でも優れた人々が「学者（ウラマー）」と呼ばれる。一方、イスラームの教えを本などで学んだことはほとんどなく、親や周りの人に言われたことを信じているだけの人もいる。近代的な教育やメディアが普及する以前は、大多数のムスリムが後者であった。

では、「ウラマー」とみなされた人はどのくらいのことを知っているのだろうか。イスラームの知識は限りなく広く、深い。アッラーの99の美しい名のひとつに「すべてを知る者（al-Alim）」とあるように、究極的にはイスラームの知識とはアッラーそのものである。多くのクルアーンの章句がアッラーの知識の限りなさや、それに対して人間に与えられた知識がわずかであることを描いている（たとえば［17:85］［31:27］）。「私はアッラーの教えを全部理解した」と言うことは、当然ながらどれだけ学んだウラマーであってもできない。

そうした果てしない知識の中から、ウラマーたちがアッラーの教えの人間に理解できる部分を探し出し、議論に議論を重ねて形にしてきたのがイスラームの諸学と言えるだろう。学問分野の分類や範囲は時代や地域によって異なるが、学問全体の第一の源はアッラーの言葉であるクルアーン、第二の源は預言者ムハンマドの言行を記録したハディースである。これらを手がかりにアッラーの教えを解釈するための様々な分野が生まれ、「ウラマーたちが合意する共通理解」が生み出されてきた。東南アジアのウラマーたちもまたこうした学問を継承してイスラームの理解と実践に努めてきた。

このような東南アジアでのイスラーム知識の伝達の軌跡は、東南アジアのウラマーたちがアラビア語やアラビア文字表記のマレー語（ジャウィ）あるいはジャワ語やスンダ語で執筆し、手書きの写本として残されてきた宗教書（キターブ）に見ることができる。キターブで論じられる学問分野はおよそ次のように分けられる。まず、三大分野として五行に代表されるムスリムとしての行いを規定する「法学（fiqh）」、六信に代表されるムスリムが何を信じるべきかを論じる「神学（aqidah/tauhid）」、内面的な心のあり方や倫理（akhlak）、神秘主義的哲学などを含む「タサウウフ（tasawwuf）」が挙げられる。東南アジアの伝統的ウラマーは、3つの分野のどれをより「専門」としている場合でも、他2つの分野も深く学んでいた。次に、これらの分野の方法論や、すべての基礎となるアラビア語に関する学問分野、クルアーンの解釈、朗誦に関する分野などがある。ただし、これらの分野は一斉に東南アジアに持ち込まれたのではなかった。最初期にはタサウウフに関する写本が多く見られる一方、クルアーン解釈やハディースに関するキターブが増えたのは19世紀以降であったり、20世紀以降はタサウウフが好まれなくなるなど、イスラームの知識は何世紀もかけて分野の比重を変化させながら広がってきたのである。

東南アジアのキターブからはまた、時代、地域による多様性だけでなく、東南アジア・ムスリム社会の一体性や、中東をはじめとするイスラーム世界とのつながりを見出すこともできる。マラッカ時代に代表される交易の発達などでマレー語は商業だけでなくイスラーム知識の伝達における共通語となり、共通のマレー語キターブが東南アジア各地で読まれていた。ウラマーたちもまた、「より良く知っている」師を求めて東南アジア各地を遍歴したり、さらにメッカへ渡り、そこでコミュニティを作って滞在していた東南アジア内外のウラマーに師事し、また共に学んだ。このため師弟関係のネットワークを辿ると、各地の有名なウラマーたちは何らかの形で互いに関わり合っているのである（具体例は52章）。

クルアーンの読み方の初歩を学ぶ幼稚園児

では、一般のムスリムはどうなのか。近代的学校教育や近代的イスラーム学校ができる以前は、多くの人々は村の「良く知っている人」のもとでクルアーンの読み方を習った。東南アジアではほとんどの人はアラビア語を理解しないが、アラビア文字を音符のように読み上げることがまず重要であった。こうしたクルアーン学習は「プンガジアン」と呼ばれ、小学校低学年相当の年齢から始め、高学年でクルアーンの全体を読み終えると「ハッタム（読了）」を祝う儀礼を行った。プンガジアンでは、このほか六信五行の簡単な教えや、礼拝の仕方を習うものの、「法学」「神学」などの分野別の知識についてはポンドックやプサントレンなどと呼ばれる場で一部の人々だけが学んだ。そうした人々も、大半は数年間で初歩的な薄いキターブの学習を学び、儀礼の実施に必要な祈禱句などを覚えて村に帰り、村の人々にプンガジアンを教えたり儀礼を執行したりするのであった。つまり、広大なイスラームの学問の蓄積がある一方で、一般のムスリムはそこにはほとんどアクセスしない状況が長らく続いてきたのである。近代化に伴うこの状況の変化については次章で述べるが、「イスラームをあまり深く理解していないムスリム」が大多数を占めるということ自体は変わっていない。

このように、個々のムスリムの持つ知識の深さも分野も様々であるからこそ、ある人（人々）の語るイスラームをすなわちイスラームの全体像とはみなさず、その特徴や、その背景となる教育経験や知識の体系を丹念に読み解く必要があるのである。

（久志本裕子）

▼参考文献
久志本裕子　２０１０「マレーシアにおける伝統的イスラーム知識伝達――構成要素と学びの意味」『イスラーム世界研究』３（２）。
ハシャン・アンマール　２０１８「法学と神学」小杉泰・黒田賢治・二ツ山達郎 編『大学生・社会人のためのイスラーム講座』ナカニシヤ出版。
Azyumardi Azra. 2004. *The Origins of Islamic Reformism in Southeast Asia: Networks of Malay-Indonesian 'Ulama' in the Seventeenth and Eighteenth Centuries*. Australia: Asian Studies Association of Australia.
Kawashima Midori et.al, eds. 2015. *A Provisional Catalogue of Southeast Asian Kitabs of Sophia University (Second Version)*. (Institute of Asian Cultures – Center for Islamic Area Studies, Sophia University)（オンライン入手可、上智大学所蔵のキタープ・ジャウィのカタログ）

42

イスラーム知識をどのように学ぶのか

★近代化と知識の担い手の多様化★

前章で描いたように、イスラームの知識には無限の幅と深みがあり、個々のムスリムが理解しているイスラームの教えはその深さにおいても、理解の方向性においても多様である。この、個々のイスラームの多様な理解は、それぞれの人が経験したイスラームの学びによって形成される。では、ムスリムはどこから、どのようにイスラームを学ぶのか。東南アジアの状況を念頭にこの問いに答えようとするとき欠かすことができないのが、近代化に伴う知識伝達のあり方の変化である。

大きな転換期のひとつは20世紀前半であった。イギリスやオランダの植民地政策の一環として近代的学校教育を受けるムスリムが増えてくると、マレー語やその他の現地語で読み書きできる人々が急増した。こうした人々の存在は、新聞・雑誌などの出版物の増加を促し、これらのメディアを使ってイスラームに関する議論を新しい形で行うことを可能とした。また、これまでのポンドックやプサントレンといった伝統的イスラーム知識伝達の場に代わって、近代的学校の形を使ってイスラームの学習と読み書き計算のような学習を一緒に行う新しいタイプの学校（「マドラサ」等と呼ばれた）も東南アジア各地に作られた。

現在の状況につながるより大規模な変化は、1970年代以降の世界的なイスラーム復興と、独立後の各国における経済成長と学校教育制度の拡大、特に高等教育の拡大の中で起こった。マレーシアやインドネシアでは都市の大学生などを皮切りとしてダアワ運動が拡大し、これまでのポンドックやプサントレン、マドラサで宗教教育を受けた人々や伝統的なウラマー（学者）とは異なり、世俗的教育を受けて大学で学んだ人々が新しいタイプのイスラーム知識の担い手として登場した。こうした新しい担い手は、従来の法学や神学といった枠組みでイスラームを論じるキタープとは異なり、現実の社会における問題をイスラームの観点でどのように解釈するのかを、講演会やディスカッションといった近代的教育を受けた人々に伝わりやすい形で論じた。

法学、神学といったイスラーム知識の伝達を担うウラマーの養成にも変化が生まれた。高等教育の拡大とイスラーム復興の影響が合わさる中で、イスラーム学を専攻できる高等教育機関が増加し、東南アジア各地で大学という場でイスラームの専門家を養成する制度ができた。また、エジプトのアズハル大学をはじめとする中東の大学への留学も急増し、さらには欧米でイスラーム学を専攻した「イスラーム知識人」も出てきた。修士や博士の学位を持ち、アラビア語や英語を流暢に操るイスラームの「専門家」が増え、そうした「専門家」がそれぞれの社会、時代に合ったイスラームの教えを説く書籍が書店に並ぶようになった。そうした本を人々が自分で読んでイスラームを理解するようになると、従来の古典的キタープとその学習を担ってきたウラマーの地位は相対的に低下した。

この傾向は特にマレーシアで顕著であった。インドネシアではプサントレンの多様化が進んだのに対して、マレーシアでは伝統的なポンドックはほとんど姿を消し、キタープ学習ではなく国家統一試

第42章

イスラーム知識をどのように学ぶのか

験に準拠した一般科目のカリキュラムと宗教教育カリキュラムを同時に学べる「宗教中等学校（sekolah menengah agama）」へと姿を変えた。キターブは一部の機関を除いて、モスクなど学校教育の外で、関心を持つ人々、特に大人や高齢者のための学習にしか使われなくなった。

これに加えて近年起こっているのが、インターネットの利用による学び方の変化である。気になるイスラームの教義についてキーワードで情報が検索できるグーグルなどの検索エンジン、世界中のムスリムの身の回りの疑問に英語などで答えるウェブサイト、クルアーンやハディース、イスラームの古典の膨大なデータを無料で公開するウェブサイト、さらにはイスラームの教義を楽しくわかりやすく伝える動画を流すInstagramやYouTubeなどの存在は、長い時間をかけてイスラームの法学や神学の知識を学ぶことなく、誰もが必要な時に必要なイスラーム知識にアクセスすることを可能にした。深くイスラームを学んだウラマーであっても魅力的な動画を作れなければその声は聞こえず、たとえ表面的な知識しか学んでいなくとも多くの人が興味を持つ議論を、つい見たくなるような方法で配信していればその声は大きくなる（第50章）。

このような変化の中で、イスラーム知識の担い手は多様化し、「普通の人々」の平均的なイスラームに関する知識は情報量としては格段に増え、「良く知っている人」と「普通のムスリム」のグラデーションはさらに不明瞭になった。ウラマーがイスラームの知識を独占するのではなく、より多くの人がイスラームの知識にアクセスし、それぞれがイスラームについて考えることができるようになったことは、ダアワ運動を経て東南アジア各地で見られるようになったイスラームへの意識、関心の高まりに大きく貢献したと言える。しかし一方で、際限のないイスラーム知識の担い手の多様化がイスラーム解釈を「なんでもあり」にしてしまうことへの不安や、その中で「本当のウラマー」がいなくなっていくことを危惧する声も多く聞こえる。

東南アジア・ムスリム社会において尊敬を集めてきた従来のウラマーは、イスラームの知識の「情報量」としては現代の「イスラーム学部教授」より少なかったかもしれない。しかし、イスラーム知識とは単に論文やYouTube動画の形で「情報」として独り歩きさせるものではなく、人格と一体化して人柄として滲み出すようなものでもある。マレーシアでは「トッグル」、インドネシアでは「キヤイ」といった呼び名で親しまれてきた伝統的ウラマーは、学位の有無といった明示的な「知識」の指標よりも、「常に微笑んでいる」、「穏やかで声を荒げない」、「質素に暮らし、サダカ（任意の喜捨）をたくさんする」といった態度で人々を惹きつけてきた。人々がそうしたウラマーの宗教講話などに参加するのは「情報」を得るためではなく、その場に共にいることでアッラーをより近くに感じられる、日本語の「ありがたさ」という言葉がしっくりくるような感覚のためである。そうした感覚をもたらす知の担い手は、大学教授などにはめったにいない。

こうした「トッグル」のイメージの例としてわかりやすいのは、ニック・アジズ（1931〜2015）であろう。私は2008年に彼の自宅を訪問したことがある。当時、汎マレーシア・イスラーム党（PAS）のトップである「精神的指導者」の地位にあり、クランタン州の知事であった彼の自宅は、父親が創立した宗教学校に隣接するごく一般的なマレーの家で、夫婦で私を迎えてくれた。客人の私を簡素な応接間の席に着かせると、奥さんと2人で台所に行き、お茶とお菓子を持ってきてふるまい、つたない質問にも微笑みの絶えない顔で穏やかに、真摯に答えてくれた（写真）。私が調査地で

自宅で歓談するニック・アジズ師（2008年撮影）

出会った、人々に敬愛されているウラマーの多くに共通する独特の雰囲気を煮詰めたようなオーラを出していた。こうしたウラマーたちを生み出してきたのが、伝統的イスラームの知識伝達なのである。

もちろん、現代社会を成り立たせる諸制度、諸分野に関する知識と、それを効率的に習得するような教育システムが必要なことは言うまでもない。しかし、その枠組みの中にイスラームの知識をはめて、同じレベルで「知識」あるいは「情報」として処理してしまった時、上に描いたような文字化できない精神性のような側面はどこへ行くのだろうか。ポンドックなどで過去に実践されていた学習を形式的に真似ることでそれを取り戻せると考える人々もいるが、そのような単純なものではないはずである。イスラームの信仰を支える「知識」をいかに継承するかという問題は、政治運動などに比べてマイナーに扱われがちであるが、現代ムスリムの根源的なジレンマそのものなのである。

（久志本裕子）

▼参考文献
久志本裕子 2014『変容するイスラームの学びの文化――マレー・ムスリム社会と近代学校教育』ナカニシヤ出版。
久志本裕子 2018「マレーシアにおける伝統的イスラーム学習の変容」近藤孝弘・中矢礼美・西野節男 編著『リーディングス比較教育学　地域研究　多様性の教育学へ』東信堂。
服部美奈・西野節男 2013「現代インドネシアにおけるイスラーム指導者養成の課題――西ジャワのプサントレンの事例から」名古屋大学大学院教育発達科学研究科紀要『教育科学』60（2）（オンラインあり）。

43

インドネシアのポンドック・プサントレン

★「民」による教育★

植民地期から現在に至るまで、インドネシアでは近代学校教育が導入されて以降も、「公」より「民」あるいは「私」がイスラーム教育を担う伝統があり、就学前段階の幼児から成人を対象とする多様な学びの場がムスリムの人間形成を担っている。中でも思春期の青年が寝食を共にして学ぶポンドック・プサントレン（以下、プサントレン）は、その後の人間形成に深い影響を与えるものである。さらにインドネシアでは、プサントレンを核とする宗教ネットワークが形成され、社会のあり方や国家に少なからぬ影響を及ぼしている。

プサントレンの多くは人口が密集するジャワ島に存在する。プサントレンは、宗教的学識とカリスマ性を持つ宗教指導者である「キヤイ」が主宰し、学習者である「サントリ」がアラビア語で書かれた「キタブ（キターブ）・クニン」と呼ばれる宗教注釈書やアラビア語を学ぶ、寄宿制を特徴とする伝統的なイスラーム教育機関である。学習内容は主宰するキヤイの個性に応じて決められるため、標準カリキュラムのようなものはない。サントリの中には専門分野の異なるプサントレンを遍歴して学ぶ者もあった。

東ジャワのプサントレンにおける学習風景（2005年8月撮影）

一方で、これらの特徴を維持しつつも、長い歴史の中でプサントレンは時代に合わせた自己変革も行ってきた。たとえば、複数の学派を含む幅広い宗教学習や一般教科の導入、女子プサントレンの創設など、自己変革はオランダ植民地下でも行われた。さらに、国民教育制度が確立した独立後には、プサントレンの教育段階を体系化し、部分的に「学校」の要素を取り入れることで国民教育制度との接続を考慮し、修了後の進路の選択肢を増やすプサントレンも増加している。独立後のインドネシアでは、「スコラ」と呼ばれる教育文化省管轄の一般学校と、「マドラサ」と呼ばれる宗教省管轄のイスラーム学校が併存する二元的教育体系が形成されている。マドラサの系統は就学前教育から高等教育に至るすべての教育段階で発展しているが、マドラサの制度とはまた別に多様なイスラーム教育機関が存在しており、その代表的なものがプサントレンである。サントリが各教育段階の修了資格を得られるようにイスラーム中学校・高校をプサントレン内に設置しているプサントレンでは、寄宿舎での伝統的な学習を早朝と夕方を中心とする学校外の時間帯に行っている。さらに、もうひとつの大きな自己変革として、従来男子のみを受け入れてきたプサントレンの多くが１９８０年代以降、女子を受け入れるようになった点もあげられる。

プサントレンの形態が多様化したことにより、宗教省はプサントレンを3つに分類している。①宗教注釈書を重視した宗教学習を行う「プサントレン・サラフィー」、②宗教学習を行いつつ、数学や英語など一般教科の学習にも重点を置く「プサントレン・ハラフィー」、③①と②を組み合わせたプサントレンである。②と③は独自に一般教科を導入したり、イスラーム中学校・高校を設置したりするプサントレンであり、プサントレン・サラフィーと呼ばれる①のプサントレンはイスラーム中学校・高校を設置せず、独自の教育スタイルを維持する私塾的なものである。①の場合、原則として「学校」との接続はないが、学校化された宗教教育にはないイスラーム諸学の深い学びが提供される。ただし、近代学校教育とは距離をおくプサントレンであっても、「プサントレン版パケット」と呼ばれる初等中等教育段階に相当する教育内容を提供することにより、サントリがイスラーム学校や一般学校と同等の卒業資格を取得し、より上級段階のイスラーム学校や一般学校、さらには高等教育機関に進学することを可能にする選択肢を提供するプサントレンも多い。これにより、受講を希望するサントリには、国家カリキュラムが定めるインドネシア語、数学、理科といった教科を学習する場が提供されている。これは、プサントレンが独自に発展させてきた宗教コミュニティを基盤とする生涯学習の草根ネットワークを、世界的な目標とされる「万人のための教育」の達成に結びつけようとする政策の一環でもある。

プサントレンのさらに新たな形態としては、学校の長期休暇やラマダーン月に、一般学校に通う生徒を「季節サントリ」として短期的に受け入れる「速習プサントレン」や、地方出身の大学生向けに都市部で下宿を提供し、そこでイスラーム学習を行う「下宿型プサントレン」もある。また、各州に設置された国立イスラーム高等教育機関の中には学内の寮への入居を新入生に義務づけ、寮内でアラビア語の学習や宗教注釈書を用いたイスラーム学習を行うケースが増えている。これは、プサントレンの学習形態にアイディアを得たものであり、プサントレンの発展形態のひとつとして捉えることができるであろう。

　プサントレンで上級段階の教育を行うマアハド・アリーは、国のカリキュラムを用いる教育文化省管轄の一般高等教育機関とも、宗教省管轄のイスラーム高等教育機関とも異なる、プサントレン版のイスラーム高等教育機関である。マアハド・アリーでは、アラビア語の統語論、修辞法、ハディース、神学など、それぞれのプサントレンの専門性に基づき、アラビア語で書かれた古典的な宗教注釈書を重視した宗教教育が行われている。

ジャワのプサントレンにおける宗教注釈書（キタブ・クニン）の学習風景 (2010 年 8 月撮影)

　ただし、２０１９年にはプサントレンの従来のあり方に変容をもたらす「プサントレン法」が制定された。同法はプサントレンの伝統の維持と制度的な保障を目的とする、プサントレンに関する初めての法律である。前述したようにプサントレンの中には、プサントレン内にイスラーム中学校・高校を設置するなどの自己変革を行うものもあるが、国民教育制度への包摂は非常に緩やかなものであり、プサントレンは多様な教育形態を含みこむ、いわば宗教教育共同体として発展してきた。プサントレン法は、この多様なイスラーム教育を包摂するプサントレンを制度的に位置づけ、独自に培ってきたイスラーム教育の伝統を保障するためのものであるが、見方を変えれば、国家の管理と介入を許容するものでもある。国民教育制度へのプサントレンのより一層の包摂を試み、政府が強調する「穏健なイスラーム」を国家の管理下で促進し、国家5原則であるパンチャシラの精神に従うプサントレンを育成しようとする政府の意図もうかがえる。このような動きに対し、プサントレンの伝統の喪失やプサントレンへの国家の介入を危惧するキヤイやイスラーム知識人の声もある。2020年以降、同法を具体的に実施するための省令や大臣令が制定され始めており、プサントレン教育を制度化する動きは緩やかながらも強化されるように思われる。

しかし、プサントレンは、植民地期から一貫して「民」あるいは「私」の学びの場として地域社会に根を下ろし、イスラームの知の継承に重要な役割を担ってきた。同時に、教育に対する人々の需要に柔軟に対応しつつ、学校教育との連携も模索しながら発展してきた。ここには、学校化あるいは制度化されない宗教教育の伝統を維持しようとするインドネシアの人々の意思を読み取ることができる。

（服部美奈）

▼参考文献

西野節男　1990『インドネシアのイスラム教育』勁草書房。
西野節男・服部美奈 編著　2007『変貌するインドネシア・イスラーム教育』東洋大学アジア文化研究所・アジア地域研究センター。
服部美奈　2015『ムスリマを育てる――インドネシアの女子教育』（イスラームを知る20）、山川出版社。

44

学校以外の場で学ぶイスラーム

★インドネシアのモスクにおけるイスラーム学習★

インドネシアでは、学校教育以外の場において、様々な形態でイスラームについて学ぶ機会がある。イスラームについて学ぶ機会は、モスクの他、宗教教師の自宅、あるいは個人宅に宗教教師を招き、そこに参加者が集う場合もある。近年では、インターネットを活用し、オンラインで講話を発信する説教師もいる。イスラームについて学ぶ機会はますます多様な広がりをみせているのが現状である。

こうした多様な形態の学びの機会が充実しつつある中で、インドネシアでは、モスクはムスリムが集い、学ぶための貴重な場であり続け、地域の実情や時代の変化に柔軟に対応してきた経緯がある。中でも、学齢期の子どもたちのモスクでの学びの機会は、学校教育が普及していく過程で衰退せず、むしろ充実し発展してきた。

インドネシアでは、1994年以降、小学校に加え、中学校教育が義務化され、就学率の向上が全国的に目指された。その際、施設・設備や教員不足を補うため、地理的、経済的理由で就学が困難な中学生に自主学習用テキストを配付し、村々の既存の施設で、地域の人々が生徒の教育をサポートする公開中学校というシステムが導入された。1990年代後半、ムスリムの友人をたよってインドネシア西ジャワ州の農村に訪問した際、小学校教員で、集落の子どものためのクルアーン学習指導を行う人物が、中学生の学習をサポートしていた。この人物との出会いが、私にとって、インドネシアにおいて学校以外の場で、子どもたちが学ぶ機会があることを知るきっかけとなった。

人口の約90％がムスリムであるインドネシアにおいては、夕方になると、村々のモスクに多くの子どもたちが集まる光景が見られる。私が訪れた西ジャワの農村では、日の入りの礼拝の時間が近づくと、モスクの近隣に暮らす子どもたちが、イスラーム服を着てモスクに集まり、談笑したり、ふざけあったりして楽しそうだった。しかし、礼拝の時を知らせるアザーンが聞こえると、身なりを整え、整列し、男女に分かれて礼拝を行う。モスクでの礼拝後、子どもたちは男女それぞれのグループに分かれ、教師の指導に従ってクルアーンの読誦の学習を始めた。そのモスクの教師を務めるのは、日中はモスクの前で商店を営む男性だった。夕方になるときりっとした面立ちでモスクに向かい、子どもたちと向き合うクルアーン教師となる。

ある日の夕方、別のモスクを訪問すると、10代後半の少女たちが集まって車座になり、それぞれがクルアーンを手にしていた。翌日に結婚を控える少女とともに皆でクルアーンを読誦するのだという。クルアーンを読誦するということは、アラビア文字を正しく識別し、正しい発音で読むことが求められるため、一定の学習が必要となる。1990年代後半、この地域では、中学や高校に通っていない若者が多かったが、彼らにとってもモスクは、聖なるクルアーンを読むことを学び、実践する場であった。

モスクでの成人女性のための学習会

アラビア語でクルアーンを読誦する学習は、プンガジアン・クルアーンと呼ばれ、礼拝の仕方や、基本的なイスラームの倫理などとともに学ぶ、いわば、イスラーム基礎学習のひとつである。クルアーンの読誦は、内容を理解する前に、まず声に出して正しく読むことが重視されてきた。クルアーンは、「誦まれるもの」という意味があり、声に出して朗誦され、正しく暗誦した者たちによって伝えられてきた伝統が大きく関係している。

学校教育制度が整備される以前、モスクでのプンガジアン・クルアーンは、ムスリムの子どもたちにとって貴重な学びの場であったが、学年制や修了要件などは、明確に定められず、教師の一存に任されて行われるものだった。オランダからの独立後、国民教育制度が整備されると、宗教教育は必修科目とされたため、宗教省管轄のマドラサ（イスラーム学校）だけでなく、教育文化省管轄のスコラ（一般学校）に通うムスリムの子どもたちも、教科としてイスラーム宗教教育を学ぶことになった。しかし、学校での宗教教育の時間は限られており、クルアーンの読誦や礼拝の仕方を細かく学ぶ時間は十分ではない。それを補完するための学習がモスクで行われ、それが維持されてきた。

モスクでの活動や学習がさかんなのは、農村部に限ったことではない。都市部においては、たとえば大学の多い都市では、大学生などの若者が、モスクの活動を積極的に支えてきた。都市のモスクでの活動を大学生たちが担う例は、1950～60年代のジョグジャカルタでも展開されていた。ジョグジャカルタ市内にあるシュハダ・モスクは、1952年に創設された。1945年のインドネシア独立宣言の後、オランダとの独立闘争で殉死した若者たちを追悼する意味が込められたモスクである。創設当初から、近隣のガジャマダ大学やインドネシア・イスラーム大学などで学ぶムスリム学生のうち、モスク組織が運営する寮で暮らす学生たちが主体となって、モスクで開催されるイスラーム大祭の行事の運営や、近隣の子どものためのイスラーム学習指導を担っていた。その後、様々な都市で大学が創設されると、大学近隣に下宿する学生たちが、地域のモスクの活動運営や教育活動に関わる例が各地で見られるようになった。

学習後、モスク前の商店や屋台に立ち寄る人々

1980年代後半以降、『イクロ』というクルアーン読誦学習用のテキストがジョグジャカルタで創案され、普及した（コラム3）。これを用いるクルアーン学習の場がモスクに開設されていくプロセスにも、大学生たちは重要な役割を担った。学齢期の子どものためのモスクでの学習は『イクロ』などのテキストを用いるクルアーン学習施設として組織化され、カリキュラムや学年制など、従来のプンガジアン・クルアーンにはなかった制度が導入されるようになった。政府はこれらを、国民教育

体系における学校以外の場での教育の一形態として認めた。

モスクでは、子どもだけでなく、大人も学ぶ機会が提供されている。クルアーン読誦の学習や説教師による講話会は、様々な年齢層に開かれている。説教師の講話は、日常の様々な問題を題材として、わかりやすい内容のものが多い。たとえば、2019年に訪問した都市部のあるモスクでは、木曜日の午後の礼拝の後の15時過ぎから、近隣に暮らす既婚女性たちを対象とした講話の会が開かれた。その日のテーマは、イスラームにおける相続に関する問題やその解決についてだった。参加者の女性たちは、自由に講師に質問し、自らの理解を深めていた。

インドネシアのモスクは、学校とは異なり、年齢や性別に関係なくムスリムが自由に集い、学びあう場である。ローカルな個々のニーズに柔軟に対応しつつ、様々な世代のムスリムに知識を継承してきた。イスラームについて学ぶ機会が多様化している中で、モスクにおける個々の地域に応じた柔軟な取り組みがどのように維持されていくのか、他方でどのように政府は管理や統制していくのか、今後の展開を注視していく必要がある。

（中田有紀）

▼参考文献
長沢栄治 監修、服部美奈・小林寧子 編著 2020『イスラーム・ジェンダー・スタディーズ3　教育とエンパワーメント』明石書店。
中田有紀 2018「独立後のインドネシアにおける大学創設と国家との関わり――ジョグジャカルタの二つの大学と「場」の象徴性に着目して」『比較教育学研究』57、日本比較教育学会 編。
西野節男・服部美奈 編 2007『変貌するインドネシア・イスラーム教育』東洋大学アジア文化研究所・アジア地域研究センター。

45

タイのイスラーム教育

──★受け継がれるマレーの伝統と「タイ・ムスリム」の創造★──

20世紀以降のタイにおけるイスラーム教育の展開は、南部のイスラーム地域の統治を巡る問題とかかわってきた。ムスリムはタイの人口のおよそ5％にすぎないマイノリティである。しかし、マレー系のスルタン王国パタニがかつて存在した南部国境3県（パッタニー、ヤラー、ナラティワート）は、マレー語のパタニ方言を話すムスリムが人口の8割ちかくを占めている。パタニは18世紀以降シャム（タイの旧称）の影響下に入ったものの、ダウド・アル＝ファターニーをはじめ19世紀にメッカで活躍した学者が輩出したイスラーム教育の盛んな地でもあった。この地域のムスリム社会において、イスラームの深い知識を持つことは、家柄や裕福さ以上に重視されてきたと言っても過言ではない（第4、52章）。

南部国境地域で古くからイスラームの知の伝達に用いられてきたのは、アラビア語とマレー語である。タイ政府は、現地のイスラーム教育をムスリムのタイへの統合を妨げる脅威とみなしてきた。実際、南部国境3県では、ムスリムたちはタイの教育を受けることに消極的であり、タイ語を話すことをイスラームにおける罪であると捉える風潮が、少なくとも１９８０年代

第45章

タイのイスラーム教育

まで強く残っていた。それはタイにおける19世紀後半以降の近代的な公教育の試みが、仏教寺院と僧侶を通して行われたという歴史とも関係している。これに対して南部国境地域においてムスリムのアイデンティティの形成に重要な役割を果たしてきたのが、イスラーム寄宿塾であるポーノとモスク付属学校のタディカーである。

ポーノに対する管理統制が強化されたのは、1960年代以降であった。1961年の「ポーノ改編推進に関する教育省規則」では、ポーノの教育省への登録と私立イスラーム学校への改編が促され、校舎や周辺のインフラ整備、クラス制に合わせたカリキュラム編成、タイ語教育、評価基準の導入などが定められた。これ以降、イスラーム教育は、イプティダイヤ（初等：4年）、ムタワシット（中等前期：3年）、サナウィヤ（中等後期：3年）の3つの課程に分けて実施されてきた。私立イスラーム学校の多くが集中する南部国境県では、タイ語による普通教育とポーノから引き継いだ宗教教育がひとつの学校に併存しており、午前中に普通科目、午後に宗教科目が教えられることが一般的である。しだいにカリキュラムの標準化が進み、現在は普通教育課程（6・3・3制）との差を解消する目的で2003年に定められた12年一貫のイスラーム教育カリキュラムが用いられている。ただ普通教育と宗教教育の二本立ては継続しており、双方が連動している訳ではない。中学生でイプティダイヤ課程を学ぶことや、違う学年の生徒同士が同じ教室で授業を受けること、高校を卒業できてもサナウィヤ課程を修了できないといったことがよく生じている。

中等教育以上がほとんどを占める私立イスラーム学校に対して、イプティダイヤ課程に相当する初等イスラーム教育をおもに担ってきたのがタディカーと呼ばれるモスク付属の宗教学校である。土日に開講され、6歳から12歳の子どもがヤーウィ（アラビア文字表記のマレー語）やルーミー（ローマ字表記のマレー語）、礼拝の所作や道徳といった基本を学んでいる。タディカーは、1960年代のタイ政府による義務教育の拡充政策と軌を一にするように増加した。タディカーは1997年に「モスク付属宗教倫理センター」としてタイ政府によって正式に認められ、紛争激化後の2005年から教育省の監督下に入った。しかし、タディカーは長らく地域の人々の尽力で維持されてきたとも言える。

タイでは、現地のニーズを受けて1975年に南部国境県の一部の小学校で導入されたのを皮切りに、公立学校においてもイスラーム教育の実施が認められている。長らく南部国境県に限定されていたものの、1997年には全国的に認められるようになった。ポーノの管理統制が強化された1960年代以降に増加していたムスリムの海外流出を抑制する目的で、1980年代にはタイ国内の大学におけるイスラーム学部の設置が議論され始めた。1990年代以降しだいにイスラーム高等教育が整備され、現在では南部国境3県にある大学でイスラーム学の学位が取得できるようになっている（第26章）。

学校でのイスラーム教育が整備されていく中で、宗教教育のみを行う伝統的なポーノは消滅するどころか、明らかに進学という点で有利とは言えないにもかかわらず増えている。ト・クルー（ポーノの指導者）となる人物は、10代から南部国境地域を中心に各地のポーノを渡り歩いて諸学を修め、30歳を過ぎた頃に自らのポーノを開くことが多い。ポーノにクラスや進級制度はなく、学生はト・クルーの居住地の周囲に建てられた小屋で共に寝起きしながら、クルアーンや解説書を学ぶ。学費を取らないポーノの経営を支えるのは、ト・クルーの保有する土地からの収入や喜捨である。ポーノの中には、貧しい家庭の子どもや身寄りの無い大人、人生の最期を安らかに迎えようとする老人を受け入れるところもあり、私たちが想像する学校とは少し様子が違っている。ト・クルーはポーノで教えるだけでなく、人々が日常的に抱える問題に対してイスラームの観点から助言を行うなど、地域の指導者としての役割も果たしている。

クルアーンや解説書の学びを通して神意に迫ることを旨とするポーノに対し、1980年代以降、インドを起源とするイスラームの宣教団体タブリーギー・ジャマーアトの影響を受け、スコラ・ハーフィズやローングリエン・ハーフィズと呼ばれるクルアーン読誦に特化したハーフィズ学校が各地で見られるようになった。宗教教師や村のモスク長であるイマームの中には、国内外の学校を出ただけでなく、ポーノやハーフィズ学校で学んだ人がいる。また、師や先輩の紹介を受けて、エジプト、パキスタン、インドネシアといったイスラーム諸国に渡る人もいる。裕福でなくとも、渡航さえできれば現地で喜捨を受けながら学ぶ道が開けるためである。イスラームの学びは、学校という枠を、そして国境を越えて広がっている。

1959年、ヤラー県を訪れたラーマ9世王は、市民との対話に通訳が必要だった経験から、南部国境県における教育の大切さについて述べた。タイ政府は、伝統的な知の伝達を学校制度内でのイスラーム教育に変えること、そしてマレー系のムスリムにタイ語を学んでもらうことに腐心してきた。タイ語を話す人々が増え、タイ語を用いたカリキュラムも整備された。しかし依然としてマレー語はアラビア語と同じくらいに、イスラーム教育において大切にされている。政府による管理統制がどれだけ進もうが、改革的な教師や博士号を持つ学者たちがいくら時代錯誤だと言おうが、伝統的な学びのあり方が学校にとって代わられるということは今後もないだろう。

（西　直美）

▼参考文献

尾中文哉 2015『「進学」の比較社会学――三つのタイ農村における「地域文化」との係わりで』ハーベスト社。

小野沢正喜 1985「タイにおける文化的同化政策の展開と少数民族のエスニック・アイデンティティ――南タイ・イスラム社会の教育体系の変容を中心として」『多文化教育の比較研究――教育における文化的同化と多様化』九州大学出版会。

鈴木康郎 1999「南部タイの国立小学校・中等学校におけるイスラム教育の試み」『比較教育学研究』25。

西　直美 2018「タイ深南部におけるイスラームと帰属意識――イスラーム教育の場を事例に」『年報タイ研究』18。

西　直美 2022『イスラーム改革派と社会統合――タイ深南部におけるマレー・ナショナリズムの変容』慶應義塾大学出版会。

Liow, Joseph Chinyong. 2009. *Islam, Education and Reform in Southern Thailand: Tradition and Transformation*. (Singapore: Institute of Southeast Asian Studies)

46

フィリピン南部ミンダナオのイスラーム教育の変容

★イスラーム写本とズンバ★

ヴェールとジャージ姿の女子学生が軽快にズンバを踊っている。ミンダナオ島の南ラナオ州マラウィ市のイスラーム学校、ムスリム・ミンダナオ学院の体育の授業の一コマである。南部フィリピンのムスリムは、マラナオ人、マギンダナオ人、タウスグ人、サマ人など、それぞれ同名の言語を母語とする13のエスニック集団で構成されており、南ラナオ州にはマラナオ人が集中している。ムスリム・ミンダナオ学院はマラナオ人のウラマー（イスラーム学者）、アフマド・バシール（1919〜1989）が1957年に設立した南ラナオ州最大のイスラーム学校である。バシールとこの学校の歩みは、20世紀ミンダナオにおけるイスラーム教育の変化を如実に示している。

19世紀のスマトラ島、ジャワ島、マレー半島ではポンドック・プサントレンと呼ばれるイスラーム寄宿塾が発達し、イスラーム知識の伝授において重要な役割を果たしてきた（第43章）。これに対し南部フィリピンではイスラーム寄宿塾は概して未発達で、20世紀初頭のミンダナオ島ラナオ地方では、イスラーム教師が自宅などで個別に、もしくは少人数のグループにクルアーン朗誦や初歩的なイスラームの知識を伝授することが一般的であった。これをクルアーン塾と呼ぶ。より高度な知識を求める生徒は、さらに他の教師や高名なウラマーのもとで学んで知識を深め、やがて自ら教師となって自分が学んだ知識を生徒に伝授した。

18〜19世紀の南部フィリピンには、マレー語圏のムスリムとの交流を通じてジャウィ（アラビア文字）表記マレー語やアラビア語の手書き写本が流入し、19世紀末から20世紀前半には印刷・出版されたこれらの刊本がもたらされた。これらにはクルアーンの解釈、イスラーム法学、ハディース、イスラーム神秘主義哲学などに関する専門家向けの書物から、イスラーム物語、夢判断、占いやまじないの書など、大衆向けのものまで様々な種類がある。20世紀中頃まで、南部フィリピンのウラマーやその生徒たちはこれらの書物を通じて宗教知識を学んでいた。

写真１　「マウリド・シャラフ・アル＝アナーム」アフマド・バシール・コレクション MS 3.（マラウィ市）。（2012年2月、筆者撮影）

村のイマーム（モスクの責任者）の息子として生まれたバシールも青年期まではこうしたやり方でイスラームを学んだ。父や地元のウラマーのもとでアラビア文字、アラビア語の基礎とイスラームを学び、やがてジャウィ表記マレー語やアラビア語の書物を自分で読めるようになった。バシールの遺品の中には祖先から継承した十数冊のイスラーム写本がある。写真1はそのひとつで、預言者ムハンマド生誕祭で朗誦される預言者讃歌「マウリド・シャラフ・アル＝アナーム」の写本である。アラビア語テキストの行間にマレー語訳が書かれており、マラナオ人ウラマーが、南部フィリピンにおけるイスラームの学びの言葉であるマレー語を介してアラビア語の歌詞を理解していたことがわかる。彼らはおそらく、歌詞の内容を現地語のマラナオ語で説明し、一般のマラナオ人ムスリムに伝えていたのだろう。

1938年、ラナオ州では数人のハッジ（メッカ巡礼を終えた人々）が中心となって、ミンダナオ初の近代的イスラーム学校、カーミロル・イスラーム学院が設立された。彼らは巡礼の旅の中継地シンガポールで出会ったマレー人イスラーム宣教師から近代的イスラーム学校の話を聞き、これに触発されて同様の学校を設立したのである。クルアーン塾と異なり、この学校には専用の教室があり、教師は黒板を使ってアラビア語文法や読み書きを教えた。教師はマレー語やマラナオ語で説明した。バシールもこの学校で学んだが、第2次世界大戦中の日本軍のラナオ占領に伴い同校は閉鎖されたため、バシールの学びは中断された。

写真2　1957年、シューラ学校（ムスリム・ミンダナオ学院の前身）開設時の教員と生徒。（ムスリム・ミンダナオ学院英語学部校長マフディ・バシール氏提供）

第2次世界大戦後の1949年、バシールはメッカ巡礼に赴き、巡礼後も同地にとどまって現地のイスラーム学校に通い、1955年に高等科課程を修了し帰国した。留学を通じてフィリピンにおけるイスラーム教育の後進性を痛感したバシールは、アラビア語の修得に力点を置き、中東の近代的イスラーム学校のカリキュラムに基づいてイスラーム諸学をアラビア語で教えるイスラーム学校の開設を計画し、1957年にシューラ学校を開設した。これがムスリム・ミンダナオ学院の前身である（写真2）。開校時は生徒も教員も男性のみだったが、数年後には女子生徒や女性教員も受け入れた。バシールはムスリム国会議員のドモカオ・アロント（第59章）と協力してムスリム諸国の政府やイスラーム団体からの支援をとりつけ、アズハル大学出身のエジプト人教師を招くとともに、教員や生徒を中東諸国に留学させて教育内容の充実に努めた。

1960年代半ば以降、中東のイスラーム高等教育機関への留学を終えた若手ウラマーが相次いで帰国し、地元のイスラーム学校の教員に就任したり、新たなイスラーム学校を開設したりした。彼らはミンダナオでの従来の宗教実践を非イスラーム的として批判し、イスラーム改革運動を率いた。その過程で、父祖伝来のマレー語イスラーム書も誤りを含むとして批判された。

1960年代以降、南部フィリピン各地で近代的イスラーム学校の設立が相次ぎ、それらで学ぶ生徒数が増加した。これらのイスラーム学校のカリキュラムはイスラーム諸学とアラビア語からなるが、フィリピンの公教育は教育省が定めた世俗科目で構成され、英語とフィリピン語を授業言語とするので、両者は大きく異なり接点がなかった。イスラーム学校の卒業生は、公教育での学歴がないため、フィリピンの一般の大学へ進学したり公務員になることができず、大手企業への就職もむずかしかった。この問題の解決策として、ウラマーと西洋型ムスリム知識人は、イスラーム学校と公教育のカリキュラムを統合したカリキュラムを実施する「統合イスラーム学校」の設立を提唱し、これに認可を与えるよう政府に求めた。この活動が実を結び、1987年、ムスリム・ミンダナオ学院は、統合カリキュラムを実施する政府認可イスラーム学校として「英語部門」を新設した。従来のカリキュラムを実施する「アラビア語部門」も存続させた。冒頭で紹介した体育の授業は「英語部門」の授業である。政府認可の条件を満たすには体育の科目が不可欠であるが、ムスリム・ミンダナオ学院には体育を専門とする教員がいないので、近隣の国立大学の体育教員に担当してもらっている。ズンバはフィリピンで人気の高いエクササイズなので、体育の授業にも取り入れられている。ムスリム女性の服装規定に従って長袖、長ズボンとヴェールを着用して行うので、同学院の校長や教員も問題視していないようだ。

バシールとその後継者たちは、新しい教育方法を積極的に取り入れるとともに、教育には使われなくなった古い書物も捨て去らず、祖先の知的遺産として継承している。ズンバを楽しむ女子学生、大切に保存されているイスラーム写本、これらに中東留学ウラマーの草分けたちの懐の深さをかいまみることができた。

（川島　緑）

▼参考文献
川島　緑　2011「1950〜60年代フィリピンのイスラーム知識人の国家観——アフマド・バシール著『フィリピン・イスラーム史』を中心に」『東南アジア——歴史と文化』40。
川島　緑　2012『マイノリティと国民国家——フィリピンのムスリム』山川出版社。
Kawashima Midori, ed. 2012. The Qur᾽an and Islamic Manuscripts of Mindanao. (Monograph Series 10). 上智大学アジア文化研究所。
Milligan, Jefferey Ayala. 2020. *Islamic Identity, Postcoloniality, and Educational Policy: Schooling and Ethno-religious Conflict in the Southern Philippines*. (2nd ed.) (New York: Palgrave Macmillan)

コラム3

クルアーン学習テキスト『イクロ』創案とその普及

中田有紀

『イクロ』はインドネシアで最も知られた初学者向けのクルアーン読誦学習用のテキストのことである。1990年代以降、インドネシア全国に普及し、多くの子どもたちが、モスクに併設されたクルアーン幼稚園（TKA）やクルアーン児童教室（TPA）などの学習施設でクルアーンの読誦方法を学ぶ際に活用してきた。

ムスリムが暮らすコミュニティでは従来から、7歳前後の子どもたちが、夕方の日の入り前の時間に、モスクなどの礼拝施設において、教師の指導のもとで礼拝の仕方やクルアーンの読誦学習をしてきた。従来のクルアーン読誦学習では、まず①アラビア文字の名称や発音記号の名称を覚え、その後、②語頭、語中、語尾で文字の形が変わるアラビア文字を識別しながら、様々な発音記号が付されたアラビア文字や語句の正しい読み方の学習を行う。その後、③実際のクルアーンの章句の読誦に進む。しかし、③の段階に進むためには、何年もかかるのが一般的だった。このためインドネシアではジャワを中心に、クルアーン読誦の効果的な学習方法の創案が進められた。『イクロ』はその一例であり、上記の②の内容を細分化し、発音記号によって異なる読誦の方法などを効果的に学べるよう構成されている。第1巻から第6巻まである『イクロ』の第6巻の学習を終える頃には、クルアーンを読誦できるようになる。『イクロ』を用いることで、学習者は、教師の導きだけを頼りとするのではなく、自発的に読誦の練習をすることが可能になった。テキスト内には、たとえば、インドネシア語で、長く伸ばして発音する音と

クルアーン学習テキスト『イクロ』創案とその普及

『イクロ』全6巻の表紙。
各巻30頁ほどで構成されており、表紙の色は異なっている。書店などで販売されているものは、全6巻を1冊にまとめたものが多い。

短く発音する音の違いに気をつけることを学習者にうながす説明がある。

『イクロ』を創案したのは、ジョグジャカルタのアスアド・フマム（1933～1996）だった。アスアド・フマムは、ジョグジャカルタのコタグデで生まれ、真鍮細工のアクセサリーなどの販売をてがける商人であるとともに、イスラーム学習の指導に熱心な人物だった。10代の頃から近所のモスクで子どものためのクルアーン読誦学習の指導にあたり、効果的な学習指導の方法を模索し続けた。師範学校に通っていた頃、背中と腰に大けがをして入院し、その後学校は中退した。しかし、ジョグジャカルタ市内のプサントレンやモスクで学びながら、読書に励み、子どものための学習指導を継続した。自らモスクで子どもたちに指導するだけでなく、様々なモスクでの子どものためのクルアーン学習を活性化させることにも積極的だった。とくに1970年代後半以降は、ジョグジャカルタ市内で大学に通う学生たちに複数のモスクでの指導に当たらせた。その際、アスアド・フマム自らが、交通費や必要な経費を負担した。若い世代とともに、様々なモスクでの学習をサポートしながら、アスアド・フマムは、クルアーン

『イクロ』を学ぶ子どもたち。
生徒一人一人の読誦を教師が確認する。他の生徒は、アラビア文字の書き方学習やクルアーンの章句の書写を行って自分の番を待つことが多い。

読誦学習の方法改善につとめ、『イクロ』を完成させた。

コタグデの町に『イクロ』を用いるクルアーン学習施設を開設する際、アスアド・フマムは、若者たちに、すでにジャワ島内に開設されていたクルアーン幼稚園やその他のクルアーン学習施設を見学させた。そのうえで、コタグデに、独自のクルアーン幼稚園を創設し、幼児期の子どもたちが『イクロ』を用いてクルアーンの読誦学習をする機会を設けた。そこでの学習指導の経験をより多くの人々と共有することで、インドネシア全国で『イクロ』を活用するクルアーン学習施設が増えていくことを理想とした。アスアド・フマムの理想の実現に貢献したのが、インドネシア・モスク青年交流会（BKPRMI）だった。1977年に結成された同組織は、大学生をはじめとする若い世代が中心となったダアワ組織だった。1980年代後半、同青年交流会が、政府高官を招いて会議を開催する機会に恵まれた際、アスアド・フマムらが開設したクルアーン幼稚園の園児たちがクルアーンの読誦を披露し、それが政府関係者の目にとまった。これを機に『イクロ』と『イクロ』を用いるクルアーン学習施設（クルアーン幼稚園やクルアーン児童教室など）は全国に知られるようになった。また、インドネシア・モスク青年交流会の活動を通じ、こうした学習施設は全国に普及していった。『イクロ』を用いた学習指導法やクルアーン学習施設の運営に関する研修が各地で開催された時には、アスアド・フマムとともに初期のクルアーン学習指導に関わった者たちが重要な役割を担った。

1980年代後半~1990年代にかけて、アスアド・フマムと若い世代が協力したことで、『イクロ』を用いるクルアーン学習施設は、急速な全国展開を遂げることになった。『イクロ』は、安価な一般書として、書店だけでなく庶民が通う市場でも販売されてきた。そのため、多くの人々が手に取って活用しやすかった。なかには、さらに新しいクルアーン読誦学習テキストを創案し、それを用いる教育施設を開設する人々もいた。

地方都市のひとりの宗教教師によって創案され、若い世代の人々の協力によって全国に普及し、その後、多くの人々に活用されてきた『イクロ』は、クルアーンの読誦やその学習に対する人々の関心を拡げた。こうした展開がインドネシアのムスリムの育成に重要な役割を果たしてきたと言える。

▼参考文献
中田有紀 2022『インドネシアのイスラーム基礎学習の組織的展開――学習テキストの創案と普及』東信堂.
Nakamura Mitsuo. 2012. *The Crescent Arises over the Banyan Tree, A study of the Muhammadiyah Movement in a Central Javanese Town, c.1910-2010, 2nd Enlarged Edition*. (ISEAS Publishing
Nakata Yuki. 2009 Constructing New Stages of Education for Muslim Children: Impacts of the dissemination of the Iqro' Method Textbook on Islamic education in Indonesia and Malaysia *EDUCARE: International Journal for Educational Studies*, 2(1), ASPENSI,IKA UPI,FKIP-UMP (Indonesia.), August. (https://journals.mindamas.com/index.php/educare/article/view/207)

コラム4

ムスリム女性の教育とリバース・ジェンダー・ギャップ

――成績の良い女の子と勉強しない男の子？

鴨川明子

東南アジアのムスリム社会では女性の高学歴化が進んでいる。マレーシアなどでは、公立大学における女性の割合の多すぎることが問題視されているほどである。一般的に、教育のジェンダー・ギャップと言えば、女性の教育機会が少なく、女性が不利な状況に置かれているという意味での男女間格差の問題と捉えられる。しかしながら、東南アジアの多くの国では、男性の方が女性よりも教育を得る機会が少なく、「リバース・ジェンダー・ギャップ」と呼ばれる現象が見られる。

マレーシア社会では、入学するのが難しいとされる公立大学の学生に占める女性の割合は60％を超えている（2020年）。そのことが、新聞やインターネットで取り上げられ、近年、詳細なエビデンスをもって説明する研究も見られるようになった。しかも、教育や保健など「女性向き」と考えられがちな分野だけでなく、コンピューターなどの男性が多いとされる理系分野でも、女子学生の数は男子学生の数を上回っている。工学でこそ男性優位であるが、他国に比して女性の割合は高い。このように、他国では男性が優位と見られる分野でも、リバース・ジェンダー・ギャップが見られるのである。

私は、1990年代後半にマレーシアのマラヤ大学に留学していた。その頃に、ともに学生寮に住んでいたムスリム女性には理系の女性が多く、彼女たちは概して勤勉で優秀だった。日本でイメージされる一般的なムスリム女性像とは異なることを不思議に思った私は、調査で訪れる度に、「どうして女性の方が男性よりも多く大学に行くのですか」、「なぜ理系に女性が多いのですか」と素朴な疑問を投げかけてきた。すると、教育省、地区教育事務所や学校、家庭のいずれの場所でも、決まって「男の子は怠惰で勉強しないからね」という答えが返ってきた。この「男の子は怠惰で勉強しない」という言説には、「女の子が真面目で成績がよい」という説明を伴うことが多い。「成績の良い女の子と勉強しない男の子」像が、リバース・ジェンダー・ギャップを生じさせる要因のひとつとして、マレーシア社会では浸透していると言えそうである。

　では、男性は、高校卒業後にどこに行くのであろうか。お隣りのインドネシアでは、高校卒業後に職業技術教育・訓練（ＴＶＥＴ）を選ぶ男性の多いことが報告されている。インドネシアの場合には、高校卒業後に女性は大学、男性は職業技術系の教育や訓練を受ける、という図式を描くことはできそうであるが、マレーシアの場合はそうとも言い切れない。

　私は、マレーシアの状況を複雑にしている理由のひとつは、高等教育の構造にあると考えている。旧宗主国イギリスの影響を受けて、国内での高等教育、特に公立大学への入学の機会は「エリート」に限定されてきた。海外留学も同様で、公立大学への進学と海外留学は非常に狭き門であった。最近の研究では、海外留学や私立大学への進学など、家計により多くの負担を強いる場合に男性が優先され、よりお金のかからない「余った選択肢」としての公立大学を女性が選ばざるを得ないという解釈も登場している。加えて、その多くがムスリムであるマレー人は、政府の方針により公立大学に入学しやすいという、もうひとつのマレーシア特有の高等教育の構造がある。これらの要因によって、ムスリムの女性が公立大学に多いという現象を引き起こしている、と私は考える。

さらに、親元から離れ、海外（多くは欧米）の文化にさらされることを必ずしもよしとしないムスリム社会の風潮が後押しし、成績のよいムスリムの女性は、親元から近い、国内の公立大学への進学を余儀なくされていると言うと言い過ぎであろうか。

教育と社会とのつながりという観点からも、マレーシアの女性の高学歴化には課題が残されている。世界経済フォーラムが毎年公表している、経済、教育、政治、保健の４つの分野のデータに基づく、男女間格差の大小を測る「ジェンダー・ギャップ指数」（２０２２年）によると、マレーシアの４つの分野の総合的な順位は１５６カ国中１０３位である。分野別の内訳は、教育第70位、保健第68位に位置づいている一方、経済は第88位、政治に至っては第１２３位に留まっている。

特に、経済指数が低くなる原因のひとつに、労働力率の男女間格差が挙げられる。18歳から64歳までの労働力人口の割合は、男性80・8％、女性55・6％（２０１９年）と差はあるが、大学学部卒に限定すると、男性92・9％、女性85・9％とその差は縮まっている。このことから、女性の高学歴化は社会での女性の活躍や男女差の解消に、一定の影響を及ぼしていると言える。しかしながら、政治や経済分野において、女性がリーダーシップをとることへのハードルは依然として高い。そのため、総合的な順位は低くなってしまっている。このような状況を受けて、マレーシア政府は、主要企業で２０２２年まで、その他の企業では２０２３年までに女性取締役を最低一人置くことを義務付ける政策を打ち出している。

マレーシアの場合、他の東南アジアの国々と比べても、女性の高学歴化、とりわけ女性の高等教育への進出は際立っている。この高等教育のリバース・ジェンダー・ギャップが、社会での「成功」には適切につながっていないと問題視される一方で、ムスリム社会やムスリムの女性自身はそのことをどのように受け止めているか、という次なる疑問がわきあがる。

付記　本コラムは、科学研究費19K02525の研究成果の一部である。

▼参考文献

鴨川明子 2020「マレーシアの公立大学における「リバース・ジェンダー・ギャップ」――進む女性の高学歴化、その光と影」長沢栄治 監修、服部美奈・小林寧子 編『イスラーム・ジェンダー・スタディーズ3　教育とエンパワーメント』明石書店。

鴨川明子・服部美奈 2022「東南アジア島嶼部における女性の高学歴化とジェンダー――インドネシアとマレーシアの比較教育研究」『山梨大学教育学部紀要』32。

Wan, Chang-Da 2018 “Student Enrollment in Malaysian Higher Education: Is There Gender Disparity and What Can We Learn from The Disparity?” *Compare: A Journal of Comparative and International Education*, 48(2).

World Economic Forum. 2021. *The Global Gender Gap Report*. (Geneva: World Economic Forum)

VI

グローバル化の中の東南アジアとイスラーム

47

東南アジア・ムスリムの生活の変化

★消費社会の進展の中で★

21世紀における東南アジア社会に共通する変化として、消費社会の進展を指摘することができる。もちろん進展の度合いやそれぞれの国内における広がりなどについては個々に差があるであろうが、東南アジア社会がひとつの方向に、しかも一方通行で動いていることは、現時点での東南アジアの共通点と考えてまず間違いないであろう。

ムスリムが過半数を占め、イスラームを国教にいただくマレーシアも例外ではない。むしろ、先頭を切るくらいの勢いで消費社会化が進行している。ここ20年程の間に大小様々なショッピングモールが林立し、イタリアンや中華などの洒落たレストランも街中で普通に見かけるようになった。インターネットやモバイル機器の普及、世界的な小売りチェーンの増加、次々に建築される高層マンションなど、人々の生活はもはや消費を中心に組み立てられていると言って過言ではない。

ところでイスラームと言えば一般的にその宗教的「厳格性」のみが過度にイメージされ、イスラームを消費社会の文脈との関連で捉えるような理解は、これまでさほどなされてはこなかった。ムスリムの具体的行為はイスラームという枠組みの中で説明されることがもっぱらであり、イスラームとは異なる原理や力の作用については説明の埒外に置かれることも多かった。イスラームはすべての事柄を包含するというイスラームの理念から見ればこれは故ないことではないが、しかしこのような視点だけではムスリムの生活を理解するには不十分であると言わざるを得ない。現代世界においては、圧倒的多数のムスリムもまた、他の人々と同様に消費文化を享受して暮らしている。現代のイスラームを理解するために注目されるべきは、世界規模での商品化の浸透や消費が拡大する社会を生きるムスリムの姿であり、さらにはイスラーム世界における消費のあり方であろう。

消費社会におけるイスラームについて考えるときに、格好の手がかりを提供しているように思われるのが、マレーシアでビュッフェ・ラマダンと呼ばれている食事スタイルである。周知の通りムスリムはイスラーム暦の1年のうちの1か月（ラマダーン月）、日の出から日没までの間飲食が禁じられている（第14章）。日没後の最初の食事（飲料だけの場合もある）をとることをマレーシアではブカ・プアサ（「断食をあける」の意）と呼び、伝統的には家族や友人など親しい者が集まって会食することが通例であった。それが近年ではホテルやレストランで行われるようになり、都市部や人気店などでは客の多さに対応できないため（つまり日没時に客が集中するため）ビュッフェ・スタイル（日本で言うところのいわゆる「バイキング・スタイル」）を取るようになっていった。ビュッフェ・ラマダンで供されるのはマレーの伝統料理（各地方の郷土料理など）が中心であるが、一流ホテルのレストランなどになると、中華、西洋、アラブ、さらにはタイや日本料理までが豪華に並ぶことになる。

ブカ・プアサとしての食事である以上、それがビュッフェ・スタイルであっても、イスラーム的な枠組みでの行為が確認できる。ブカ・プアサの食事は一日の断食の終了を告げるマグリブ礼拝（日没の礼拝）のアザーン（礼拝の呼びかけ）を合図に、それに続く短い祈りとともに開始される。ビュッフェ会場にあっても、断食の終了時刻になるやいなや直ちに各人ごとに、あるいはテーブルごとに神への祈りが唱えられる。食事に先立っては、ほとんどのレストランがサービスで用意しているデーツの実をまず口にする。デーツの実は預言者ムハンマドが好んで食べたとされており、その日の断食が終わった直後にデーツの実を食べることはイスラーム世界全土で行われる慣行となっている。

しかし消費社会におけるブカ・プアサという観点から見れば、ブカ・プアサには他の消費行動一般と共通する消費の枠組みに由来する行為も存在する。たとえば、ビュッフェ・ラマダンの料金は、ホテルやレストランのランクや提供される料理によって50リンギット（1リンギットは約27円：2021年11月時点）程度のものから200リンギット近くのものまで多岐にわたり、人々はその中から「適切な」ものを選び取る。ブカ・プアサは、本来一日の断食を無事に終えたことへの感謝と喜びの中で食べ物を口にする機会であるはずなのであるが、いまや人々の関心は、どこで、どのようにブカ・プアサをするかに重きが置かれている。ラマダーン月が近づくと、インターネット上にはビュッフェ・ラマダンを提供するレストランの様々なランキングが掲載され、各レストランも趣向をこらしたチラシやポスターで呼び込みをはかる。ラマダーンについては、ムスリムとしての一体性の象徴であることにくわえて、貧しい人々に思いを寄せる機会であるという意義がしばしば語られるが、ブカ・プアサの商品化が進むことによって貧富の差が明確に可視化されるようになった。もちろん高価なブカ・プアサであればあるほど、たんなる経済力だけではなく、それに相応しい衣装、テーブルマナー、立ち居振る舞いなどが求められることは言うまでもない。

このようなブカ・プアサの状況に対して、ラマダーンの季節を迎えるたびに、過度の飽食を理由にビュッフェ・ラマダン自体を禁ずるべきとのムスリムの意見やイスラーム行政当局の見解などがメディアを通して紹介される。近年では売れ残った料理を集めて恵まれない人々に配給するような試みもボランティア・グループなどによって行われている。しかしながら、ビュッフェ・ラマダンは、おなじくラマダーンの時期に実施されるハリラヤ・セール（マレーシアでは断食明けの大祭を「ハリラヤ」と呼ぶ）や、ラマダーン期間のみに各地に立つ市（「バザール・ラマダン」と呼ばれる）とともに、消費が高まるイベントとしてすっかり定着した観がある。

ビュッフェ・ラマダンにかぎらずムスリムの行為が消費社会という文脈の中で具体化される事例は数多い。ムスリム女性の衣装（スカーフが代表例であろう）とファッションとの関係、商業化の進んだクリスマスのようなイベントへのムスリムのかかわりなど、すべてイスラームと消費が交差する場でのムスリムの実践にほかならない。消費を通して他者との差異や自己のアイデンティティ、ジェンダーなどが表現されるのとおなじように、現代の消費社会にあっては宗教もまた消費の中でその形が示されているのである。

（多和田裕司）

▼参考文献
倉沢愛子編 2013『消費するインドネシア』慶應義塾大学出版会。
多和田裕司 2011「消費されるイスラーム――現代マレーシアにおけるイスラームと消費文化」『人文研究』62。

多和田裕司　2017「マレー・ムスリムたちのクリスマス——ムスリムの行為におけるイスラーム外的要因」『人文研究』68。

48

ハラール認証制度

★産業社会におけるイスラーム実践★

ハラールとはイスラーム法に則って「合法なもの」「許されるもの」を意味し、その対象や行為がハラールであるか否かはムスリムにとって重大な価値判断の基準となっている。一般的には食品に対して用いられるものと理解されることが多いが、単に「もの」だけを対象とするわけではなく、ムスリムの行為全般にかかわる規範である。

日常生活の中で、あるものや行為がハラールであるか否かを判断するのは難しい。コンビニで購入したハンバーガーひとつをとってみても、ひとつひとつの食材や製造工程がイスラーム法に則ったものであるか否かを個人が確認することはほぼ不可能である。たとえば牛肉については、イスラームが求める方法で解体処理された牛の肉でなければハラールとはみなされないとする人も多いし、調味料にアルコール成分が含まれていればハラールではないとされることもある。あるいは牛肉を、豚肉などハラールではないものを調理したフライパンで焼いたりすると、それだけでハラールではなくなってしまうと考える人もいる。

そこで現在のように産業や科学技術が複雑化、高度化した社会に対応すべく登場したのが、ハラール認証制度である。これは、ある商品やサービスがハラールであることを、制度的に証明する手続きであり、通常は、認証を専門とする機関がこれにあたっている。ハラールであることが証明されれば、当該機関が発行する証明書や商品に添付されるロゴマークなどによって、ひろく周知される。多くの場合、認証機関は民間の機関であるが、中にはマレーシアのように政府の一部門がハラール認証の業務を担っているところもある。

ハラールという概念自体はイスラーム教義に基づくものであっても、各国各地域の認証機関の間に統一の基準があるというわけではない。一例としてマレーシアの認証制度を見ていこう。マレーシアのハラール認証制度は、1970年代から開始された。1975年に食品に対するハラール表示のための条件がさだめられ、ある食品（ならびにそれに関連するもの）に対してそれがハラールであると表示できるためには、次のような4点が満たされていなければならないとされた。第1に、イスラーム教義が禁ずる動物をいかなる形においても含まないこと、第2に、イスラーム教義が不浄とするものを一切含まないこと、第3に、イスラーム教義が不浄とするものに接した道具・機器類を用いて調理、加工、製造されたものではないこと、第4に、調理、加工、保存の過程において、上記3点を満たさない食品およびイスラーム教義が不浄とするものに接したり、近接したりしたものではないこと、の4点である。さらに1994年には、ハラールであることを示すロゴマーク（ハラール・ロゴ）が首相府イスラーム局（現在はマレーシア・イスラーム発展局）によって制定された。

マレーシアの認証制度においては、ハラールの取り扱いは「マレーシア規格」のひとつとして定められている。マレーシア規格とは、農業、建築、環境など全22分野に及ぶ産業規格であり、ハラールにかんする規格もその中に含まれる。ハラール規格には「MS1500　ハラール食品：製造、準備、取扱および貯蔵にかんする一般ガイドライン」、「MS2424 ハラール製薬にかんする一般ガイドライン」、「MS2634 ハラール化粧品：一般要件」などがあり、いずれも、「マレーシア規格法」に基づいている。つまり、イスラーム法が求めるハラールの順守は、産業の一分野に組み込まれ、世俗法規の下で行政による各種ガイドラインにしたがうことではじめて実現されるのである。

それでは、ムスリムは実際にはどのようにハラールを捉えているのであろうか。ここでは、日常生活におけるムスリムのハラール順守の一端を、レストランを例に見てみよう。

ハラール認証という観点から捉えた場合、マレーシアのレストランは大きく3種類に分けることができる。第1にハラール認証を得たレストラン、第2に「ノン・ハラール」等のハラールではないことを明確に表示しているレストラン、第3にいずれの表示もないレストランである。この第3のカテゴリーはさらに細分化され、実質的にはハラールであるが認証がない（申請していない）もの、料理に豚由来の食材を用いてはいないがイスラーム教義的にはハラールではない（あるいはハラールであるか否か不明な）もの（この種のレストランやメニューはマレーシアでは一般に「ポーク・フリー」と呼ばれる）、そして明示はされていないが実際はハラールではないものである。

マレーシアのムスリムにとって、第1と第2のカテゴリーに区分されるレストランに対しては、ハラール順守という点で各ムスリムの行為上の差異は存在しない。前者についてはすべてのムスリムが無条件に利用可能と考えているのに対して、後者についてはは同じくすべてのムスリムが利用することはないからである。

ムスリムの行為に差異が生じるのは第3のカテゴリーのものにかんしてであり、その際、ハラールに対する考え方の違いが実践として現れてくる。特に「ポーク・フリー」の表示があるレストランや、一見したところではハラールのように思えるレストランの場合、ムスリムの間でハラール順守へのかかわり方が大きく異なっている。これらのレストランについては、一方で、ハラールであることがはっきりとわからない限り利用しないという者がいるのに対して、他方で、店にムスリムの従業員や客がいたり、店名表示にアラビア文字が使われているなど雰囲気がイスラーム的であったりすれば大丈夫と考える者まで、様々である。

ハラールの順守は、本来、神との契約の中でムスリム一人ひとりが判断すべき事柄である。したがって、ハラール認証制度を通してなにがハラールであり、それをどのように守るべきかが明確に規定されていくと、世俗的な規格の順守という観点からムスリムの行為やムスリム個人を、「正しい」ものとそうではないものとに分断することにつながってしまう。特にラールが産業規格と同列に扱われるような事態になると、個人の生き方の是非は最終的には神の審判に委ねられるというイスラームの根幹にすらかかわるものとなりかねない。ハラール認証の制度化は、すべての領域において世俗化の進む現代世界におけるイスラームのありかたを典型的に示すものとなっている。

（多和田裕司）

▼参考文献
多和田裕司 2014「マレーシア・イスラームにおけるハラール実践」杉島敬志編『複ゲーム状況の人類学』風響社。
富沢寿勇 2019「ハラール産業と監査文化研究」『文化人類学』83（4）。

49

イスラーム金融

★グローバリゼーションと世界の趨勢の中で★

イスラーム金融は、ヨーロッパ発祥の金融制度から利子や投機性などイスラームで禁止とされる要素を排除したものであり、銀行業（イスラーム銀行）、保険業（タカフル保険）、債券業（公社債に相当するスクーク）、証券業に加え、質業（アッラフヌ）、ビットコインのような暗号資産、フィンテックなどを含む。本章では、グローバリゼーションと世界の趨勢における、東南アジアのイスラーム金融の位置づけを検討してみたい。

第二次世界大戦後、世界は資本主義陣営と社会主義陣営に分かれ東西冷戦が展開されたが、1990年代初めにソビエト連邦やワルシャワ条約機構が解体したことで、この構造は終結した。代わって登場した世界の枠組みが、ヒト・モノ・カネ・情報が以前と比べて容易かつ大量に国境を越えるグローバリゼーションである。ここでは、基本的人権や民主主義をはじめ欧米発祥の価値観がグローバル・スタンダードとされ、これに馴染まない異質なものはグローバル化に抗う存在とみなされる。

東西冷戦からグローバリゼーションへ至る枠組みの中で、はたしてイスラーム金融はどのように位置づけられるであろうか。イスラーム金融は、東西冷戦よりも以前の20世紀初頭の東南アジアを含めた植民地統治下のイスラーム地域でその萌芽が生まれ、冷戦下の１９７０年代に西にも東にも属さない地域で誕生した。また、ヨーロッパ発祥の金融制度をイスラームの観点から否定して、イスラームに適うよう修正したため、イスラーム金融は欧米由来のグローバル・スタンダードに即していないとも言える。しかしながら近年は、国連が推奨するＳＤＧｓに協力することにより、イスラーム金融はグローバル社会の多様性を体現する存在になっている。

マレーシアのイスラーム銀行

19世紀から20世紀にかけての東南アジアは、タイを除き、欧米による植民地統治を受けた。この間、ヨーロッパ発祥の近代金融制度がもたらされ、特にシンガポール、ペナン、クアラルンプール、バタヴィア（ジャカルタ）などは、欧米資本の銀行の拠点となった。また、華人移民を顧客とする華人資本の銀行も、同じく東南アジア各地に支店網を展開していった。

東南アジア以西のイスラーム地域の多くも植民地統治を受ける中、20世紀初めにエジプトで発行されてイスラーム改革思想を広く伝えた雑誌『アル＝マナール』が、近代金融制度に含まれる利子はイスラームで禁じられたリバーに該当するのではないか、という議論を展開した（第10章）。これにより、利子を前提とする近代銀行制度とこれを認めないイスラームとの対立を生んだ。この議論は、同誌を通じて東南アジアにも広まった。

第49章

イスラーム金融

第二次世界大戦が終結し東南アジアの各国が独立する頃には、多くのムスリムも利子をとる従来型の銀行を利用する一方、１９５０年代から60年代にかけてパキスタンやマレーシア、エジプトにてイスラーム金融の実験的な取り組みも行われた。１９７０年代に中東戦争と石油危機を通じてオイルマネーが湾岸諸国に還流すると、これを原資とする初のイスラーム銀行が、１９７３年にドバイに設立され、その後湾岸諸国であいついで設立された。

中東での成功を受けて、マレーシア（１９８３年）やインドネシア（１９９２年）など東南アジアでもイスラーム銀行が設立され、業務を開始した。この背景には、正しいイスラームの実践を目指すダアワ運動の興隆や、欧米資本や華人資本に対抗し得るローカル・ムスリム資本の銀行の育成、両国政府によるムスリム融和政策などがあった。イスラーム金融商品・サービスは、民間資本のイスラーム銀行だけでなく国立銀行や政府系開発金融機関、さらには従来型銀行がイスラーム銀行部門を併設することで提供されている。この結果、２０２０年末現在で国内銀行部門に占めるイスラーム銀行部門の割合は、マレーシアで29％、インドネシアで8％を占めている。

東西冷戦終結や１９９７年のアジア通貨危機を経て、イスラーム金融は地域を越えた交流を活発化させている。まず、欧米日の各資本の従来型銀行が、イスラーム金融商品・サービスを手がけるようになった。また、中東資本のイスラーム銀行も東南アジアに進出している。中国においても２０１０年代に入り、一帯一路構想の中核であるアジア・インフラ投資銀行が、資金供給手段としてイスラーム金融の手法を活用することを検討している。さらに２０１５年の国連サミットで採択されたＳＤＧｓに関連して、ＵＮＤＰ（国連開発計画）などの国連補助機関が、スクークでの資金調達やザカート資金の受け入れ、寄付金の受付窓口業務の委託などで、イスラーム金融機関との連携を図っている。イスラーム、西洋近代、中国などの文明がイスラーム金融を通じて結びついていると言えよう。

マレーシアに注目すると、政府・中央銀行はアジア通貨危機の経験から外国資本の銀行に対する市場開放には慎重な態度であるが、イスラーム金融については市場振興のため、欧米日資本の銀行にイスラーム金融業務を認めている。これにより、欧米日資本の銀行は、イスラーム式の預金や融資など、本国ではできないノウハウや経験の蓄積を行っている。また、2005年に中東の3つの民間イスラーム銀行に国内業務を認めた。ただ3行とも苦戦が続いており、その中のひとつであるクウェート・ファイナンス・ハウス・マレーシアの幹部は「マレー・ムスリムが好むのは、イスラーム式ではなくマレー式だ」と指摘するなど、マレーシアと湾岸諸国の違いを示唆している。

マレーシアがグローバルなイスラーム金融市場のハブとなっている事例のひとつが、スクーク発行市場である。イスラーム金融の国際機関であるIIFM（国際イスラーム金融市場）によれば、2020年の世界のスクーク発行額のうち45・4％にあたる792億米ドルがマレーシアで起債された。マレーシア市場の人気の理由としては、国内企業だけでなく外国企業でも起債が可能なこと、マレーシア・リンギッド建てだけでなく米ドル建てでも発行できること、イスラーム式で資金運用する従業員積立基金やハッジ基金、タカフル保険会社などの機関投資家が存在することなどが、指摘されている。

米メディアのディナール・スタンダード社が毎年発行しているレポート「グローバル・イスラーム経済の現状」の2020／21年版によると、イスラームに準拠した商品とサービス、すなわちハラール食品、ファッション、観光、化粧品、医薬品、メディアとレクリエーション、そしてイスラーム金

マレーシアのイスラーム金融博物館

融の各産業を「イスラーム経済」と呼んでおり、世界全体での経済規模は、2019年は約4・9兆米ドルと推計している。このうち、イスラーム金融は2・88兆米ドルで、「イスラーム経済」で最大の産業となっている。またイスラーム金融は、融資や投資を行うことで企業の生産を拡大させ、貿易金融を通じて輸出入を促進するとともに、アドバイザリー業務によってイスラームに基づいた商品・サービス作りや経営のノウハウを企業に提供している。こうしたイスラーム金融のビジネスを原動力として、「イスラーム経済」が国境や民族を超えてグローバルに展開しているのである。

今日、グローバリゼーションでは、西洋発祥の価値観が世界を覆うのではなく、出自の異なる人々が各地の伝統・文化・宗教を互いに尊重し合う多文化共生社会を生み出そうとしている。イスラーム金融はイスラームという宗教に基盤を置きつつも、グローバリゼーションによってビジネスの範囲を拡大している点で、多文化共生社会の実現を担う存在であると言える。とりわけ、東南アジアにおけるイスラーム金融のハブとなっているマレーシアと、世界最大のムスリム人口大国であるインドネシアには、イスラーム金融を通じた国内の経済の振興と、他の地域・文明との交流に期待がかかっている。

（福島康博）

▼参考文献

イスラムビジネス法研究会・西村あさひ法律事務所 編 2014『イスラーム圏ビジネスの法と実務』（一財）経済産業調査会。
福島康博 2012「拡大するマレーシアとインドネシアのイスラーム金融」床呂郁哉・西井凉子・福島康博 編『東南アジアのイスラーム』東京外国語大学出版会。
Dinar Standard, ed. 2021. *The State of the Global Islamic Economy Report*. (New York: Dinar Standard)

50

ソーシャルメディアと説教師の活動

★国境を越えるインドネシアのムスリム説教師★

ムスリム社会における説教師とはイスラームの教えを平易な言葉で説くだけでなく、その場に集まった人々を啓発に導くほか、世情への理解を前提に彼らの精神的充足に応えることが求められる。東南アジアでは笑いの要素も重要である。小咄で人々を和ませ、ときにはシニカルなジョークも交えて権力者をも陰に陽に批判をする。それゆえ、彼らの発言は社会的な関心を集めてきた。本章では、東南アジアのムスリム社会を横断して活躍するインドネシアのムスリム説教師の活動を検討したい。

インドネシアでは、高い経済成長率を実現し始めた1970年代から、大衆メディアの発達および社会的浸透とともに説教師ブームが到来した。人気説教師のメッセージは、モスクだけでなく、スタジアムなどでの大規模集会のほか、テレビや映画、ラジオ、カセットテープを通じて人々に届けられるようになった。説教師ブームの元祖は、「100万人の説教師」と呼ばれたザイヌディンM．Z．にほかならない。同時期から都市部ではナイトクラブやバーが増え、薬物やアルコール飲料の消費が広がる中、ザイヌディンはユーモアを交えながらイスラームの説話とその道徳価値を通じて人々にこれらを遠ざけるよう説い

ザイヌディン M.Z. は 2011 年に死去したが、彼の説教を懐かしむファンによって YouTube には過去の動画や音声がアップロードされ、多くのオーディエンスを惹きつけている。URL：https://www.youtube.com/watch?v=V3mBUW67KKI」

た。彼の説教は様々なメディアを通して全国津々浦々に届けられた。ザイヌディンはその人気を利用して、イスラーム系野党である開発統一党のスポークスパーソンとなり、1977年の総選挙においては同党の首都ジャカルタでの大躍進に貢献した。これに脅威を抱いたスハルト体制の圧力により、ザイヌディンは政界を追われたものの、説教師としての人気は衰えなかった。

1998年のスハルト体制の崩壊とその後の民主化により、説教師たちは活動の自由を得た。大半の新興説教師はそれまでの開発政策の恩恵を受けてきた富裕な政治的無関心層をターゲットとした。たとえば、バス車掌などの職業を経たあと、地方テレビ局の早朝の番組から人気に火がついたアア・ギム（アブドゥラ・ギムナスティアル）は、2000年代半ばから中間層をターゲットとして、都市生活における「心のマネージメント」を謳う新たなスタイルを確立した。やはりテレビ番組から有名になったママ・デデ（デデ・ロシダ）を筆頭に、女性の説教師も少なくない。さらに、神の名を繰り返し唱える「ズィクル」や預言者ムハンマドを讃える歌「ショラワット／サラワート」の合唱といった、多くのムスリムにとって馴染みの深い宗教慣習を取り入れた説教師の興隆はインドネシアの特徴と言えるだろう。その代表格であったアリフィン・イルハムは、大規模なズィクルを先導し、しばしば涙ながらに神に許しを乞うて人々の情緒に訴えた。

また、ジャワを中心とする一部の地域では、預言者ムハンマドの子孫を名乗るアラブ系の男性（ハビーブ）が「聖者」として人々の敬愛の対象となってきたこともあり、彼らの集会も次第に大規模化していった（第51章）。中でも、２０００年代後半からは、預言者伝の語りと哀愁をはらんだ低音の歌声で人々を惹きつけたハビーブ・ムンズィール（ムンズィール・アルムサワ）の集会も、しばしばテレビで全国放送されて人気を博すようになった。こうした宗教的イベントにはスシロ・バンバン・ユドヨノ前大統領や当時はジャカルタ州知事だったジョコ・ウィドド（現大統領）が顔を出すこともあった。

ソーシャルメディアの普及により、説教師の活動は大きく変化している。今日の説教師たちは、もはやテレビや主要メディアに頼らずとも自前でオーディエンスを開拓できる。国民的な人気説教師から地元密着型の説教師まで、Twitter や YouTube, Instagram を駆使して日々フォロワーに働きかける。また、Facebook や WhatsApp を通じてオンライン上のコミュニティを作り、人々に新たな帰属意識を提供している。オンライン上で人気を得た説教師の中には、自ら地元のラジオ局やテレビ局に番組を持って定期的に説教を放映するほか、プサントレン（イスラーム寄宿塾）やメッカへの巡礼ツアー用旅行代理店、「シャリーア・ホテル」まで経営するものもいる。

さらに、インドネシアの人気説教師たちは、国境を越えてその活動範囲を広げている。たとえば、マレーシアにおいて「ハビーブ信仰」は馴染みのないものであったものの、２０００年代の半ばから主にソーシャルメディアを通じてインドネシア出身のハビーブたちが人気を博すようになっていった。前述のハビーブ・ムンズィールのほか、中ジャワ州ソロ出身のハビーブ・シェー（シェー・ビン・アブドゥル・カディル・アセガフ）もしばしばマレーシアに赴き、大規模な預言者ムハンマドの生誕祭（マウリド）のライブ・イベントなどを開催している。近年ではハビーブに限らず、多くの説教師がマレーシアやブルネイで講演を行うようになっている。特に、スマトラ島リアウ州出身のアブドゥル・ソマド・バトゥバラは伝統的なイスラーム教育を受けてきたムスリムの間で人気があり、マレーシアの地方都市やブルネイをしばしば訪れている。また、アア・ギムはマレーシアでも都市部の中間層を中心に支持を得るなど、インドネシアと同種のオーディエンスを惹きつけている。こうした人気説教師たちは、主にマレー語話者の留学生や移民労働者に直接説教するために、ヨーロッパや中東諸国のほか、日本や中国などの北東アジア圏に赴くこともある。

ソーシャルメディアの普及とともに、説教師たちの活動も多岐にわたるビジネスへと発展し、その資本を元手に活動拠点やネットワークもさらなる広がりを見せている。マレー・インドネシア語を媒介とした説教師の活動は、これまでになかったスピードと規模で、宗教習慣やムスリムの価値観に地域を越えた変化を生み出しつつあるのかもしれない。

（茅根由佳）

▼参考文献
茅根由佳 2020「2019年インドネシア大統領選挙におけるオンライン・イスラーム説教師の台頭」見市建・茅根由佳 編著『ソーシャルメディア時代の東南アジア政治』明石書店。
見市　建 2014『新興大国インドネシアの宗教市場と政治』NTT出版。
八木久美子 2011『グローバル化とイスラム――エジプトの「俗人」説教師たち』世界思想社。
Kushimoto, Hiroko. 2013, "Re-formation of the Saint's Image in Contemporary Malaysia: The Impact of Maulid Events and the Role of Hadrami Sayyids." *The Journal of Sophia Asian Studies*. 31.

51

ハドラミーのグローバルネットワーク

★宣教者としての活動★

「ハドラミー」とはアラビア半島南部のハドラマウト地方（現イエメン共和国東部）出身者のことで、民族的にはアラブである。東南アジアに限らずインド洋沿岸地域に住んでいるアラブ系の多くはハドラミーで、アラブ世界ではマイナーな地域の出身者がインド洋沿岸諸地域の社会、宗教、さらには政治の面で大きな存在感を持っている。

ハドラミーがいつから東南アジアに移住するようになったのかははっきりしない。アラビア半島と東南アジアをつなぐ航路はイスラーム初期にはすでに成立していたが、そこを移動していたアラブがどの地域出身なのかを史料から確認するのは難しい。17世紀前半のアチェで活躍したウラマー、ヌールッディーン・ラーニーリーはハドラマウトからインドへ渡った移民の子孫である。また各地の王族と姻戚関係になったハドラミーも知られている。多数のハドラミーが東南アジアに移住したのは18世紀半ば以降で、特に19世紀から20世紀前半にかけて移民が急増した。移民はほぼ全員男性で、定住後に現地の女性と結婚したため、現在東南アジアに住んでいるハドラミーは混血であるが、アラブであるというアイデンティティを強く持つ人が多い。

シンガポールのハビーブ・ヌーフ廟

東南アジアにやってきたハドラミーの多くは経済移民で、主に都市部に住み、商業活動を行ってきた。ハドラマウトやメッカでイスラーム諸学を修めた者は移住先でダアワ（宣教）を行ったり、モスクを建設したり、ムスリムの墓地のための土地を寄贈したりした。イスラームとの関連で考えた場合、ハドラミーの中でも特に大きな役割を果たしたのはサイイドと呼ばれる預言者ムハンマドの子孫たちである。たとえば現在インドネシアで活躍中の宗教者、クライシュ・シハーブや、イスラームに関する書籍を多数出版している出版社、ミザンの実質的な代表であるハイダル・バーギルはともにサイイドである。また東南アジア各地に点在する聖者廟に埋葬されている人物の中にもサイイドは多く、シンガポールのハビーブ・ヌーフ廟、ジャカルタのフサイン・アイダルース廟、プカロンガン（中部ジャワ）のアフマド・アッタース廟などがその例である。史料から証明することはできないが、サイイドたちは東南アジアに最初にイスラームをもたらしたのは彼らの祖先だと言っているし、15～16世紀にジャワのイスラーム化に貢献した9人の聖人（ワリ・ソンゴ）もハドラミーのサイイドであると主張している（第53章）。

現在の東南アジアのイスラームにおいて、ハドラミー・サイイドの影響の大きさが顕著に現れているものとして、ハウル（聖者祭）、ラーティブ（祈禱文の一種）、マウリド（預言者生誕を称える詩）の3つをあげることができる。ハウルはハドラミーに限らずイスラームの偉人の功績を称える行事であり、1990年代にハドラマウトに留学してイスラームを学ぶ東南アジアのムスリムが増加した頃から、盛大に開催されるようになった。インドネシアで特に大きなハウルはソロ（中部ジャワ）で開催されるアリー・ハブシー（1915年没）のものと、ジャカルタで開催されるアブー・バクル・サーリム（1584年没）のもので、2人ともハドラミー・サイイドである。興味深いことに、2人とも専らハドラマウトで活動し、東南アジアには一度も来たことがない。2人が有名になり、盛大なハウルが開催されるようになったのは彼らの子孫が多数東南アジアに移住して、定住先で宗教者として成功し、事あるごとに彼らの祖先であり師でもあるアリー・ハブシーやアブー・バクル・サーリムに言及するようになったからである。ラーティブは同じフレーズを何度も繰り返す形の祈禱文で、木曜の夜にモスクなどに集まって集団で読まれることが多い。東南アジアで広く読誦されているのは「ラーティブ・ハッダード」で、ハドラマウトの聖者、アブドゥッラー・アラウィー・ハッダード（1720年没）が作ったものである。また、ハッダードの師、ウマル・アッタースによる「ラーティブ・アッター

ハドラミー聖者の墓を参詣する人々（ボゴールの聖者祭にて

ス」もよく読まれている。マウリドは預言者ムハンマドが生まれたヒジュラ暦3月を中心として、宗教行事の際によく読まれるが、東南アジアでは「マウリド・バルザンジー」、「マウリド・ディーバイー」と並んで上記のアリー・ハブシーが作った「マウリド・ハブシー」が広く知られている。

インドネシアのイスラームで近年注目されているのはマジュリス・タアリームと呼ばれる、各地で組織された大小の勉強会で、クルアーンやハディースを読んだり、宗教諸学を勉強したり、マウリドの読誦をしたりしている。最も大規模なもののひとつである「マジュリス・ラスールッラー」は行事のたびに数千人の参加者を集めているが、その創設者、ムンズィル・ムサーワーもハドラミー・サイイドである。

ムンズィル・ムサーワーなど近年東南アジアで活躍する若いハドラミー・サイイドとの関わりで注目すべきは彼らの「故郷」ハドラマウトにおける宗教教育で、1990年代以降、複数の宗教学校がハドラマウトに設立され、東南アジア島嶼部（インドネシア、マレーシア、シンガポール）から多くの留学生を集めている。その中には東南アジア生まれのハドラミーも多いが、マレー人、ジャワ人などハドラミーでない人々も相当数いる。ハドラマウトの宗教学校の中で特にダアワに力を入れているのがダール・ムスタファー（預言者の家）と呼ばれる学院で、創設者・学長のウマル・ビン・ハフィーズは毎年東南アジアを訪れ、各地でハウルに出席したり講演活動を行ったりしている。

ハドラミー・サイイドの宗教活動の核になっているのはアラウィー・タリーカというスーフィー教団である。もっとも教団とは言ってもはっきりした中心があったり団員が決まったりしているわけではないので、タリーカ本来の意味である道・流派と言ったほうがよいだろう。上記のサイイドの活動、たとえばラーティブやマウリドの読誦もこのタリーカの枠組みで説明できる。アラウィー・タリーカやそこから枝分かれしたタリーカ（アイダルース・タリーカ、アッタース・タリーカなど）はインド洋沿岸地域全域に広がっているほか、現在では北米にも進出するなど従来のイスラーム世界の範囲を超えて広がっている。

サイイドであるかどうかにかかわらず、東南アジア在住ハドラミーは経済界や政界でもある程度の存在感を持っており、経済では特に繊維産業と出版業でのプレゼンスが高い。また政治の世界では１９８０年代から１９９０年代にインドネシアの外務大臣を務めたアリー・アラタスやマレーシアで１９９０年代から２０００年代にかけて閣僚ポストを歴任したハーミド・アルバールをはじめとして閣僚レベルにまで上りつめるハドラミーは多い。しかしハドラミーたちが自らの歴史を語る際に最も強調されるのが、東南アジアの人々に宗教教育を施したといった、イスラーム関連の貢献である。

（新井和広）

▼参考文献
新井和広 ２０１３「商品化するイスラーム――雑誌『アル＝キッサ』と預言者一族」倉沢愛子 編著『消費するインドネシア』慶應義塾大学出版会。
新井和広 ２０１５「海を渡る聖者の「記憶」――ハドラマウトとインドネシアにおけるハウル（聖者記念祭）を通じて」堀内正樹・西尾哲夫 編『〈断〉と〈続〉の中東――非境界的世界を游ぐ』悠書館。
見市　建 ２０１４『新興大国インドネシアの宗教市場と政治』ＮＴＴ出版。

LGBTを巡るグローバルな言説とイスラームの相克

コラム5

岡本正明

日本社会では、レズビアン、ゲイ、バイセクシュアル、トランスジェンダー（LGBT）という性的マイノリティを積極的に認めていく動きが目立つ。もともとは、欧米で始まったLGBTの人たちの権利要求運動が、日本、そして台湾などのアジアの他国にも広がってきたからである。東南アジアでも仏教徒が多数派のタイではLGBTに対する社会的受容度は高い。その一方で、ムスリムが多数派のブルネイ、マレーシア、インドネシアにおけるLGBTへの反発は強い。スルタン国家であるブルネイは2013年にイスラーム刑法の段階的導入を決め、2019年には、肛門性交を伴う同性愛行為をした男性への最高刑を石打ちによる死刑とし、同性愛行為をした女性に40回の鞭打ちと最長10年の禁固刑を課すという同法の条項の本格実施を宣言した。マレーシアではイギリス植民地時代以来の刑法により同性愛は処罰対象であり、イスラーム的価値観を理由としてLGBTに対する拒否感は強い。1998年にはマハティール首相が政敵であるアンワールを同性愛者として攻撃して逮捕に追い込んだ。2010年代、ナジブ首相は、ネガティブなイメージのあるLGBTを国家の敵と訴えることで、弱体化した連立与党政権のイメージアップを図ろうとした。インドネシアでは、1998年の民主化後、グローバルなLGBT運動が浸透し、メディアではゲイやトランスジェンダーの人たちが目立ち始めた。2014年の大統領直接選挙では、LGBTの人たちが作るNGOが、多様性を重視するかに見えたジョコ・ウィドド候補を支援するキャンペーンを展開したことで、LGBTに寛容なイスラーム社会の可能性を示した。しかし、2016年頃からイスラーム指導者や国軍指導者などが反LGBT言説を広め始め、共産

2014年のインドネシア大統領選挙キャンペーンで、トランスジェンダーのグループがジョコ・ウィドド支持表明をした。

主義、麻薬と並んでLGBTを国家の敵として位置づける声まで聞こえるようになった。

なぜこれほどまでにイスラーム圏でLGBTが敵視されるようになったのだろうか。教義の上では、旧約聖書でもクルアーンでも、ソドムの町は同性愛性行為が行われていた不道徳な町であったので、神の怒りにより滅ぼされたと読める叙述があり、それがLGBTはイスラームに反するという見解の根拠とされることが多い。しかし、イスラーム化が進んだ後の東南アジアでも多様な性的指向・性自認があるのは当然だったし、男性間の性行為は珍しくなかった。むしろ、植民地化に伴い異性愛と異性間結婚のみを道義的に正しいとするキリスト教的価値観が広がったこと、20世紀半ば以降の国民国家の時代に入ると、国民道徳として多様な性のあり方を公的に否定する傾向が目立ち始めたことの影響が大きい。

20世紀後半には、欧米におけるLGBTをめぐる状況が変わり始め、その存在が社会的に認知されるだけでなく、同性婚の合法化など国家として認知していく動きが広がってきた。一方、東南アジアを含むイスラーム圏では、クルアーンの厳格な解釈を重視するイスラーム復興運動が強まり、欧米でのLGBTの容認を道徳的退廃に結びつけた。そして、ソドムの例などを根拠に反LGBTの動きが社会的にも国家の政策としても広まっていった。マレーシアでは、2018年、はじめて野党連合が政権を獲得した後、政局の混乱が続いているが、その後の政権はナジブ政権ほど露骨な反LGBTの姿勢は見せていない。しかし、国家の機関として「マレーシア・イスラーム発展局」が地方にリハビリテーション・センターを持ち、そこでLGBTの「予防と矯正」をするプログラムを実施しており、LGBTを性的逸脱者とみなし続けている。インドネシアでもここ数年政府によるあからさまな反LGBTの姿勢は目立たなくなった。しかし、警察によるLGBTへの迫害は続き、改正刑法案などで同性愛行為を犯罪化する動きや精神医学の観点からイスラーム的価値観を根拠としてLGBTの人たちを精神疾患者に類型化する動きもある。

それでは、今後も反LGBTの動きは東南アジアのイスラーム圏では続くのであろうか。ブルネイでは、上述のように同性愛を犯罪とみなす条項が刑法にあるものの、人権軽視だとする欧米を中心とした批判を受けて、条項を残しつつ、スルタンは実際の執行をしないと明言した。マレーシアではLGBT活動家がインターネットを中心としてLGBTを包摂する社会の実現を目指して活動を続けている。インドネシアでは、クルアーンやハディースの解釈に依拠してLGBTの存在を宗教的に認めようとする動きが見られる。また、トランスジェンダーだけのプサントレン（イスラーム寄宿塾）の運営などが行われているし、日常レベルでは、ＬＧＢＴの人たちも近隣のコミュニティの人々と共存していることは珍しくない。公的には反ＬＧＢＴの言説が優勢であっても、ミクロなレベルではＬＧＢＴへの理解も見られる。

　ＬＧＢＴを支援する宗教リーダーやＮＧＯ活動家は、ＬＧＢＴへの一般社会の理解を深めようと地道な努力を続けている。そのことがひいては、国家の政策変化を生み出す可能性もある。ただ、欧米でもＬＧＢＴの社会的認知が進み、国家の政策に反映され始めたのは最近のことであり、いまだに反発の声も強い。アジアでは台湾が同性婚を合法化する動きがあるが、日本も含めた他のアジア諸国では同性婚合法化の動きは進んでおらず、国家の政策変更は緩やかである。東南アジアのイスラーム圏の場合、ＬＧＢＴの人たちへの迫害が人権侵害だという批判は、欧米の価値観の押しつけだとされかねない。イスラームが宗教的、そして道徳的規範として機能している以上、ＬＧＢＴを包摂するロジックをイスラームの教義から内在的に生み出していくことが不可欠であろう。

▼参考文献
伊賀　司　２０１７「現代マレーシアにおける『セクシュアリティ・ポリティクス』の誕生――１９８０年代以降の国家とＬＧＢＴ運動」『アジア・アフリカ地域研究』17（1）。
岡本正明　２０１６「民主化したインドネシアにおけるトランスジェンダーの組織化と政治化、そのポジティブなパラドックス」『イスラーム世界研究』９。
日下　渉・青山　薫・伊賀　司・田村慶子　編著　２０２１『東南アジアと「ＬＧＢＴ」の政治――性的少数者をめぐって何が争われているのか』明石書店。
Boellstorff, Tom. 2005, *The Gay Archipelago: Sexuality and Nation in Indonesia*. (Princeton and Oxford: Princeton University Press)

VII

人物を通じてみる東南アジアのイスラーム

52

アル=ラーニーリーとアル=ファターニー

★キタープが結ぶつながり★

東南アジアのイスラームは、学問や思想の点で「独自」なのだろうか？　イスラームの知識は、中東から東南アジアに伝わった後そこで独自の発展を遂げたのではなく、東南アジアと中東、そしてアフリカや中央アジアといったイスラームが根づいた諸地域をつなぐ知識伝達のネットワークに接続されることで、アラビア語圏や南アジアなどにおける学問の新展開の影響を受けて展開してきた。その意味では、東南アジアにオリジナルな教えがあるとは言いがたい。一方で、ひとつの時代をとっても様々なイスラームの解釈の在り方が存在する中で、東南アジアで特に関心が持たれたテーマや解釈というものも存在する。東南アジアの中でもあるひとつの地域、時代に相互に対立する見解が持ち込まれ、争いが起きた例も多い。さらに、ひとつの時代・地域においてもそうしたイスラームの見解に基づいて様々なレベルでイスラームを理解する人々の実践は当然多様なものとなる。

東南アジアのイスラームを学問の展開というレベルで理解するには、知を継承し、広めてきたウラマーの存在と、彼らの書いたキタープの内容を理解することが必要となる。本章では、

第52章
アル=ラーニーリーとアル=ファターニー

17世紀のアチェ（現在のインドネシア、スマトラ島北部）で活躍したインド出身のウラマーであるヌールッディーン・アル=ラーニーリーと（以下、アル=ラーニーリー）、18世紀にメッカで活躍したパタニ（現在のタイ深南部）出身のウラマーであるダウド・アブドゥッラー・アル=ファターニー（以下、アル=ファターニー）という、東南アジアのイスラーム知識伝達の歴史において代表的な2人のウラマーとその著作を通じて、東南アジアを取り巻く知のネットワークのあり方を見ていきたい。なお、「アル=ラーニーリー」や「アル=ファターニー」という名前の最後についている部分は出身地を示している。アラビア語では名前の最後に「アル=○○」という形で出身地や家系などを表す表現が広く用いられるため、そうした表現が一般的でないマレー世界においてもアラビア語に通じたウラマーなどはアラビア語の表現で名が示されるのである。「アル=ファターニー」は「パタニ出身の」という意味で、ダウド・アブドゥッラー以外にも「アル=ファターニー」の名を持つウラマーは多数存在する。

アル=ラーニーリーは、16世紀末に現在のインドのグジャーラート地方に生まれ、1637年にアチェにやってきた。アル=ラーニーリーの父方の一族はアラビア半島のハドラマウト地方にルーツを持つ「ハドラミー」であった。アル=ラーニーリーはグジャーラートでイスラーム諸学を学び、中でも同じくハドラミーであり、ハドラマウトにあるタリームという地域や聖地メッカで長期間学んだ経験を持つ高名な師に師事し、いくつかのスーフィー教団にも加入していた。アル=ラーニーリーとその師が属したハドラミーの家系とメッカのウラマー、スーフィー教団の師弟関係のネットワークに属する人々は、すでに東南アジア各地のウラマーや王家とも関係を持っていた。アル=ラーニーリーは、その人脈を通じて1637年以前から、何度か東南アジアを訪れ、アチェの王家の人々がアル=ラー

アル＝ラーニーリー著『アクバル・アーヒラ（来世の知らせ）』の写本

ニーリーをよく知っているという状況があったと考えられる。

アル＝ラーニーリーは１６３７年にアチェに到着すると、スルタン・イスカンダール・サーニー（在１９３６〜１９４１）によってシェイフル・イスラーム（イスラームの長）に任命された。当時のアチェでは、「存在一性論」という、12世紀から13世紀の中東地域で活躍した思想家イブン・アラビーに由来するスーフィズム（神秘主義）の潮流が広まっていた。存在一性論は神の唯一性と被造物の多性の関係を説明する存在論であるが、アル＝ラーニーリーはその中の極端な一派が神と被造物を同一視する誤った解釈を広め、堕落をもたらしているとして、そうした教えを広めていたスーフィーに対する死刑宣告や焚書処分を伴う改革を断行した。このことは一見すると、イスラームの規範を重視したウラマーとしてのアル＝ラーニーリーが内面的、形而上学的な議論ばかりしているスーフィーを攻撃したウラマー対スーフィーの構図に見えるが、必ずしもそうではない。アル＝ラーニーリーは、７年間のアチェ滞在中とその後に神学、法学、死生観、歴史、医学など多岐にわたる分野の著作を少なくとも合計22本、マレー語とアラビア語で執筆した。そのいくつかの著作の中では、「正しい」スーフィズムが中心的テーマとして、あるいは議論の一部として展開されている。

アル＝ラーニーリーはこのように、大きな論争を巻き起こした人物ではあったものの、多岐にわたる学問の知識と群を抜く著作の数で、その後の東南アジアのウラマーたちにも大きな影響を与えるとともに、東南アジアを取り巻くイスラーム知識のネットワークを強固なものとする役割を担った。

第52章
アル＝ラーニーリーとアル＝ファターニー

アル＝ファターニーが生まれた18世紀の中盤には、聖地メッカをはじめとする中東地域と東南アジアをつなぐウラマーの移動がより活発になり、このネットワークはさらに強固なものになっていた。アル＝ファターニーもまた、パタニでイスラームの基礎を学んだ後、アチェに渡って学び、そこからメッカへと移動して学んだ。当時のメッカには、すでに東南アジア出身のウラマーとその弟子たちや家族、すなわちアラビア語で「ジャーウィー」と呼ばれた人々のコミュニティができていた。アル＝ファターニーはその中の東南アジア出身のウラマーにも師事したが、メッカに滞在していた何人かのエジプト出身のウラマーや、メッカを拠点とするスーフィー教団のウラマーにも師事していた。この師弟関係を通じて、アル＝ファターニーはカイロとメッカをつなぐスーフィー教団の師弟関係に連なることとなった。

アル＝ファターニーの没年は不明だが、東南アジアに戻ることなくメッカで一生を終えたとされる。１８０９年に最初の著作を書き、１８４３年に最後の著作を書き終わるまでに少なくとも57本の著作をマレー語とアラビア語で執筆したとされる。中でも現在までポンドックの教育などでよく読まれているのは法学、神学に関する著作であるが、スーフィズムに関する著作も多数あり、その中には存在一性論を論じた著作もいくつかある。しかし、アル＝ファターニーはアル＝ラーニーリーと異なり、存在一性論について論争を巻き起こしたのではない。アル＝ファターニーの著作が広く読まれているひとつの理由は、イスラームの法学などに代表される規範的側面としてのシャリーアを、神秘主義的側面を含むスーフィズムと調和させたことにあるとされる。たとえば、アル＝ファターニーの著作の中でも一般の人々にも知られている『ムンヤトゥル＝ムサッリー（礼拝する者の願い）』には礼拝や葬儀

現代マレーシアの書店で販売されている『ムンヤトゥル＝ムサッリー』（マレー語ローマ字版）

の方法といった身近な宗教実践のマニュアルとなるような著作であるが、その中には法学上の礼拝の規則だけでなく、アッラーの名などを唱えるズィクル（唱名）や祈禱などの唱え方やその効果といったスーフィズムの基本的な教えが書かれている。

20世紀以降、イスラーム改革主義の影響などで東南アジアにおけるイスラーム思想の関心が大きく変化し、また近代的イスラーム教育が普及することでアル＝ラーニーリーやアル＝ファターニーらが学んだ伝統的イスラーム学の師弟関係のネットワークは近代的な学位のシステムにとってかわられることとなった。しかしながら、彼らの著作は現在もプサントレンやモスクでのキターブ学習で学び継がれている。このようなウラマーとそのキターブのつながりが織りなしてきた東南アジアのイスラーム思想の独自の展開について知ることは、東南アジアのイスラームを理解するために不可欠であることには変わりがないと言えよう。

（久志本裕子）

▼参考文献

中村光男　１９８９「東南アジアにおけるイスラーム思想の受容と展開ハムザ・ファンスーリー試論」『岩波講座：東洋思想第三巻　イスラーム思想１』岩波書店。

Azyumardi, Azra. 2004. *The Origins of Islamic reformism in Southeast Asia : networks of Malay-Indonesian and Middle Eastern ulama in the seventeenth and eighteenth centuries*. (Honolulu : University of Hawai'i Press)

Kushimoto, Hiroko. 2016.“The Day of Judgement in al-Raniri's Akhbar Akhira: A Preliminary Discussion for Comparative Analysis”, Sugahara, Yumi, ed. *Comparative Study of Southeast Asian Kitabs (4): Local and Global Dynamism in Transformation of Islamic Tales*. (Institute of Asian Cultures-Center for Islamic Studies, Sophia University)

53

ワリ・ソンゴ

★ジャワのイスラーム化を体現する聖者たち★

ワリ・ソンゴは15〜16世紀にかけてジャワのイスラーム化に貢献したと言われている、半ば伝説化した9人の聖者である。ワリ・ソンゴの「ワリ」はアラビア語で聖者（より正確には神に近い人）を意味する「ワリー」から来ており、「ソンゴ」はジャワ語で9を意味する「サンガ」から来ている。彼らはジャワのイスラーム化において中心的な役割を果たしたが、当地に最初にイスラームをもたらした人物というわけではない（史料が少ないため、誰が最初なのかを特定するのは困難である）。ワリ・ソンゴのうち何人かは親族関係や師弟関係で結ばれているが、活動時期が2世紀にわたっていることからもわかる通り、ひとつのグループとして活動していたわけではない。

現在一般的にワリ・ソンゴとされている聖者たちは[1]マリク・イブラヒム（別名スナン・グレシック）、[2]スナン・アンペル、[3]スナン・ギリ、[4]スナン・ボナン、[5]スナン・ドラジャット、[6]スナン・グヌンジャティ、[7]スナン・クドゥス、[8]スナン・カリジャガ、[9]スナン・ムリアである。スナンはジャワ語の敬称であり、ここに挙げたのは名前ではなく称号である。彼らはそれぞれ「本名」も持っているが、マリク・イブラヒム

スナン・ギリ廟の参詣者

以外は称号で呼ばれるのが一般的である。彼らは全員ジャワの北岸地域で活動し、彼らの墓とされる廟が西は西ジャワのチレボンから東は東ジャワのスラバヤにかけて各地に点在している。中にはスナン・ボナンのように複数の墓が存在している者もいる。もっとも誰をワリ・ソンゴに含めるのかについて統一した見解はない。ワリ・ソンゴに含まれる聖者たちに関する史料は『ババッド・タナ・ジャウィ（ジャワの地の歴史）』と総称されるジャワ語で書かれた文書群だが、18世紀より前のテキストは現存していない。ジャワの歴史の専門家であるM・C・リックレフスによればワリ・ソンゴに含まれる人物は文書によって異なり、中には9人の名前を挙げると言いながら10人挙げている文書も存在する。

上記9人のほかにワリ・ソンゴとされている人物のひとりはスナン・シティジュナルである。彼は生前の15世紀から現在まで人気の聖者だが、イスラームの歴史の中で最も有名なスーフィーのひとりであるイブン・アラビーの「存在一性論」的な世界観をはじめとして、異端とも捉えられかねない思想を公にしていた（第52章）。その思想が人々の人気の理由だったが、他のワリ・ソンゴたちと宗教に関する問答をした末に「異端」と判断されて処刑されたと言われており、墓も存在しない。

我々に伝えられているワリ・ソンゴの人生は伝説的な逸話や奇蹟に彩られていて史実はどうだったのかを調べることはほぼ不可能である。聖者としての奇跡譚を抜きにしてもワリ・ソンゴはイスラー

第53章

ワリ・ソンゴ

ム諸学に通じ、学校を開設して弟子たちを教え、モスクを建設するなどムスリム社会の形成に大きな貢献を残した。また政治・軍事の分野でも活発に活動していた。たとえばスナン・アンペル（1481年没）はジャワ最初のイスラーム王国、ドゥマック王国の建国に深く関わっていたし、スナン・グヌンジャティ（1570年没）はバンテン、チレボンの2箇所で王国を建国し、スンダ・クラパ（現在のジャカルタ北部）に拠点を築こうとしたポルトガルとも戦っている。スナン・カリジャガ（15世紀中頃没）はマタラム王国建国に際して様々な助言を与えた。つまり聖者とされているものの、世捨て人のようなイメージではなく偉人と言った方がよいだろう。また彼らはジャワ文化に対する貢献も大きい。スナン・カリジャガは布教のためのメディアとして地元の文化であるワヤン（影絵芝居）やガムラン（楽器合奏）を積極的に利用した。このように、イスラームとは直接関係ないと考えられているジャワの文化を現在知られている形にしたのはワリ・ソンゴだと言われている。ワリ・ソンゴについては現在でも多くの本が出版され、テレビドラマも制作されている。そういった意味では「生きている」聖者だと言える。

ワリ・ソンゴの出自についても諸説あるが、一般的な傾向としてはジャワ以外とのつながりが強調されている。ひとりの人物の出自も複数の説があり、たとえばマリク・イブラヒムの起源として挙げられているのはモロッコ、ハドラマウト、イラン、インドである。その他のワリ・ソンゴの起源もアラビア半島、中央アジア、チャンパ、中国まで様々である。東南アジア在住のアラブ系、特にハドラミー・サイイド（ハドラマウト地方出身で、預言者ムハンマドの子孫）は系図を作って9人全員がハドラマウト起源のサイイドだと主張しているし、研究者のスラメット・ムルジャナは中国起源説を唱えた本を出版して大きな議論となった。後者の研究はインドネシアで共産党が弾圧され、中華人民共和国との関係が悪化した1960年代末に出版されたため、問題が拡大するのを恐れたスハルト政権によって発禁処分となった。ワリ・ソンゴに関する史料が少ないことが、出自に関して様々な説が出てくる理由であろう。

ワリ・ソンゴ廟は宗教観光と結びつき、現在でも多くの参詣者を集めている。面白いのは、廟の多くがイスラーム化以前のヒンドゥー教時代の（おそらく寺院の）土台の上に建てられていることで、イスラームがヒンドゥー教に取って代わったことが想像できる。過去半世紀におけるイスラームへの関心の高まりによって、ワリ・ソンゴ廟への参詣者は増加傾向にある。少々古い記録になるが、私がスラバヤ近郊の町、グレシックにあるマリク・イブラヒム廟の参詣者数の統計を見せてもらった時には2007年から2011年まで、毎年100万人以上の参詣者がいた。参詣者の多くは観光バスで乗りつけ、墓の周りに座って祈禱を捧げ、周囲の土産物屋で買い物をした後、次の廟に向かう。集団で参詣している人たちは、町内、職場、学校などでのツアーの参加者だと考えられる。また、ワリ・ソンゴ廟と他の宗教行事、たとえば中部ジャワのソロで開催される盛大な聖者祭を組み合わせるツアーもあるなど、多様な方法で参詣ツアーが組まれている。

スナン・ギリ廟の参道沿いに密集する商店

ワリ・ソンゴ廟の周りには、多くの参詣者に対応するため、大型バスが何台も収容できる駐車場が用意されており、また参詣客の通り道には屋台や商店が並ぶ。こういった店には宗教書や数珠などのほかに、ワリ・ソンゴの肖像が入ったキーホルダーやTシャツも売られていて、さながら聖者の商品化といったところである。圧巻なのは中部ジャワのクドゥス近郊にあるスナン・ムリア廟で、山の中腹にある廟にいたる道の両側が商店で埋め尽くされている。本来であれば人里離れた静かな場所が、聖者の存在によって活発な売り買いの場となっている。その他、スラバヤのスナン・アンペル廟やドゥマックのスナン・カリジャガ廟の参道にも門前町が形成されている。

いずれにしても、ワリ・ソンゴの伝説、現存している遺産（廟や彼らが建設したとされているモスク）はジャワにおけるイスラームの特徴、たとえば既存の文化との融合を体現していると言ってよい。

（新井和広）

▼参考文献
新井和広　２０１１「東南アジアにイスラームをもたらしたのは誰か？――ワリ・ソンゴの起源をめぐる問題とアラブ系住民」永原陽子編『生まれる歴史、創られる歴史――アジア・アフリカ史研究の最前線から』刀水書房。
今永清二　１９８７「ジャワのイスラム化に関する一試論」『史学研究』１７７。
Ricklefs, M.C. 2008, *A history of modern Indonesia since c. 1200. 4th edition.* (Stanford: Stanford University Press)

54

アフマド・ダフランとハシム・アシュアリ

★インドネシア二大イスラーム団体の創設者★

ナフダトゥル・ウラマー（通称NU）とムハマディヤは、しばしばインドネシアの二大イスラーム団体と呼ばれる。いずれもオランダ植民地期の20世紀前半に結成され、現在に至るまで社会の中で厳然たる影響力を持ち続けている。２つの団体の大きな違いはイスラーム法学に関するものである。インドネシア最大のイスラーム団体であるナフダトゥル・ウラマーは伝統派の立場をとり、スンナ派四法学派、特に東南アジアで昔から支配的であったシャーフィイー学派の法学に従っている。他方で、第二のイスラーム団体ムハマディヤは改革派に属し、スンナ派に属しながら法学派の権威を認めない。ナフダトゥル・ウラマーの最初の総裁がハシム・アシュアリ、ムハマディヤの設立者がアフマド・ダフランである。

思想的には異なる性格を持つ両団体であるが、創設者の経歴には共通する点も多い。ダフランは１８６８年、ハシム・アシュアリは１８７１年の生まれでほぼ同世代と言える。ダフランは中部ジャワのジョグジャカルタのカウマンという敬虔なムスリムが多く住む地区で、大モスクのクティブ（金曜礼拝の説教師）の家に生まれた。ハシム・アシュアリは、東部ジャワのジョンバンでプサントレン（イスラーム寄宿塾）を主宰してきた学者の息子である。宗教官吏と在野の宗教教師という違いはあるが、いずれもジャワの伝統的なイスラーム知識人の家系の出身である。ダフランとハシム・アシュアリはイスラーム諸学を一通り修めると、さらなる知識を得るために19世紀末にイスラームの聖地メッカへと渡った。その当時、蒸気船の利用の普及といった交通機関の発達もあり、東南アジア各地からメッカに赴くムスリムの数は増加していた。

学問修行の過程で、２人は当時イスラーム世界で広まっていたイスラーム改革主義思想と出会った。これは、イスラーム世界の復興のために「真のイスラーム」への回帰、そしてイスラームと近代文明との調和を唱えるものである。ダフランとハシム・アシュアリはいずれもメッカにおいて、インドネシアの改革主義運動の祖とされる西スマトラ出身のアフマド・ハティブに師事している。さらに、２人とも改革主義の代表的な思想家であるエジプトのムハンマド・アブドゥの著作も読んだ。だが、アブドゥの著作に対する両者の反応は異なるものであった。２人ともその著作の内容を称賛した。しかし、ダフランがその思想に共感したのに対し、ハシム・アシュアリは自分の弟子にアブドゥの著作を読ませようとはしなかった。それはアブドゥが伝統的なウラマーを軽視していると考えたためであった。

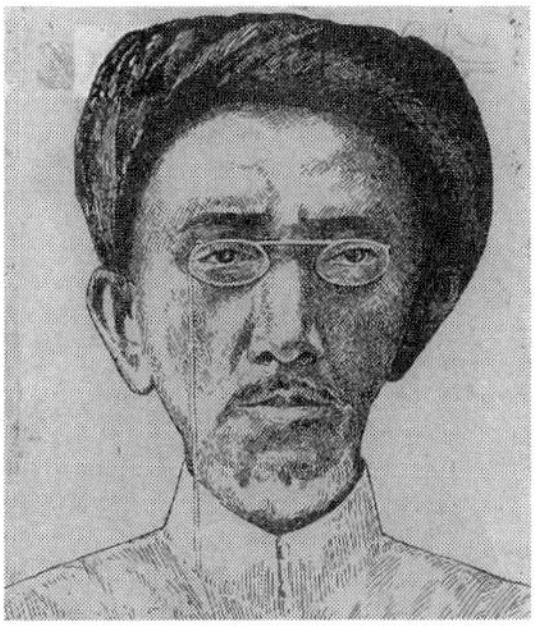
アフマド・ダフラン
出　典：Solichin Salam. *K.H. Ahmad Dahlan: Reformer Islam Indonesia* (Jakarta: Djajamurni, 1963)、表紙

ダフランは進取の気性に富み行動力に溢れた人物である。彼はジョグジャカルタに戻ると、ジャワ社会に見られた宗教に関するいくつかの慣習を誤りとして批判し、

改革を試みた。また、商業に携わったり、オランダ植民地政庁の開設した学校で宗教教育を行ったりもした。その過程で彼が強い関心を示したのが、当時設立され始めていた近代的な団体である。ダフランは、ブディ・ウトモやイスラーム同盟といったナショナリズム団体やイスラーム団体の会員となった。さらに、彼は自身が開設した学校の活動を永続させるために団体を立ち上げることを決意し、仲間とともに1912年にムハマディヤ（「ムハンマドに従う人々」という意味）を創設した。

ムハマディヤは教育を中心とする社会活動に取り組んだ。この団体の設立したイスラーム学校は「マドラサ」と呼ばれるものであり、旧来のプサントレンと異なり、ヨーロッパ式の学校をモデルとし、非宗教科目も教えた。その中には、植民地の公教育制度に対応した学校も数多くあった。当初ムハマディヤの活動はジョグジャカルタに限られていたが、1920年代になるとインドネシアの各地に広まっていった。この団体の提供する近代的なイスラーム教育が、商工業に携わる都市部のムスリムの支持を得たのである。ダフランは1923年に50代の若さで死去したものの、その時までにムハマディヤの発展の基礎を築いていた。彼は生涯に著作をほとんど残さなかったが、優れた教育者・組織者であった。

一方のハシム・アシュアリはメッカから帰国後の1899年に、ジョンバンのテブイレンに自分のプサントレンを開いた。前述のように、彼は改革主義思想には必ずしも同意しなかったが、いかなる変化も拒む頑迷な人物だったわけではない。彼のプサントレンでは、弟子らの提案もあって、ムハマディヤの学校と同じように、マドラサ制度や非宗教科目の導入といった改革が暫時的に取り入れられた。プサントレン・テブイレンには多くの生徒が集まり、その主宰者であるハシム・アシュアリはジャ

ハシム・アシュアリ
出　典：Solichin Salam. *K.H. Hasjim Asj'ari: Ulama Besar Indonesia* (Jakarta: Djajamurni, 1963)、表紙

ワで最も尊敬されるキヤイ（ジャワの伝統的なイスラーム知識人）として知られるようになった。

このように、伝統派ムスリムの間にもイスラーム教育の近代化に取り組む動きは見られた。しかし、イスラーム法の解釈を巡っては、彼らはムハマディヤのメンバーら改革派と激しく対立した。ハシム・アシュアリはそのような争いから距離を置いたが、彼の弟子でいとこでもあるワハブ・ハスブッラーは伝統派ムスリムを組織化することを提案した。ハシム・アシュアリはインドネシアのムスリム社会に分裂をもたらす恐れから、最初この提案に同意しなかった。だが、伝統派の教義や慣行に批判的なワッハーブ派のイブン・サウードが１９２４年にメッカを征服したことで、彼は考えを変えた。イブン・サウードへの対応を協議するために、ワハブ・ハスブッラーが中心となり東部ジャワのスラバヤで委員会が設置された。この委員会がハシム・アシュアリを指導者に迎えて改編されたのがナフダトゥル・ウラマー（「ウラマーの覚醒」という意味）である。ナフダトゥル・ウラマーは中部・東部ジャワに基盤を置きながら、各地のウラマーたちを緩やかにつなぐ組織として発展していった。

ダフランと比べると、ハシム・アシュアリについては物静かで慎重な人物という印象を受ける。しかし、インドネシアのムスリム社会をまとめる際には、彼は大きな存在感を示した。彼が融和を呼び掛けたこともあり、１９３０年代半ばになると改革派と伝統派の対立は一旦収束に向かった。日本軍政期からインドネシア独立宣言後にかけては、ミアイ（ＭＩＡＩ：インドネシア・イスラーム最高会議）やマシュミ（Masyumi：インドネシア・ムスリム協議会）といったイスラーム勢力を統合する組織で、ハシム・アシュアリは象徴的な指導者の地位を担った（第61章）。晩年の活躍としては、第２次世界大戦後にインドネシアの再植民地化を試みたオランダに対し、インドネシアのムスリムに聖戦（ジハード）を呼び掛けたことがあげられる。彼は独立戦争中の１９４７年に死去した。

（山口元樹）

▼参考文献

小林寧子 ２００８『インドネシア――展開するイスラーム』名古屋大学出版会。
Alfian. 1989. *Muhammadiyah: The Political Behavior of a Muslim Modernist Organization under Dutch Colonialism.* (Yogyakarta: Gadja Mada University Press)
Bruinessen, Martin van. 1994. *NU: Tradisi, Relasi-Relasi Kuasa, Pencarian Wacana Baru.* (Yogyakarta: LKiS)

55

モハマド・ナシール

——★20世紀インドネシアを生きたイスラーム指導者★——

独立後のインドネシアで最も偉大なイスラーム指導者は誰かと問えば、多くの人はモハマド・ナシールの名前をあげるであろう。彼はすでにオランダ植民地末期には若手知識人として頭角を現し、独立後スハルト政権末期にその生涯を閉じるまでイスラーム勢力の中心人物であり続けた。彼の人生は、20世紀インドネシアにおけるイスラームと政治の関係の変遷に深く関与している。

ナシールは、オランダ植民地末期に登場した新しいタイプのイスラーム知識人である。彼は1908年に、西スマトラの小さな町アラハン・パンジャンで植民地政庁の役所に勤める下級官吏の家に生まれた。西スマトラは、インドネシアにおけるイスラーム改革主義運動の中心地のひとつである。そのため、この地域では早くから近代的なイスラーム教育機関が開設された。ナシールはそのようなイスラーム教育機関にも通ったが、彼の教育に関してより重要なのは、当時としては高度なヨーロッパ式の教育を受けている点である。20世紀初頭、植民地政庁は、限られた程度ではあったもののヨーロッパ式の教育を現地住民に普及させようとした。独立前後のインドネシアでイスラーム

モハマド・ナシール
出典：Audrey R. Kehin. *Islam, Nationalism and Democracy: A Political Biography of Mohammad Natsir* (Singapore: NUS Press, 2012)、ページ番号なし

政治を主導したのは、そのような近代教育を受けた者たちである。ナシールは、西スマトラの中心都市パダンで現在の中学校に相当する段階までオランダ語で授業を行うエリート向けの学校で学び、優秀な成績で卒業した。さらに１９２７年、普通中学校（現在の高校に相当）に進学するため、ナシールは西スマトラを離れ西ジャワのバンドンへと渡った。

バンドンで過ごした時期は、ナシールの思想とその後のキャリアの形成にとって決定的な意味を持った。彼はこの都市で、ヨング・イスラミーテン・ボンド（ムスリム青年同盟）やプルシス（イスラーム協会）といったイスラーム団体に参加した。ナシールはそれらの団体でアグス・サリムやアフマド・ハッサンら上の世代のイスラーム知識人に師事し、イスラーム改革主義の思想を学んだ。また、それらの団体の活動を通して、晩年まで行動を共にする友人や仲間を得た。その一方、優れた教育機関が多くインドネシア中から若者が集ったバンドンは独立運動が盛んな場所であり、ナシールはそこで世俗的なナショナリズム運動とも出会った。のちに初代大統領となるスカルノの演説を聞き、彼の率いる国民党による植民地主義批判やインドネシア独立の主張に強く惹かれた。だが、国民党のメンバーら世俗的ナショナリストによるイスラームへの批判には同意できなかった。

普通中学校を卒業すると、１９３２年にナシールはバンドンに学校を開設しイスラームの研究と教

第55章

モハマド・ナシール

育に携わるとともに、様々な雑誌に論説を寄稿し始めた。この時期の彼の著作で最も有名なのが、スカルノの唱えた政教分離論に対する反論である。スカルノは、インドネシアが独立を達成したならばトルコ共和国をモデルに宗教と国家を分離すべきだと主張した。これに対しナシールは、イスラームはすべてを包括するイデオロギーでありインドネシア人を結びつける最も強固な紐帯になると論じ、イスラーム国家の建設を訴えた。興味深いのは、ナシールの議論には古典的なイスラームの法学書よりも近代ヨーロッパの学者の著作から強い影響が認められることである。

イデオロギーを巡っては世俗的ナショナリストと対立したが、ナシールはインドネシアという国民国家も民主主義も支持していた。日本軍政期を経て1945年に独立が宣言されると、インドネシアでは様々な政党が結成された。ナシールはイスラーム勢力を統合する政党であるマシュミ党に参加し、1949年からその党首となった。ナシールもマシュミ党も、インドネシアの独立を維持するために、イデオロギーの異なる政治指導者や政党とも協力した。ナシールは新政府の中で情報大臣を2度務めた後、1950年にスカルノ大統領によって首相に任じられている。彼とマシュミ党は、議会政治を通してインドネシアの社会や国家をイスラーム化することを目指した。1950年代前半までのナシールは、インドネシアの国是としてスカルノが提起したパンチャシラ（建国五原則）についてイスラームと相互補完的なものであると擁護していた。

だが、マシュミ党は政治的目的を達成することはできなかった。マシュミ党は結成当初は最大の政治勢力であったが、党内対立から1952年に伝統派イスラーム団体であるナフダトゥル・ウラマーが離脱する。勢力を縮小したマシュミ党は、1955年の総選挙で国民党に敗れ第2党となった。当時のインドネシアでは議会政治が機能しなくなったうえ、スカルノによる共産党への過度な依存や中央政府のジャワ中心主義的な態度を巡り人々の不満が高まっていた。マシュミ党は共産党と対立関係にありジャワ以外に支持者が多かったため、スカルノや中央政府との関係は悪化していった。1958年に反中央政府勢力によって西スマトラでインドネシア共和国革命政府が樹立されるとマシュミ党の有力幹部もこれに参加し、ナシールは革命政府の副首相に就いた。しかし、中央政府の派遣した軍によって革命政府は1961年に鎮圧され、その間にマシュミ党は非合法化された。ナシールは逮捕・投獄され、その後1966年まで自宅軟禁された。

ナシール内閣とスカルノ（前列左から2人目がナシール）同上書68ページ

1965年に起きた9月30日事件を機にスカルノは権力を剥奪され、スハルトの新秩序体制へと移行した。だが、マシュミ党は再建を認められず、ナシールも政治活動を禁止された。スハルト政権の下では、イスラーム政治勢力は徹底して無力化された。ナシールは政治活動をあきらめ、マシュミ党の元幹部とともに1967年にインドネシア・イスラーム宣教協会（DDII）を結成した。彼らが目指したのは、ダアワ（宣教）によってインドネシアのムスリムを啓蒙し、イスラームの理念を実現することであった。インドネシア・イスラーム宣教協会は教育や出版といった社会活動に取り組む一方で、中東をはじめとする国際的なイスラーム・ネットワークとの関係を構築した。1960年代後半以降になると、ナシールや彼の仲間のイスラーム思想には、厳格で保守的な側面が現れるようになったと指摘される。

しかし、ナシールは最後まで民主主義を支持しており、スハルトの権威主義体制に対して批判を続けた。彼は1993年にジャカルタで死去するが、スハルト政権崩壊後にイスラームが政治の表舞台に戻る中でその名声はいっそう高まっていった。生誕100年にあたる2008年には、インドネシアの独立と発展への貢献が認められ「国家英雄」に列せられた。ナシールの著作や伝記は死後も数多く出版され、人々の間で読まれ続けている。

（山口元樹）

▼参考文献
Feener, R. Michael. 2007. *Muslim Legal Thought in Modern Indonesia*. (Cambridge: Cambridge University Press)
Hefner, Robert W. 2000. *Civil Islam: Muslims and Democratization in Indonesia*. (Princeton and Oxford: Princeton University Press)
Kahin, Audrey R. 2012. *Islam, Nationalism and Democracy: A Political Biography of Mohammad Natsir*. (Singapore: NUS Press)

56

サイド・ムハンマド・ナキーブ・アル＝アッタース

★「知識のイスラーム化」論から見えるもの★

サイド・ムハンマド・ナキーブ・アル＝アッタース（以下、アル＝アッタース、1931〜）は、アラブ系マレーシア人のイスラーム思想家である。だが、マレーシア、あるいはイスラーム世界におけるアル＝アッタースの立ち位置は特殊であり、微妙である。彼を「他に並ぶ人のいない現代イスラーム知識人」と形容する人もいれば、「民衆に理解されないような難解な話をするだけの厭世家」と言う人もいる。だからこそマレーシアの必ずしも「真ん中」に位置づいていないアル＝アッタースの特殊性、あるいは「周縁性」とも言える面に焦点を当てることで、彼を「特殊」にしているマレーシアのイスラームの状況、さらには世界の知識の流れと教育の問題が見えてくる。

彼の立ち位置の特殊性は、何よりも彼のライフヒストリーからよく見えてくるだろう。アル＝アッタースは1931年にジャワ島のボゴールで生まれた。「アル＝アッタース」は預言者ムハンマドの血を引き、現在のイエメンのハドラマウト地方にルーツを持つハドラミー・サイイドとしての彼の家名である（第51章）。彼が育ったのはマレーの王家とも親族関係にあった上流階級の家庭であり、マレー民族主義政党「統一マレー国民組織（ＵＭＮＯ）」創立者であるオン・ジャファール（第2代マレーシア首相ダト・オンの父）は彼の伯父である。アル＝アッタースはこの縁で、現在まで使われているＵＭＮＯの党旗とロゴのデザインもしている。

アル＝アッタースは少年時代をマレー半島とジャワの両方で過ごした。マラヤでは植民地エリート向けに英語で教育を行う学校に通い、ジャワではアラビア語を用いるイスラーム学校に通った。マラヤで高校を卒業した後、イギリスの王立士官学校への留学機会を得て１９５２年から１９５５年までイギリスに滞在した。帰国後は、当時唯一の大学であったマラヤ大学でマレー研究を専攻した。マラヤ大学ではマレー半島部におけるスーフィズム（神秘主義）に関する学士論文を執筆し、その後カナダのマックギル大学でヌールッディーン・アル＝ラーニーリーの思想（第5、52章）について修士論文を執筆。続いてイギリスのロンドン大学東洋アフリカ研究学院（ＳＯＡＳ）でハムザ・ファンスーリーの思想について博士論文を執筆と、マレー世界のスーフィズムに関する重要な研究を続け、博士号取得後にマレーシアに帰国した。

ここまでのアル＝アッタースの経歴からは、アラブ系マレーシア人の植民地エリートという「マレー民族主義」の立場からは排除される可能性を持つ周縁性に加え、プサントレンや宗教学校からアズハル大学へ、という「ウラマー」の典型的なキャリアではなく、欧米の大学でイスラームの研究を行い、英語で執筆し、しかもその内容がイスラーム改革運動によって敵視されがちなイスラームの神秘主義思想であった、という点でも周縁的な立ち位置にいたことがわかる。

しかしながら、「学問」という場ではアル＝アッタースはある時期まで、数少ない英語圏での博士号取得者として、また卓越した研究者として、マレーシア社会の「中心」に存在していた。マレーシアに帰国したアル＝アッタースは、１９６４年からマラヤ大学マレー語文学研究科で教鞭を取り、学科長、学部長を歴任した。１９７０年にマレーシアの教育言語を英語からマレー語に切り替えるための主要な機関として、マレー語ですべての教育を行うマレーシア国民大学が設立されると、アル＝アッタースは同大学に招かれ、イスラーム学部やマレー言語文学文化研究所の設立に貢献した。

折しも、１９６０年代末から70年代は、マレーシアにおいてもイスラーム復興運動（ダアワ運動、第32章参照）が都市の大学生を中心に広まり始めた時期であった。アル＝アッタースはイスラームに関心を持ち始めたけれどもこれまでイスラーム教育をあまり受けてこなかった学生たちに、イスラームに関する知識と、イスラームの観点から当時のマレーシア社会、イスラーム世界の問題を論じる見方を教えた。そうした学生の一人でマラヤ大学のイスラーム運動の学生リーダーとして頭角を現したのが、１９８０年代のイスラーム化政策を進めた中心的政治家であり、２０２２年にマレーシア首相に就任することになるアンワール・イブラヒムであった（第57章）。アンワールはその後、マラヤ大学とマレーシア国民大学の卒業生などが多く参加したマレーシア・イスラーム青年運動（ＡＢＩＭ）の指導者として活躍し、指導力をマハティールに買われてＵＭＮＯに入り、１９９８年にマハティールに政権を追われるまで彼の片腕として大臣を歴任した。

アル＝アッタースとアンワールの蜜月とも言えるのは、１９７０年代から１９９０年代末、特にアンワールが教育大臣を務めた１９８４年から１９９１年、そして財務大臣と副首相を兼任した１９９８年までの間であろう。私が２００５年以降にアル＝アッタースとその一番弟子とも言えるワン・モハマド・ノールと親しくなった時には、アンワールはすでにアル＝アッタースとはほぼ関係を持たず、弟子たちからはアンワールは良く思われていなかった。けれども、アル＝アッタース自身は私が自宅を訪問した際に、「アンワールにも昔よくこうしてコーヒーをふるまったよ」と温かく笑いながら手ずからコーヒーを入れてくれた。彼を高慢で厳格で人を見下している、といった言葉で形容する人もいるが、何度会ってもアル＝アッタースから感じるのは並外れた学問への真摯さと、威厳とともにある温かさであった。

アル＝アッタースが世界的に知られるようになったのは、1977年にメッカで開催された「第一回世界イスラーム教育会議（通称メッカ会議）」で、その後のアル＝アッタースの活動の中心となる「知識のイスラーム化（Islamization of Knowledge）」論および教育論を展開して以降のことである。この会議の報告書は1979年に*Aims and Objectives of Islamic Education*（イスラーム教育の目的と目標）の題でサウジアラビアで出版され、1980年には教育論を中心とした冊子としてABIM出版部から英語、マレー語で出版された。メッカ会議における議論の中心は、欧米が学問と知識の生産の中心になっている現状に対して、イスラームの理念に基づく教育機関を設立する必要性についてであり、ここでの議論は「知識のイスラーム化」を理念に掲げるマレーシア国際イスラーム大学（IIUM）の設立（1983年）につながった。

しかし、IIUMとそれに続くいくつかの「イスラーム大学」の設立はアル＝アッタースの深い問題意識に応えるものではなかった。アル＝アッタースにとっての「知識のイスラーム化」とは、IIUMで実現したようなイスラームの知識も医学の知識も両方学ぶ医学部を作るとか、全学部の教養科目でイスラーム教育を必修化するといったことではない。それは、イスラームに関する知識も含めて世界に流通している知識の全体に、根源的なレベルで埋め込まれた西洋的価値観を理解し、イスラームの価値観に反する価値が反映されている知識についてはイスラーム的な枠組みで再解釈するということであった。たとえばアル＝アッタースは1979年に下のように書いている。

われわれの時代にひそかに持ち上がっている最大の課題は、知識の問題である。……知識は価値中立ではなく、あたかも知識であるかのように見せかけた性質や内容を埋め込まれたものでありうる、ということを強調しておくことが重要であろう。そうした知識は……現在主要な役割を担っている文明の世界観、知的な観点や心理学的な認識のプリズムを通した解釈に過ぎないのである。［al-Attas 1979: 20］

「主要な役割を担う文明」とはもちろん西洋文明を指すが、ここでの議論は単にイスラームと西洋を対立するものと捉えて西洋を批判したり、ましてや西洋的なものを排除するという話ではない。アル＝アッタースはむしろ、西洋思想史やラテン語を学ぶ必要性を説いている。彼が問題としたのは、近代以降のムスリムの中に、さらには「イスラームの知識」とされるものの中にもそれと気づかぬうちに入り込んでいる「認識のプリズム」すなわち西洋的世界観と、それを通して解釈されているにもかかわらず「価値中立」とみなされている知なのである。このような問題提起のあり方は、アル＝アッタースが幼少期から英語で受けた高度な教育と植民地エリートとしての西洋的教養、ロンドンのＳＯＡＳという西洋の「東洋学（オリエンタリズム）」の中心のひとつで学び、西洋の思想に造詣があるからこそできたもので、単純に「西洋」を敵視するものではない。アル＝アッタースがこの議論を出した年代が、イスラームの「後進的」なイメージが西洋の自己イメージの反転像として再生産され続けているという問題を告発したエドワード・サイードの『オリエンタリズム』の出版（1978年、第2章参照）と重なるのは偶然ではないだろう。アメリカの学術界でこの問題を提起したサイードがその後の世界の人文社会科学に大きな影響を与えたのに対し、マレーシアを拠点としたアル＝アッタースの議論の影響がイスラーム世界においてさえ限られていることもまた、アル＝アッタースが指摘した知識の生産と流通における非対称的な権力関係を反映しているのではないだろうか。

アル＝アッタースはその後、彼の考える「知識のイスラーム化」を実現する機関としてマレーシア国際イスラーム大学付属の独立研究機関ＩＳＴＡＣ（国際イスラーム思想文明研究所）を1987年に設立する。「創立者兼所長」として建物のデザインからカリキュラムまで中心となって手がけ、世界中から優れた研究者を集めて質の高い研究と少数精鋭の教育を行い、各界で現在も活躍する修士、博士が着実に輩出した。ＩＳＴＡＣの豪奢な建築と贅沢な少人数教育は、当時の教育大臣、財務大臣であったアンワールとの関係なくしてはおそらく実現しなかったであろう。このことからアンワールの失脚後、ＩＳＴＡＣは政治の波にのまれて事実上の閉鎖に追い込まれ、アル＝アッタースも2005年には隠居状態になっていた。2000年代は、マレーシア

ISTAC 付設の旧自宅にて（左：ワン・モハマド・ノール、右：アル＝アッタース）

において私立大学が急増し、高等教育の商業化と大学ランキングなどを意識した国際競争の嵐が巻き起こった時期とも重なる。「知識のイスラーム化」はこのような中で、根源的な問題意識を伴わない空虚なスローガンとしてマレーシア国際イスラーム大学に残っている。

アル＝アッタースの問題意識とその末路は、日本においても決して他人事ではない。イスラームに対する偏見の問題はより広く共有されるようになり、本書を含めて世界のムスリムの様々な生き方を伝える書籍は世に溢れているのに、なぜイスラームのステレオタイプ的な捉え方はほぼ変わらないのだろうか。そうした問題を考える時、アル＝アッタースの提示したイスラーム世界における「知識の非中立性」の問題は、イスラームだけのものでも過去のものでもなく、世界大学ランキングのように学問の価値を左右するグローバルな「力」にさらされる日本の学問の問題にもつながるものとして見えてくるのである。

（久志本裕子）

▼参考文献

久志本裕子　２０１４『変容するイスラームの学びの文化――マレー・ムスリム社会と近代学校教育』ナカニシヤ出版。
久志本裕子　２０２２「知の植民地主義批判としての知識のイスラーム化論――サイイド・ナキーブ・アル＝アッタースの周縁性から見えるもの」澤江史子編『グローバルな認識論的権力作用の中のイスラームと日本』SIAS Working Paper Series 37、上智大学イスラーム地域研究センター。https://digital-archives.sophia.ac.jp/repository/view/repository/20220610002（２０２３年１月29日アクセス）
al-Attas, Syed Muhammad Naquib. 1979. "Preliminary Thought on the Nature of Knowledge and the Definition and Aims of Education." In *Aims and Objectives of Islamic Education*. ed. S.M.N. Al-Attas. (Jeddah: King Abdulaziz University)
Khainudin Aljunied. 2022. *Shapers of Islam in Southeast Asia: Muslim Intellectuals and the Making of Islamic Reformism*. (Oxford University Press)

57

アンワール・イブラヒムとニック・アジズ

★「イスラーム復興」の多様性★

１９７０年代から欧米のメディアや研究者らは、中東の「イスラーム復興」に着目するようになった。１９７９年のイラン革命によって、この着目の度合いは急速に高まった。やがて、この「イスラーム復興」が中東だけではなく、南アジアやアフリカ、東南アジアなどでも起きていることが着目されるようになっていった。

このような着目は、原油価格や難民問題など、欧米の経済や社会に影響が出るような問題が中東で起こったために始まったが、イスラームを掲げる政治運動や社会運動はそれ以前から連綿として存在していた。中東のムスリム同胞団などの政治運動やターリバーンの台頭などの直接の起源は、18世紀に南アジアやアラビア半島、シリアなどで起きたハディース学の発展である。

イスラームの教義の根本であるクルアーンを理解するためには、その内容の背景にある預言者ムハンマドの人生と言説を理解することが必須である。したがって、預言者ムハンマドの言行の記録であるハディースが、クルアーンを理解していく基礎である。数十万点に及ぶハディースを検証し、組み合せて理解していくことで、イスラームの教義解釈が可能となる。

欧米や日本のメディアや研究者らは、「イスラーム復興」を問題にする時、自国の政治や経済に関わってくる事件や、女性のスカーフ、食べ物のことといった、表層的なことにしか着目しない。しかし、「イスラーム復興」の実体は、18世紀から始まったハディース学の発展であり、表層的な事柄はその結果の末端の部分に過ぎない。

18世紀にインドのシャー・ワリーウッラー(1703~1762)やシリアのイブン・アービディーン(1784~1836)らがハディース学を発展させたことが、イスラーム諸学の振興につながり、21世紀にまで至る「イスラーム復興」の基礎となった。

19世紀にはムスリム社会の大部分が植民地化され、20世紀には独立したものの、軍事や経済において先進国には遠く及ばない状態であった。この劣勢を克服しようとする運動がムスリム諸国で起こり、運動の求心力を高めるために、多くの場合、民族主義が掲げられた。あるいは、イスラームが政治運動のイデオロギーとして掲げられることもあった。しばしば、民族主義とイスラームを合わせて政治運動のイデオロギーとして掲げられた。軍事と経済における劣勢は、技術と統治の体系の問題であり、特段イスラームの問題という訳ではない。しかし、毎週金曜日に集団礼拝があるモスクや学校などムスリムが集まる場に政治的利用価値があったため、イスラームが政治運動の旗印として用いられた。

20世紀の東南アジアでは、ムスリム社会の主要な政治課題は、華人や仏教徒、キリスト教徒といった非ムスリムに対して社会経済的に劣勢な状況を、いかにして克服するか、ということにあった。マレーシアでは、1969年にマレー人ムスリムと華人のあいだの民族間暴動が起こり、この事件をテコとして、マレー人ムスリムを経済や教育において優遇する新経済政策が１９７１年に開始された。

この状況を政治的に最大限に活用したのが、アンワール・イブラヒム（１９４７～）であった。大学で学生運動組織を主導していたアンワールは、１９７１年にマレーシア・イスラーム青年運動（ＡＢＩＭ）を創設し、イスラームを政治運動のイデオロギーとして掲げるとともに、マレー人ムスリムの社会経済的地位の向上を政府に要求した。他のムスリム諸国でも見られた、「イスラーム復興」と民族主義政治運動の混同の一例である。

ヒンドゥー教徒との会合に出席するアンワール（2006年）

統一マレー人国民組織（ＵＭＮＯ）の国会議員に当選し、１９８１年に成立したマハティール政権で入閣したアンワールは、農業大臣や教育大臣、財務大臣を歴任し、１９９３年には副首相となった。当時マレーシアでは石油と天然ガスが国家の主要な歳入源となっていたこともあり、アンワールは政府予算によって、国営企業でのマレー人の雇用、マレー人起業家への融資、マレー人の大学進学者急増などを主導した。また、マレーシア・イスラーム銀行やマレーシア国際イスラーム大学の創設なども実現した。

マレー人ムスリムの優遇と野放図な財政支出は、汚職を蔓延させ、１９９０年代にはマレーシア経済の成長を鈍化させていった。１９９８年にはマレーシアの通貨下落と経済危機、多くのマレー人企業の破綻が起こり、マハティール首相と対立したアンワールは失脚した。

与党UMNOから追放されたアンワールは、イスラームやマレー人優遇を政治的旗印として掲げるのをやめ、多民族の平等と汚職の撲滅を掲げて人民公正党（PKR）を結成した。華人やインド人を中心とした民主行動党（DAP）と連合して、2022年にはUMNOとも連立して首相に就任した。

ニック・アブドゥルアジズ・ニック・マット（1931～2015）は、マレー半島北部のクランタン州で生まれ、汎マレーシア・イスラーム党（PAS）の最高指導者を務めながら、1990年から2013年までクランタン州の州首相も務めた。

ニック・アジズが写っているPASの選挙ポスター（2008年、クランタン州）

ニック・アジズは、18世紀以降ハディース学発展の中心地であったインドにあるダールル＝ウルーム・デーオバンド大学で学び、その後エジプトのアズハル大学で学んだ。クランタン州にもどってからは、政治家を続けながら、自分のイスラーム学校を経営し、生涯、イスラームの教育者であった。

20世紀のマレーシアでは、イスラームについて学ぶための海外留学先は、当初最も多かったのはアラビア半島のメッカで、徐々にエジプトへの留学が増えていった。一方、南アジアへの留学も少数派ながら見られ、特にニック・アジズが学んだデーオバンド大学やパキスタンにある同じ系統のダールル＝ウルーム学院への留学が多かった。南アジアへの留学は、ハディース学の発展をマレーシアへ輸入する潮流となり、ニック・アジズはその代表的な人物であった。ニック・アジズは、南アジアでデーオバンド系のウラマーによって行われてきたウラマー主導の政治をクランタン州で定着させ、PASにおいてもウラマーによる指導体制を確立させた。

アンワールが「イスラーム復興」を専ら政治、経済の問題として政府与党による行政課題の一部として扱ったのに対して、ニック・アジズは18世紀以来のイスラーム諸学の発展をマレーシアに輸入して教育することに重点を置いた。アンワールは、ムスリム諸国に広く見られる、イスラームに名を借りた社会経済的利益のための政治運動で活躍した人物の典型である。ニック・アジズは、イスラーム復興の主流であるインド起源のハディース学をマレーシアに輸入したウラマーのひとりと言える。

（塩崎悠輝）

▼参考文献
塩崎悠輝 2016『国家と対峙するイスラーム——マレーシアにおけるイスラーム法学の展開』作品社。
鳥居 高編 2007『マハティール政権下のマレーシア——「イスラーム先進国」をめざした22年』アジア経済研究所。
山根 聡 2011『4億の少数派——南アジアのイスラーム』山川出版社。

58

アブドゥルラフマン・ワヒドとヌルホリス・マジッド

★リベラルなイスラームの２つの道★

共同体の伝統的な価値と個人の自由や権利は必ずしも両立しない。そのようなとき、できるかぎり後者を擁護しようとする立場をリベラルという。アブドゥルラフマン・ワヒド（１９４０〜２００９）とヌルホリス・マジッド（１９３９〜２００５）は、ともにムスリム共同体の内部においてリベラルの潮流を担ったインドネシアの知識人である。自由や人権、デモクラシー、そして宗教間調和などをイスラームの論理の内から導こうとした２人は、同じ東ジャワ州ジョンバンの出身で、親交も深かった。その経歴や思想にはいくつもの共通点と興味深い違いがある。

グス・ドゥル（通称）ことアブドゥルラフマン・ワヒドは、国内最大のイスラーム団体ナフダトゥル・ウラマー（ＮＵ）の創設者ハシム・アシュアリ（第54章）の孫である。プサントレン（イスラーム寄宿塾）で教育を受けたのち、エジプトのアズハル大学とイラクのバグダッド大学に留学した。帰国後は、プサントレンの仕事に携わりながら旺盛な言論・社会活動を展開した。１９８４年からはＮＵ議長を務め、１９９０年代になると、宗教間の垣根を越えた活動家の集まりである「デモクラシー・フォーラム」を立ち上げて、スハルト政権による警戒の対象ともなった。さらに、1998年に同政権が崩壊してからは、NUを基盤とする民族覚醒党（PKB）の顧問となり、1999年総選挙後の国民協議会では、ナショナリズムを掲げる世俗勢力とイスラーム政治勢力の橋渡しを期待されるかたちでインドネシアの第4代大統領に選ばれた。その頃には病で視力をほとんど失っていたが、機知とユーモアが溢れる独特の弁舌に衰えはなかった。

グス・ドゥルは、その生涯をとおして奔放にふるまった。読書と学問をこよなく愛し、15歳で『資本論』を完読したのちは、長らく社会主義への関心を閉ざさなかった。西洋クラシック音楽の愛好家でもあり、とりわけ「平和と友愛に満ちた」交響曲を好んだ。エジプトのアズハル大学ではシャリーアについて学ぼうとしたが、教室に入ってみると「すべてプサントレンで学んだこと」だった。退屈になって図書館と映画館に通いつめながらエジプトについて知ったのは、社会的公正を求める思想とイスラームとが切り離されてしまっているという現実だった。

2003年7月のある催しにおけるグス・ドゥル（左）とヌルホリス（右）。（TEMPO/ Santirta M. 氏撮影）

グス・ドゥルは、「人道主義」を信条として掲げていた。「平和」や「友愛」も、つねに彼の語るところであった。それらすべては、自らの宗教であるイスラームから（そして他の宗教からも）導かれるものだった。そのようなイスラームを、あまねく信徒たちの「文化」として生かすことを彼は主張し続けた。それがインドネシアの一般民衆に欠けていると見ていたわけではなく、イスラーム政党をはじめとした政治的シンボルや国家制度へのエリートたちの執着がイスラームの本質を貶めていると見て、警鐘を鳴らしていた。

彼はしばしば、「宗教は個人の問題である」とも発言した。諸個人が心の内に宗教を根づかせていれば、人道主義も、異なる立場を尊重する態度も、自ずと備えた社会が生まれるという理解に基づく発言であった。宗教間の調和をことさら気にかけたのもグス・ドゥルで、彼が参画する運動の多くはキリスト教徒など異教徒との協働であった。

才気煥発な人物には落とし穴もある。大統領となったグス・ドゥルが、「面倒なこった」という口ぐせとともに議会や閣僚に向けて吐き出す言葉は、ときに侮言として受け止められた。大局を動かす気概とは別に、政治とは細やかな配慮と手続きの積み重ねである。十分な意思疎通もなく閣僚を次々と解任するなど、その配慮や手続きを疎かにしたグス・ドゥルは、それまで彼を支持していた諸勢力を怒らせ、2001年、議会での弾劾によって大統領を解任された。就任から数えて2年足らずの短い在任期間であった。

ヌルホリス・マジッドもまた、イスラーム活動家の家庭の生まれであり、父親はイスラーム政党であるマシュミ党の闘士であった。やはりプサントレンで教育を受けたのち、ジャカルタの国立イスラーム学院（IAIN）に進学した。豊富な知識と卓越した弁舌能力を備えた彼は、1960年代、イスラーム学生同盟（HMI）の運動に身を投じ、まもなく同組織の議長となった。活動を始めた当初はあからさまな反西洋主義者であり、周囲からはモハマド・ナシール（第55章）の後継たる次代のイスラーム政治勢力の中心人物になると目されていた。しかし1968年、アメリカ大使館が企画したアメリカ視察旅行に参加することとなり、それが人生の転機となる。

毛嫌いしていたというアメリカに数週間滞在するあいだ、ヌルホリスはそこで、彼自身が思い描いていた理想と重なる宗教社会の姿を目にすることになった。政治的シンボルや国家制度として宗教を用いずとも、多くの人々が聖書で善とされる事柄を自然に実践しているように思われた。対照的に、そのあと立ち寄った中東諸国で彼が見たのは、形式ばかりが重視され、善の実践がうまく伴わないイスラーム発祥の地の姿であった。

帰国してまもなくの1970年初頭、ヌルホリスは、同志たちとともにイスラーム思想の「革新（プンバルアン）」の意志表明を行った。そこで彼は「イスラームYes、イスラーム政党No！」という表現を用いて、イスラームから政治的なシンボルを切り離すことの必要性を訴えかけた。そして、イスラームの規範の遵守に頑なである者たちからの激しい反発を受けながらも、社会的な活動の場をひろげていった。グス・ドゥルと同じく、その活動はつねに、抑圧された人々の自由や人権の擁護を意図するものでもあった。

伝統派イスラーム組織に足場を定めたグス・ドゥルとは異なって、ヌルホリスはまもなくアメリカのシカゴ大学に留学し、そこでイスラーム思想の博士学位を取った。帰国後は、同志とともに「パラマディナ財団」を設立し、おもにはイスラームと普遍的価値との接合をテーマに「革新」思想の普及につとめた。彼もまた異教徒との関係には注意を払い、イスラームが本来的に多様な集団の共生をうながす宗教であるという神学的見解の普及に尽くした。

グス・ドゥルとヌルホリスの思想面における違いを的確にあらわす逸話は、グス・ドゥルその人によって綴られている。1982年、アメリカ留学中のヌルホリスを訪問した彼は、後日『テンポ』誌に寄せたエッセイ（"Cak Nur: Tetap tetapi Berubah", *Tempo*, 10 Juni, 1982）の中で、この友人への敬意と親しみをこめながら、彼独特の調子で次のように書いた。「チャ・ヌル（ヌルホリスの通称）は相変わらずだった。流行おくれの服を着て、リビングは古本屋のように書物が溢れている。宗教思想の基礎的な問題にばかり関心を向け、周辺の諸問題に気を散らさない。話し始めると省察が止まなくなるのも以前と同じで、とてもついていけやしない。そしていまだに、自説を正当づける根拠を得ようと、クルアーンの章句に縛られている」。

クルアーンは、預言者の生きた時代や社会ならではのものとも解釈できる章句を多く含む。戦闘を巡る章句しかり、男女の地位を巡る章句しかり、字句どおりに実践すると現代的価値との齟齬が生じることがある。グス・ドゥルは、むろん字句を軽視していたわけではないが、現代的価値と対立しかねないものについてはあえて素通りするところがあった。解釈論議から一歩引き、それよりもプラグマティックな社会活動を重視していたのだとも言える。他方、ヌルホリスは、それでは啓典宗教であるイスラームの根本問題は解決しないという考えのもとで、あらゆる字句と向き合い、その現代的な再解釈に注力し続けた。これをやりとげるにはたいへんな根気と努力が必要で、成果が約束されているわけでもない。これから数十年、2人の示したリベラルの潮流を引き継ぐインドネシアのムスリム知識人たちは、グス・ドゥルの道とヌルホリスの道のいずれを歩んでゆくのだろうか。（佐々木拓雄）

▼参考文献

小林寧子 ２００８『インドネシア――展開するイスラーム』名古屋大学出版会。

Barton, Greg. 2002. *Gus Dur: The Authorized Biography of Abdurrahman Wahid*. (Jakarta: Equinox Publishing)

Kersten, Caroon. 2015. *Islam in Indonesia: The Contest for Society, Ideas and Values*. (London: C Hurst & Co Publishers Ltd)

59

ドモカオ・アロントとサラマト・ハシム

★フィリピンのムスリム知識人★

20世紀後半フィリピンのムスリム知識人は大きく2つのタイプに分けられる。ひとつは、アメリカ合衆国による植民地統治により導入された西洋式公教育を受け、法律家などの専門職に就いた西洋型知識人である。彼らは英語を通じ、基本的に自由主義・世俗主義に基づいて世界を理解し、フィリピン国家の中でムスリムが公正、平等に扱われることを目指して活動した。もうひとつは中東のイスラーム高等教育機関に留学してイスラーム諸学を修めたウラマー（学者）である。彼らはアラビア語を通じてアラブ民族主義、イスラーム近代主義、イスラーム主義など様々な運動や思想に接し、それらに触発されてフィリピン・ムスリムのウンマ（イスラーム共同体）の現状を捉えなおし、その未来を構想した。ここでは前者の例として1950〜80年代に活躍した著名なムスリム政治家・知識人、アフマド・ドモカオ・アロント（以下、ドモカオ・アロント）（1914〜2002）、後者の例としてモロ・イスラーム解放戦線（MILF）初代議長サラマト・ハシム（1942〜2003）をとりあげる。

ドモカオ・アロントはミンダナオ島ラナオ州のマラナオ人伝統的支配層の家庭に生まれた。父は、マヌエル・ケソンをはじめとする中央のフィリピン人ナショナリスト有力政治家と協力関係にある政治家であった。ドモカオ・アロントはアメリカ統治下、英語の公教育を受け、フィリピン大学法学部に進学し1938年に司法試験に合格し、父の政治活動を補佐した。日本占領期は父とともに日本軍に協力し、フィリピン独立後は、ムスリム問題担当大統領顧問（1948）、下院議員（1953〜55）、上院議員（1955〜61）、1971年憲法制定議会代表、1986年憲法制定委員会委員など重要な公職を歴任した。この間、議会活動を通じてムスリムの利害を国政に反映させることに努め、⑴国立ミンダナオ大学、⑵ムスリムを含む少数民族への奨学金支給を主な事業とする国民統合委員会、⑶南部フィリピン開発庁の3機関の設立を牽引し、ムスリムや山地民が多数を占める州の知事・評議員の公選化を実現させた。1986年に招集された憲法制定委員会では、数少ないムスリム委員のひとりとして、ミンダナオ・ムスリム自治地域設立を定める条項草案の作成やとりまとめに尽力した。ドモカオ・アロントはこのように中央政界有力者との人脈を活用しつつ、英語力と法律の専門的知識を武器として議会民主政治に積極的に参加し、フィリピン政治におけるムスリムの発言力を拡大させた。

ドモカオ・アロントはフィリピン・ムスリムの啓蒙と組織化、イスラーム教育の近代化にも取り組んだ。1955年にバンドンで開かれたアジア・アフリカ諸国会議にフィリピン政府代表団のひとりとして参加し、エジプトのナセル大統領をはじめとするムスリム諸国指導者と親交を結び、それをきっかけとしてエジプトやパキスタンからフィリピン・ムスリムの教育やその他のイスラーム振興事業への支援を取りつけ、アズハル学院への留学生派遣、近代的イスラーム学校設立、中東のイスラーム学校教師招聘、全国ムスリム会議開催などを行った。1962年には、サウジアラビア政府の支援を得て設立された国際的非政府組織であるイスラーム世界連盟の創設にフィリピン代表として参加し、パキスタンのイスラーム主義団体・政党ジャマーアテ・イスラーミー創設者のマウドゥーディー等、世界各地のイスラーム指導者と親交を結んだ。１９８８年、アロントはフィリピンにおけるイスラーム振興に対する功績に基づいてサウジアラビアのファイサル国王財団からファイサル国王賞を授与された。

ドモカオ・アロントはこのようにフィリピンを代表するムスリム指導者として国際的に著名であるが、若い頃はイスラームに無関心な「名ばかりのムスリム」であった。しかし、30代半ばになって、贈られたクルアーンの英訳を読んだことをきっかけとしてイスラームに関心を持つようになった。その後、英文イスラーム文献を集めて読み進め、さらにアズハル大学卒のインドネシア人ウラマーからイスラームを学んだ。そして英語やマラナオ語のイスラーム入門書を執筆するとともに、英訳されたアラビア語イスラーム書をマラナオ語に重訳し小冊子として刊行した。

アロントはイスラームの概念や用語を用い、英語を通じてムスリムの権利保障の必要性をフィリピン社会に向けて訴えた。１９７０年代以降はイスラーム主義的な主張を行うこともあったが、彼の基本的な考え方はイスラームと近代性の両立をはかる近代主義に基づくものであった。ムスリム指導者としてのアロントの特徴はその思想ではなく、長期的なヴィジョンに基づいて戦略的に行動する現実

1960 年、カイロ訪問時にアズハル大学幹部と面会するアフマド・ドモカオ・アロント（左から２番目）
出 典：*Dr. Ahmad Domocao Alonto, Sr., King Faisal International Awardee*. Marawi City: University Research Center, Mindanao State University, n.d., p.20.

主義的な政治指導者としての資質にある。特に、ミンダナオ国立大学設立、中東留学制度確立、イスラーム教育改革などの教育関連事業は、ムスリムの教育機会を拡大し、新しいムスリム知識人を創出し、その後の社会変化をもたらした点で重要である。

サラマト・ハシム
出典：Salamat Hashim. *"We must win the struggle!"*. Camp Abubakre As-Siddique: MILF, 2005, p.25.

コタバト州のマギンダナオ人支配層出身のサラマト・ハシムは、カイロのアズハル大学でイスラーム法学を学んだ後、1970年に帰国し、左派学生団体指導者でフィリピン大学政治学講師のヌル・ミスアリら急進的ムスリム青年とともにモロ民族解放戦線（MNLF）結成に参加し、中央委員長ミスアリとともに運動を率いた。サラマトはその後、運動の理念や方針を巡ってミスアリと対立し、MNLFはミスアリ派とサラマト派に分裂する（第37章）。1984年、サラマト派はモロ・イスラーム解放戦線（MILF）と改称し、イスラームの教えに則った公正な統治を行う自治国樹立を掲げて武装闘争を行った。

サラマトの政治思想の特徴は以下の3点にまとめられる。第1は、西洋型の世俗主義体制においては政治的・社会的公正を達成することができないとしてイスラーム法に基づく統治の確立を目指した点である。サラマトはマウドゥーディーの著作を頻繁に引用していることから、マウドゥーディーのイスラーム主義思想を主なよりどころとしていたことがわかる。

第2はイスラーム国家樹立に先立って、個人、家族、民衆、政府の順に社会をイスラーム化していくという運動方針である。これにはエジプトのムスリム同胞団の指導者ハサン・アル＝バンナーやサイイド・クトゥブの考え方が反映されている。

第3は、サダト大統領を暗殺したエジプトのジハード団のような過激なイスラーム主義思想とは一線を画している点である。エジプトのジハード団がムスリム社会内部の腐敗した指導者への攻撃を肯定したのに対し、サラマトはムスリム支配層との全面的対立を避け、むしろ有力者との個人的関係を運動の拡大に利用した。このようにサラマトは、イスラーム主義者であると同時に、現実主義的で柔軟な政治指導者でもあった。

西洋型ムスリム知識人であるアロントの活動がフィリピン・ムスリム青年に中東留学の道を開き、その中からサラマトのようにイスラーム主義の影響を受けた若手イスラーム知識人のグループが形成され、それがさらにフィリピンのムスリム社会やフィリピン政治を大きく動かすことになったのである。

（川島　緑）

▼参考文献

川島　緑 1993「戦後フィリピンにおけるイスラーム団体の発展――モロ国民主義に先行する政治的潮流」『アジア研究』39（1）。
川島　緑 2012『マイノリティと国民国家――フィリピンのムスリム』山川出版社。
Mohammad Nashief S. Disomimba and Kalsombnti Ali, 2014. "The Contributions of Alonto to the Development Islamic Thought in the Philippines (1914-2002)." *International Journal of Philosophy and Theology*, 2(3).

60

リイス・マルクスとザイナ・アンワール

―★インドネシアとマレーシアにおけるイスラミック・フェミニズムの発展★―

リイス・マルクスとザイナ・アンワールは、現代インドネシアとマレーシアにおけるイスラミック・フェミニズム運動の卓越した活動家である。イスラミック・フェミニズムとは、1980年代以降に発展した、イスラームへの帰依を前提としその平等主義の原則を拠り所にジェンダー公正を目指す思想と運動を指す。西洋や他のムスリム多数派地域のフェミニストからの影響を受けつつも、インドネシアとマレーシアのイスラミック・フェミニズムは独自の発展と社会的な広がりを経てきた。2人の歩みは、両国の思想と運動の特徴を映し出している。

リイス・マルクス(1958～)は、インドネシアのプサントレン(イスラーム寄宿塾)を拠点にジェンダー公正のための活動をしてきた。家族の多くは伝統主義イスラーム団体のナフダトゥル・ウラマー(NU)系列のプサントレンで教育を受けたが、母親が近代主義系のムハマディヤの女性部門アイシャのメンバーだったこともあり、ムハマディヤの学校に通った。イスラームの中でも異なる宗教伝統をまたいだ彼女の背景は、1970年代末以降のイスラーム思想の改革潮流にかなっていた。というのも、NUでは当時、法学派に基づく伝統的解釈を見直し、生命、財産、子孫、精神、宗教の保全という「シャリーアの目的」に基づき、新しい法解釈が提案されていた。この「シャリーアの目的論」は、ムハマディヤなど近代主義イスラーム団体においてはすでによく知られた方法論であった。

リイスはこうしたイスラーム思想改革を推進していたジャカルタの国立イスラーム学院に進学、1980年代半ばに当時NUにおける改革の最前線にあった「プサントレンと社会発展協会（P3M）」に加わった。P3Mでは、プサントレンで教材として使われてきたイスラーム法学の古典（通称キタブ・クニン〔黄色の本〕）を批判的に読むことで、社会変革を志向する思考実験が行われていた。この一環として、リイスは女性イスラーム法学（フィクフ・アンニサ）という名称で、リプロダクティブライツ（性と生殖に関わる権利）についての講座を主宰した。そして、女性たちの草の根の経験を踏まえ、女性の権利と健康に資するイスラーム法解釈の構築を目指す、実践的な議論を展開したのである。この時期、1980年代後半から90年代にかけては、モロッコのファーティマ・メルニースィーを始めとする中東出身のフェミニストたちの書籍も翻訳され、プサントレン出身の大学生や若い活動家らの間で熱心に読まれた。メルニースィーはたとえば、女性が政治指導者になることを否定するイスラーム法解釈の論拠が弱いことを指摘した。こうした内外の思想がインドネシアにおけるイスラミック・フェミニズムの裾野を広げていった。

リイスは2000年代初頭に、オランダのアムステルダム大学大学院で人類学を学んだ。スハルト体制期からP3Mでの取り組みや、イスラーム系女性団体についての論文を発表しており、イスラームを修めた女性研究者としても先駆的な存在である。帰国後は、P3Mから分離して設立されたN

GOラヒマ（Rahima）に参加、２００５年にはルマ・キタブ（RumahKitaB）を結成した。「私たち（キタ）の家（ルマ）」に、キタブ・クニンを指す「キタブ（書籍）」を組み合わせた組織名である。Ｐ３Ｍから継続して、イスラーム法解釈の変革とその宗教教育における適用やプサントレンにおける人材育成を行っている。また児童婚などの問題についての実態調査を行い、こうした研究を政策に結びつけるために、イスラーム系か否かを問わず国内外のＮＧＯとも連携している。

以上のように、リイスは１９８０年代以降に広がってきたイスラーム思想の改革潮流の中で活動領域を広げてきた。彼女らの営為によって、現在ではジェンダー公正の観念はＮＵとムハマディヤの女性部門でも人材育成のプログラムに取り入れられるようになった。こうした取り組みのひとつの到達点として、様々なレベルで活動するイスラミック・フェミニストを集める初のインドネシア女性ウラマー会議（ＫＵＰＩ）が２０１７年に開催され、イスラーム法解釈の変革と政策提言が集団的なファトワーとして提示された。ＫＵＰＩが提言した児童婚や性暴力の禁止は、女性の最低結婚年齢の引き上げ（２０１９年）や性暴力犯罪法の成立（２０２２年）に結びついている。

マレーシアを代表するイスラミック・フェミニストであるザイナ・アンワール（１９５５〜）の出発点は対照的である。ザイナは父親が統一マレー人国民組織（ＵＭＮＯ）創設者のひとりという政治エリートの家庭に生まれた。イスラームは身近だったが、専門的な勉強はしたことがなかった。大学ではジャーナリズムを専攻し、メディアで働くとともに、女性に対する暴力に特化したＮＧＯである女性援助組織（ＷＡＯ）に参加した。いわば世俗の高等教育を受けた広報や組織運営のプロフェッショナルとして、フェミニズム運動の一員となったのである。

ザイナらは家庭内暴力禁止法の制定を目指したが、政府内の宗教当局は仮に法律ができてもムスリムには適用されないと主張した。イスラーム法においては夫が妻を殴って従わせることができるというのである。しかし、彼女が幼い頃から親しんできたイスラームはこのような女性に対する差別的な行為を正当化するものではなかった。こうした経験から、ザイナはクルアーンを直接読み、自らイスラーム法理解に取り組む必要性を痛感した。

そんな折に、ザイナは開校したばかりのマレーシア国際イスラーム大学で教鞭をとっていたアミナ・ワドゥードと出会う。アフリカ系アメリカ人のワドゥードは、ジェンダー公正の観点からクルアーンを大胆に再解釈し、既存のイスラーム法理解を批判するイスラーム学者であった。また、男性だけが礼拝を先導するイマームを務めることに反発して、自ら礼拝を先導して問題提起をした活動家であり、「レディー・イマーム」の愛称で知られていた。ワドゥードを教師にクルアーンを読む勉強会を開催するようになり、このグループを母体に1986年に家族法改革を旗印としてシスターズ・イン・イスラーム（SIS）が結成された。

SISのメンバーは、ザイナのような非宗教分野の専門職出身者ばかりだったので、宗教的な議論に関しては、当初からワドゥード以外にもファスィ・オスマン（エジプト）、ハリド・マスド（パキスタン）などの男性イスラーム学者からの支援を受けた。マレーシアの聴衆は、中東や南アジアのイスラームをより「本場」と捉え、また男性の方がより権威があると考えがちである。こうした傾向を逆手にとった、国内の反対勢力に対抗する戦略でもあった。またザイナはインドネシアの動きに注目してきた。リイスら活動家とは国際会議やフィールドトリップの機会に経験を共有する一方、インドネシアから男女の革新的なイスラーム学者を招聘して、一般聴衆向けの講演会を開催した。これも、同じマレー語圏の宗教権威でもマレーシアの既存のウラマーたちとは異なる発想をする人々がいることを示すための戦略だった。それほどに、当時のマレーシアにはロールモデルがいなかったのである。

他方で、マレーシアにおけるフェミニズム運動の強みは都市エリート層の一角をなしていたことであり、UMNO政権に接近できたことであった。ザイナはマハティール首相や、その後継のバダウィ首相にも直接ロビーすることができたという。こうして、前述した家庭内暴力法（1996年成立）はムスリムにも適用されることになるなど、法制度改革に一定の成果を挙げてきた。ザイナは現在SISのリーダーシップを後進に譲り、2009年に設立したムサワ（アラビア語で「平等」）を主な舞台に、家族法改革に向けた国際的な連携と人材育成、アドボカシーに取り組んでいる。

インドネシアのイスラミック・フェミニズムは、リイス・マルクスのような宗教教育を受けた活動家が革新的な思想を提示し、NGOを組織、主要イスラーム団体の女性部門や一部のプサントレン教育にもジェンダー公正の概念を広げている。近年は政策変更にも成功するようになった。これに対して、マレーシアでは、ザイナ・アンワールのような世俗の高等教育を受けた専門職の女性たちが牽引してきた。知的な枠組みを海外から借用しつつ、状況に合わせた戦略的な運動の組織化やロビーによって、ジェンダーについての国内の言論状況と政策を漸進的に転換させてきたのである。

（見市　建、ハズマン・バハロム）

▼参考文献

長沢栄治 監修、鷹木恵子 編著 ２０２０『イスラーム・ジェンダー・スタディーズ２ 越境する社会運動』明石書店。
服部美奈 ２０１５『ムスリマを育てる――インドネシアの女子教育』山川出版社。
見市 建「インドネシア女性ウラマー会議（ＫＵＰＩ）２０２０『公式資料：過程と結果』――解題と抄訳」『アジア太平洋討究』40。
Masdar F. Mas'udi, Rosalia Sciortino, Lies Marcoes. 1997. "Learning from Islam: Advocacy of Reproductive Rights in Indonesia Pesantren," *Studia Islamika*, 4(2).

Ⅷ

東南アジアのムスリムと日本

61

歴史の中の日本と東南アジアのイスラーム

★戦前・戦中の日本の関与★

多くの日本人にとって、イスラームは近年まで非常に馴染みのないものであった。20世紀の初め頃までは、せいぜいロシア革命（1917年）で亡命してきたトルコ系タタール人などとの接触のほか、オスマントルコ帝国との関係があった程度である。しかし、急に関心が大きく膨らんだ時期があった。1930年代になって、中国大陸への軍事進出が始まると、満州やモンゴル地区（いわゆる満蒙地帯）に住むムスリムを、漢族から分離して日本側に引きつけるという国策上の必要から、イスラームへの関心は飛躍的に拡大したのである。そのため、それを支えるためのイスラーム団体の結成や、イスラーム研究も活発になった。1938年には、4月に回教圏攷究所《かいきょうけんこうきゅうじょ》（1940年に研究所と改名）が開所されたのに続いて、9月に大日本回教協会が発足した。この2つの団体は、それぞれ定期的に機関紙を発行し、日本国内でのイスラームの啓蒙に努めた。回教圏攷究所が刊行していた『回教圏』では、クルアーンを日本で初めてアラビア語原典から邦訳して連載している。またトルコ語やアラビア語の講習会なども開催し、ここの研究員であった鈴木朝英は開戦後マラヤの司政官として赴任し、ムスリム調査に従事した。

神戸、名古屋に続いて１９３８年には東京回教礼拝堂（現：東京ジャーミイ）が建立されたが、これは日本が確固たるイスラーム政策を進めていくという意思表示として象徴的なできごとであった。それでも１９３９年４月に公布された宗教団体法では、イスラームは正式な「宗教団体」と認められなかった。そして「その他の宗教教団」として他の新興宗教とひとくくりに扱われたのである。ようやく、１９４２年になって興亜宗教同盟が結成されたときに、大日本回教協会らが奔走した結果、イスラームもこの同盟に加えられた。

１９３０年代のイスラームへの関心は、軍事的な進出に際しての住民の宣撫《せんぶ》という動機から出ているのであるが、その工作を担当するために日本人ムスリムの育成が行われた。そのためには、軍の資金で人材をエジプトのアズハル大学に留学させたり、メッカ巡礼に送り込み「ハッジ」に仕立てあげるなどした。たとえばのちに日本による占領開始後ジャワへ派遣された鈴木剛（モハマッド・サレー）は、財閥、軍、南満州鉄道の後援で１９３５年を皮切りに３回巡礼している。３回目の巡礼（１９３７年）は満州のムスリム張世安を伴って行ったのであるが、現地で日本の侵略を非難する国民政府派遣の巡礼団と鉢合わせしたという。同じく、のちにスラウェシへ派遣される小林哲夫（オマル・ファイサル）は、陸軍参謀部の資金を得

東京回教礼拝堂の前で 1944 年のレバラン（ラマダーン明け大祭）を祝うインドネシア人たち

て1936年からアズハル大学に学び、1937年と1939年、1940年にメッカ巡礼をしている。またビルマでのムスリム対策に派遣された菅葦信正は、アズハル大学在学中の1939年に巡礼に行った。

戦前の、東南アジアのイスラームとの直接的な接点を見ると、インドネシアで出版されていたイスラーム団体ナフダトゥル・ウラマーの機関紙の1938年9月15日号に、「日本の声」と題する日本側からの宣伝文が掲載され、その中で日本がいかにイスラームを尊重しているかが強調されていた。また、1939年11月に東京と大阪で開催されたイスラーム展覧会に、日本側が全面的に費用を負担してイスラーム諸地域の代表を招待し、「世界初」のイスラーム世界会議を開催した。このときインドネシアからは、ミアイ（MIAI：インドネシア・イスラーム最高会議）の代表が参加した（第54章）。

1941年12月に「大東亜」戦争が始まり、東南アジアの各地で軍政が敷かれると、ムスリムが圧倒的多数を占めるマラヤやインドネシアでは、ムスリム工作が重要な課題となった。軍政の基本方針としては、現地の既存の宗教は尊重し、日本の宗教は進出させない、ということであり、イスラームは民心把握のために積極的に活用された。

マレー半島には、イギリスによる植民地化以前9つの「土侯国」（ジョホール、ヌグリ・スンビラン、スランゴール、パハン、ペラ、トレンガヌ、クダー、クランタン、ペルリス）が存在しており、イギリス植民地行政下では、それがそのまま「州」になっていた。日本軍は、土侯（スルタン）に宗教や慣習法上の権限を認め、宗教的事項を取り仕切ることに関しては絶対的な権限を保持させた。イギリス支配下では、その宗教上の首長たるスルタンのもとで、イスラーム問題を司る宗教役人の組織が比較的整備された形で存在していた。したがって日本はそれを引きついで、あまり直接的に関与することなく、表面上彼らを立てて、背後で懐柔して住民を巧みに統治した。

インドネシアでは、オランダ植民地時代イスラーム勢力は政治的な影響力は勿論のこと、行政上の役割からも排除されていた。しかし日本軍政下では、宗務部（中央）、宗務課（州）を設置し、オランダ語教育を受けた官吏（プリヤイ）たちに対抗させるために、キヤイやウラマーと呼ばれる農村のイスラーム寄宿塾の教師たちを登用した。また彼らに各地を遊説させて住民の宣撫のために活用した。そのために、政治的な色彩の強い講習会を継続的に実施して彼らを教化し、修了者には修了証書を授与した。オランダ植民地時代、社会的文化的活動のみが許されていたイスラーム勢力が、初めて政治的な力をつける契機となったのである。またこのように、都市的なムスリム知識人ではなく、草の根の指導者たちを活用し、彼らに大きな活力を与えたことが日本軍政のイスラーム政策の大きな特徴である（第7章）。

全マラヤ・スマトラのウラマー大会（1943年4月シンガポールにて、防衛研究所戦史室所蔵）

このような政策の実施に際しては小野信治（アブドゥルハミッド）という人物が大きな影響力を持った。彼は、工作要員として養成され派遣された他の多くの日本人ムスリムとは違って、戦前からジャワに住み着き、ムスリム女性との結婚を機に自らも入信していた、いわば「真正の」ムスリムである。

なお、ジャワにはそれまで各種のイスラーム団体が存在したが、日本はそれらをすべて解散し、統一的なマシュミ（Masyumi）という翼賛組織を結成した。これには、キヤイらの個人参加も認められていたため、多くの指導者を包括することになった。そして占領末期には、ムスリム青年たちを集めて軍事教育を施し、ヒズブラー（Hizbullah）という武装組織を結成した。これはのちにインドネシアの独立戦争の中でオランダとの実戦にも参加した。日本占領期の体験を通じて、イスラーム勢力は政治的にも力を蓄えることになり、戦後の政治動向にも大きな影響を与えた。

戦前・戦中と比較し、戦後は日本の対東南アジア戦略の中でイスラームへの関心は急激に薄れ、重視されなくなった。戦後において特記すべき出来事としては、1958年1月から実施された戦争賠償支払いの中で、日本は、500万部のクルアーン印刷代として180万ドルをインドネシアに支出したということくらいである。これは凸版印刷が引き受け、宗教省を通じて納入された。日本の外交戦略の中で、再びイスラームが重視されるようになるのは、全世界的なイスラームの復興の動きを受けて1990年代になってからのことであった。

（倉沢愛子）

▼参考文献

倉沢愛子 2008「「大東亜」戦争期の対イスラーム政策」坂本勉 編著『日中戦争とイスラーム――満蒙・アジア地域における統治・懐柔政策』慶應義塾大学出版会。
小林寧子 1997「インドネシア・ムスリムの日本への対応――ジャワにおけるキヤイ工作の展開と帰結」倉沢愛子編『東南アジア史のなかの日本占領』早稲田大学出版部。

62

日本の文化外交における東南アジアのムスリム

★共感と相互理解の醸成★

東南アジア・ムスリムは、日本外交にとって重要なアピール対象であり、広報・文化交流・国際協力などを通じた関係作りが行われている。2000年に外務省「イスラム研究会」報告は、東南アジア外交におけるイスラームの重要性を指摘していたが、2001年米国同時多発テロ事件（「9・11」）およびその後の東南アジアへのテロ拡散によって、安全保障の観点からも彼らの存在は特別な意味を持つようになった。

対東南アジア・ムスリム文化外交を大別すると、①ムスリム言論人との関係強化、②対日関心層のすそ野拡大、③社会資本としてのイスラームに着目した人材育成、④非寛容化・過激化予防、⑤日本社会のイスラーム理解増進、の5点を挙げることができよう。以下では世界最大のムスリム人口を擁するインドネシアを主として、①〜⑤の具体的取組みを見ていきたい。

いわゆる「イスラーム復興」がインドネシアやマレーシアで進行する中、ムスリム言論人の社会的影響力が増している。世論形成を主導する彼らと交流し、日本を理解してもらうのが①である。

内外で活躍した大変著名なムスリム知識人アジュマルディ・

アズラ国立イスラーム大学ジャカルタ校元学長が日本政府主催「東南アジア青年の船」(日本と東南アジアの青年が乗船、各国に寄港しながら船内および訪問国で交流し、親善を深める事業)のOBであったのは、その具体例だ。また外務省所管独立行政法人の国際交流基金アジアセンターは、多文化主義を推進するシンクタンク、ワヒド研究所のイエニー・ワヒド理事長を、2015年11月に文化人として日本に招いている。彼女は第4代大統領アブドゥルラフマン・ワヒド(第58章)の次女、初代宗教大臣ワヒド・ハシムの孫、インドネシア最大イスラーム組織であるナフダトゥル・ウラマー創設者ハシム・アシュアリ(第54章)のひ孫にあたる。ハシム・アシュアリは日本軍政で宗教行政を所管した宗務部長でもあり(第61章)、彼女と日本の縁は深い。

②に関し、膨大な数の東南アジア・ムスリム青年が日本に好感、憧れを持っている。対日関心層のすそ野を拡げるためインドネシアで取り組まれているのが、プサントレン(イスラーム寄宿塾)での日本文化紹介事業である。広報文化外交のアピール対象としてプサントレンの重要性を認識した外務省は、2004年から各地のプサントレン主宰者を日本に招いている。さらにそのフォローアップとして、在インドネシア日本大使館、総領事館や国際交流基金は、プサントレンへの出前講演、日本文化ワークショップ、映画上映会等の催しを実施している。

私自身、国際交流基金ジャカルタ日本文化センターに勤務していた時、「プサントレン・テブイレン」「プサントレン・ゴントール」等の名門プサントレンにおいて、東日本大震災からの日本の復興に関する講演を行った。いずれのプサントレンでも、若者たちは日本の漫画・アニメや韓国の韓流・K―POPへの関心が高く、彼らからの質問攻めにあった(写真)。

女子プサントレンでの筆者の質疑応答

③は、人と人をつなぐ社会資本としてのイスラームに着目し、社会発展を担う人材作りに貢献することである。意外と知られていないのは、民主主義を支える公益活動の担い手としてムスリム青年たちが活躍しているという事実である。国際交流基金は、東南アジアのムスリム市民を環境、防災・災害復興、共生等共通課題に取り組むパートナーとみなし、彼らとの共感を育む取り組みも行っている。国際交流基金アジアセンターの「東南アジア・ムスリム青年との対話事業」などが代表例である。2016年には若手ムスリム研究者・芸術家・市民リーダーが東北の防災教育、災害復興を視察し、学生らと交流を深めた。

地方の医療人材不足が深刻なインドネシアにあって、地方からの貧困層ムスリム学生を積極的に受け入れ、地域貢献を志向する国立イスラーム大学ジャカルタ校に対して、国際協力機構（JICA）は円借款を行い、保健・医学部創設のための校舎・学生寮建設、保健・医学部講師が日本の大学で博士課程に進むための奨学金供与等を支援している。

④に関して、従来東南アジア・イスラームは寛容で柔軟と言われてきたが、近年少数派に対する抑圧や暴力的過激主義への傾斜が懸念されている。一部のプサントレンには「テロリスト養成の温床」と欧米から警戒されているものもあるが、国際交流は、イスラーム・コミュニティと外部世界を結びつけ、閉鎖的な空間での扇動・洗脳による非寛容化、過激化を予防する。

在外公館や国際交流基金のプサントレン日本文化紹介事業は、対日関心層のすそ野拡大を目的とするものだが、非寛容化・過激化予防の副次的効果もある。私は、プサントレンで寄宿生たちと触れ合って、そう実感した。プサントレン寄宿生には、将来海外留学したいという者も多く、留学希望先も中東のみならず、欧米、あるいは日本、韓国と答える少年少女もいる。文化交流を通じて常に外部とのつながりを維持し、ムスリム青年が世界に羽ばたける環境を保つことが、プサントレンの過激化予防となるのである。

⑤に関して、東南アジア・ムスリムとの関係を深化させていくためには、相手を理解しようと努力する誠実さによって、彼らからの信頼を獲得していくことが肝要だ。「9・11」以降、非イスラーム圏において「イスラーム嫌い」がまん延する中で、先入観、偏見を持たずあるがままにイスラームを捉えることが大切である。

イスラームへの先入観、偏見から自由であるなら、それは対ムスリム外交において大きな資産となる。国際交流基金が2009年に東南アジア・若手ムスリム知識人グループを招いた際、「9・11」以降米国で頻発したムスリムへの中傷・攻撃を憂慮する彼らは、日本社会のムスリムに対する姿勢に強い関心を示した。そして東京や神戸のモスクを訪問し、ムスリムと近隣住民が良好な関係を築いていることに感銘を受けていた。

さらに2018年に日本人ムスリマ市民リーダーをインドネシアに派遣し、日本におけるムスリムをとりまく状況について紹介したところ、数百名の市民が来場し活発な意見交換が行われた。日本社会のイスラーム理解は、インドネシアのムスリムにとって重要な関心事なのである。

日本人が東南アジア・ムスリムの心を深く理解するためには、この地域の文学、音楽、演劇、映画に触れるとよい。国際交流基金は東南アジア現代文化芸術を日本に紹介する事業も実施しているが、双方向の相互理解を意識した取組みは、日本の対東南アジア・ムスリム外交の強みである。（小川　忠）

▼参考文献
小川　忠２０２１『自分探しするアジアの国々――揺らぐ国民意識をネット動画から見る』明石書店。
小川　忠２０１６『インドネシア　イスラーム大国の変貌――躍進がもたらす新たな危機』新潮選書。
佐々木葉月２０１８「東南アジアのイスラーム過激派とテロリズム」笹川平和財団編『アジアに生きるイスラーム』笹川平和財団。
外務省ウェブサイト「インドネシア・イスラム寄宿塾教師の訪日」
https://www.mofa.go.jp/mofaj/s_sa/sea2/id/page23_002264.html　（２０２２年1月23日アクセス）
国際交流基金アジアセンターウェブサイト「東南アジア・ムスリム青年との対話」
https://jfac.jp/culture/projects/exchange-with-southeast-asian-muslim-youth/（２０２２年1月23日アクセス）
内閣府ウェブサイト「東南アジア青年の船」事業
https://www8.cao.go.jp/youth/kouryu/data/sseayp.html　（２０２２年1月23日アクセス）

63

東南アジアのムスリムツーリスト

★旅行先としての日本★

2019年、日本を訪れた外国人は3188万人で、過去最高を記録した。ビザ発給要件緩和など、2000年代後半から日本政府が実施した様々な観光戦略が功を奏し、2012年に836万人だった訪日外国人数は、2013年に1000万人を超え、その後も着実に増加して、2016年には2000万人を突破した。こうした勢いを背景に、日本政府は、2020年には4000万人、2030年には6000万人の外国人誘致を見込んでいた。2020年初頭以降の新型コロナウィルス感染症の世界的流行が原因で、同年、日本を訪れた外国人は、411万人あまりと前年に比べ激減したが、コロナ禍からの回復と共に、この数は再び上昇に転じると期待されている。

近年、急激に増加した訪日外国人の中には、当然、インドネシア人やマレーシア人を中心とするイスラーム教徒も多く含まれている。こうした外国人ムスリム訪問客に対応するため、日本国内では「ハラール」メニューを提供するレストランが増加し、また駅や空港など公共エリアでの礼拝スペースの開設も目立つようになった。本章では、コロナ禍直前のデータを用いて、どのような外国人ムスリムが訪日していたかを明らかにし、ま

2019年訪日外国人　国別ランキング（人）

	総数	31,882,100
1位	中国	9,594,300
2位	韓国	5,584,600
3位	台湾	4,890,600
6位	タイ	1,319,000
8位	フィリピン	613,100
9位	マレーシア	501,700
11位	シンガポール	492,300
13位	インドネシア	412,800

（日本政府観光局データを基に筆者が作成）

た日本政府と民間双方がどのような「おもてなし」を実践してきたかを概観してみたい。

新型コロナウィルスの感染が広がる前年の２０１９年、日本政府観光局（ＪＮＴＯ）による国・地域別訪日客データによれば、同年に日本を訪れた全外国人３１８８万人中、トップ５は、中国、韓国、台湾、香港（２２９万人）、米国（１７２万人）だが、６位以下には、６位タイ、８位フィリピン、９位マレーシア、11位シンガポール、13位インドネシアと、東南アジア諸国が多く含まれる。本書で繰り返し論じている通り、インドネシアは人口の90％弱、またマレーシアでは人口の60％程度、シンガポールでは人口の10％程度がムスリムであり、この人口割合をそのまま当てはめるとすると、２０１９年に日本を訪れた東南アジアからのイスラーム教徒の数は70万人前後だったと推測できる。

ここからは、ムスリムの割合の多いインドネシアとマレーシアからの訪日客の傾向を確認しよう。両国からの訪日も、訪日客全体の増加に呼応し右肩上がりである。２０１２年の訪日数は、マレーシアからは13万人、インドネシアから10万人であり、２０１９年のデータと比較するとこの７年間に両国からの訪日客はそれぞれ約４倍に

訪日インドネシア人／マレーシア人の推移

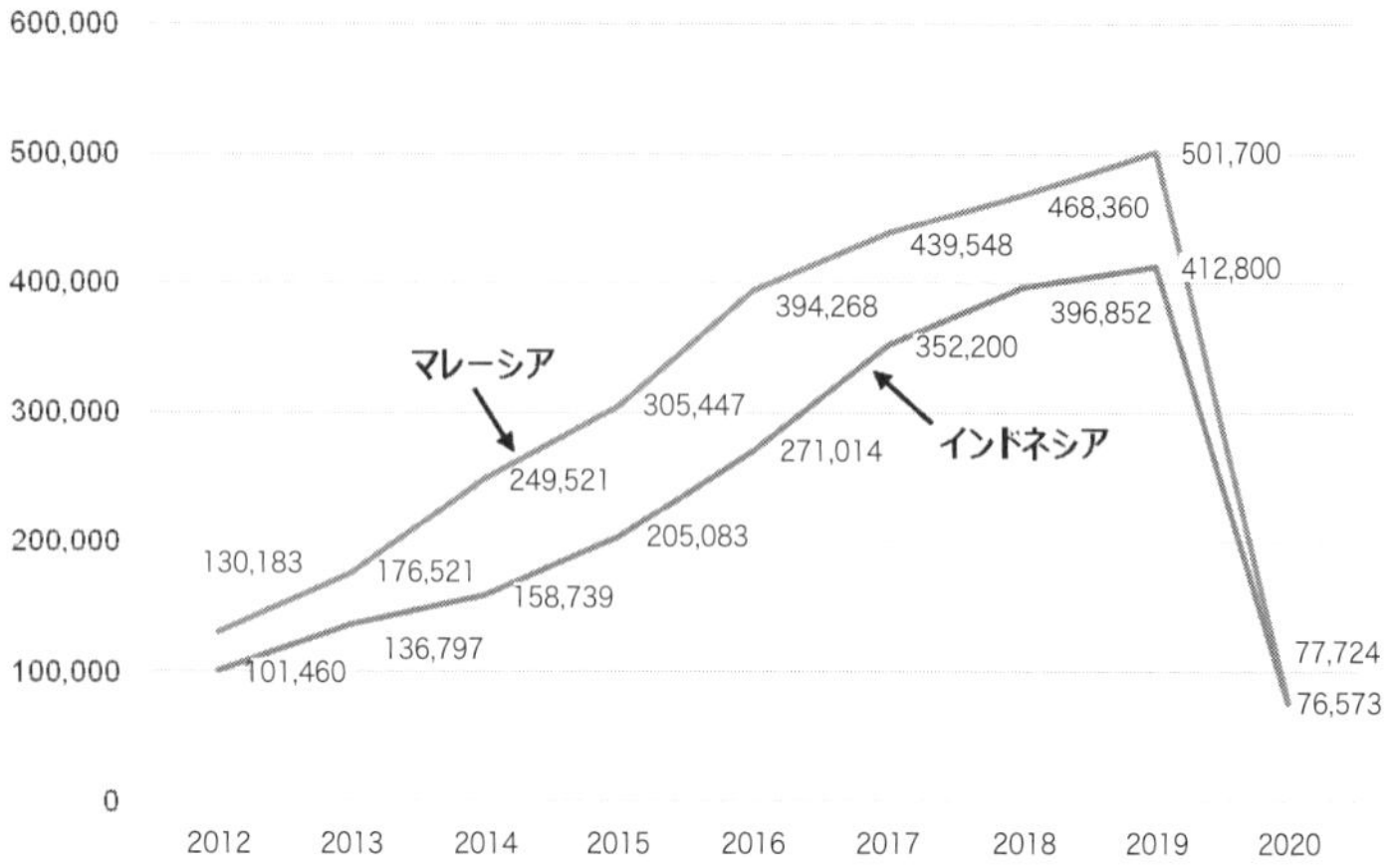

（日本政府観光局データを基に筆者が作成）

増加していることがわかる。

観光庁の２０１９年訪日外国人消費動向調査によれば、両国からの訪日客は、男女ともほぼ同数であり、６割以上が20代～30代の比較的若い層である。団体ツアーや個人向けパッケージ旅行ではなく、個人手配が圧倒的に多く、家族・親族、友人、同僚など複数の同伴者と共に来日する人が両国とも６割を超えている。初めての日本旅行という人とリピーターがほぼ同数であり、全体の約半数が７日～13日間、日本に滞在する。マレーシア人にもインドネシア人にも人気があるのは、ゴールデンルートと呼ばれる東京・京都・大阪を回るメジャーな旅行ルートと、東京ディズニーランドであるが、この他、北海道や奈良などの地方都市に足を運ぶ人たちも目立っており、訪問地は分散傾向にあると言える。両国からの来日数が最も多い月は12月だが、これには休暇の時期が重なっていることに加えて、常夏のインドネシアやマレーシアでは味わえない冬の寒さや雪を体験したい人が多いことも影響しているだろう。

このように、右肩上がりに増加してきた外国人ムスリム観光客に対応するため、観光庁は2015年「ムスリムおもてなしガイドブック」を作成した。ムスリム旅行者の受け入れを目指す飲食店や宿泊施設などに対し、食や礼拝への配慮に関する具体的な対応方法や、英語での説明例、各自治体の各種取組の紹介などを伝える内容である。さらに2018年には「訪日ムスリム旅行者対応のためのアクション・プラン」を策定した。ここでは、受入環境整備の要点として①知識啓発、②食事環境の整備、③礼拝環境の整備、④ムスリム旅行者への情報提供を挙げ、また、SNSやムスリム有名人を活用した旅行先としての日本の魅力と受入環境整備についてのプロモーションを強化していくことを謳っている。

こうした政府の取組と並行し、各自治体や民間の外国人ムスリム旅行者対応も進展している。マレーシアやインドネシアからの国際線が発着する成田空港、羽田空港、関西空港、また東京駅や、東京を中心とする大手デパートや商業施設などにはムスリムが礼拝を行うことができる祈禱室や礼拝室が設置されるようになった。また観光客が多く訪れる地域のレストランの中には、国内のハラール認証を取得して「ハラールマーク」を掲げたり、「ムスリムフレンドリー」を謳って豚やアルコール由来の原材料を含まないメニューを提供したりする店舗も数多く見かけるようになった。各自治体では、ムスリムフレンドリーのレストランや礼拝スペースを知らせるムスリム旅行者向けのガイドブックの作成、観光関連事業者向けのセミナー開催や補助金の提供など、様々な施策が行われている。

コロナ禍による訪日外国人の激減を経験したものの、感染の収束と共に再び、ムスリム旅行者の訪日が増加していくことが期待される。経済的メリットを期待する政府や観光関連産業が先導して外国人ムスリムの受入整備が進んでいるが、東南アジアを中心とする地域からのムスリム観光客が増加し、接触する機会が増えることにより、イスラームやムスリムに対する理解が日本社会に広まっていくことが望ましいだろう。

（野中　葉）

▼参考文献
日本政府観光局　国籍／月別　訪日外客数（２０１２年～２０２０年）
https://www.jnto.go.jp/jpn/statistics/visitor_trends/index.html
観光庁　訪日外国人消費動向調査（２０１９年）
https://www.mlit.go.jp/kankocho/siryou/toukei/syouhityousa.html
観光庁「ムスリムおもてなしガイドブック」（２０１５年）
https://www.mlit.go.jp/kankocho/news03_000137.html
観光庁「訪日ムスリム旅行者対応のためのアクション・プラン」（２０１８年）
https://www.mlit.go.jp/kankocho/news08_000244.html

64

日本に暮らす東南アジアのムスリム

★コミュニティの形成と進む多層化★

日本に暮らすムスリムは現在約20万人と言われている。日本では、ムスリム人口を把握する手段はなく、この数は法務省が公開している国籍別の在留外国人人口に各国のムスリム人口比率を掛け合わせ算出した推計に基づく。この20万人は日本の全人口の0・2%程度を占めるに過ぎず、日本社会の中でムスリムは圧倒的なマイノリティである。またこのうち、外国人ムスリムは推計約16万人であり、在日外国人の総数約300万人の中でもムスリムは少数派である。しかし、その数は年々増加している。

それでは、日本に暮らす20万人のムスリムの中に、東南アジアのムスリムはどのくらい含まれているのだろうか。先の法務省のデータによれば、2020年末の時点で、日本在住のインドネシア人は6万6832人である。インドネシアにおけるムスリムの人口比を当てはめ、このうちの約9割がムスリムだと仮定すると、日本に暮らすインドネシア人ムスリムは約6万人であり、日本の国別ムスリムコミュニティの中で最大である。一方、在日マレーシア人は2020年末時点で1万318人。マレーシア人に占めるムスリムの割合が6割程度であるこ

国別在留外国人の推移（2010～2020年）

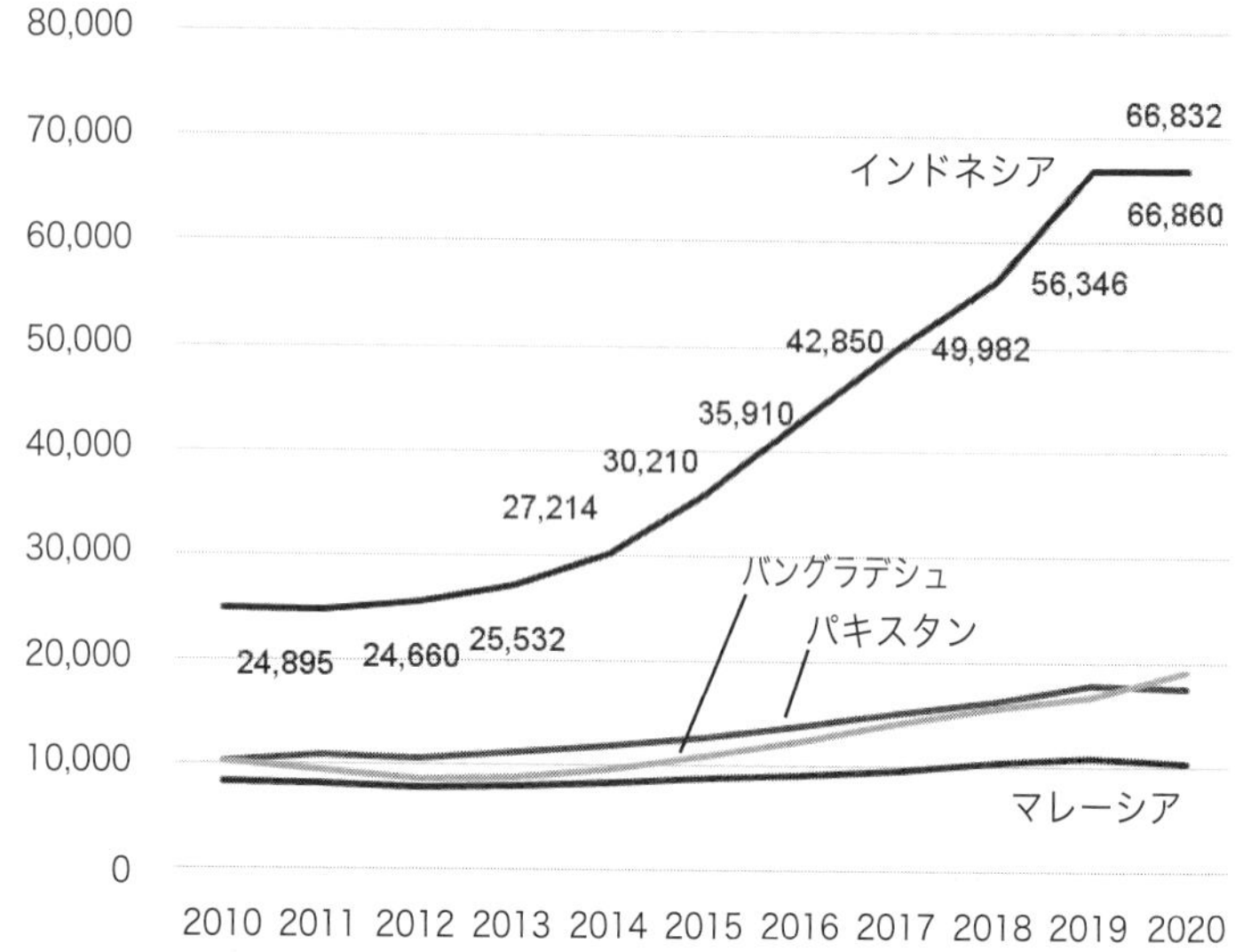

（法務省出入国在留管理庁在留外国人統計2010～2020データより筆者作成）

とから推測すると、このうちの６５００人程度がムスリムであろう。インドネシアとマレーシア出身のムスリムの総数は約６万６５００人となり、さらにはるかに少数ではあるがフィリピンやタイなどの国籍を持つムスリムを加えた東南アジアのムスリムは日本に暮らすムスリム全体の約３分の１を占める大きな勢力だと言うことができそうだ。

　外国人ムスリムの出身国別データによれば、人口トップ４は現在、インドネシア、バングラデシュ、パキスタン、マレーシアである。他国も徐々に数を増やしているものの、特にインドネシア人はこの10年間で２・５倍以上に増加しており、日本のムスリムコミュニティの中での存在感はますます大きくなっている。２０２０年末時点での在日インドネシア人の在留資格の内訳は、技能実習生3万4459人（「技能実習1～3号イ・ロ」の合計）、「留学生」6279人、「経済連携協定（EPA）対象者」1607人（看護師・介護福祉士候補生）、また専門性を生かして日本の企業に雇われた事務職員や技術者（「技術・人文知識・国際業務」）4025人などであり、日本在住の目的は多岐にわたる。また日本の労働力不足を補うために2019年に新設された「特定技能」の在留資格を持つ者も1514人いるし、さらに、「永住者」（6852人）や「定住者」（2260人）もかなりの数に上る。

従来、特に留学生たちは、同じ大学の他国出身のムスリム学生と集団礼拝を行ったり、イードと呼ばれるイスラームの大祭を祝ったり、学内に礼拝スペースを作ったり、場合によっては資金を出しあって大学周辺にモスクを建設するなど、出身国や出身地域の違いを越えたムスリムコミュニティを形成してきた。しかし同時に、同郷のムスリム同士のつながりも非常に重要である。日本の人口の約2・5％に留まる外国人の中でもムスリムは少数派であり、言葉や文化、信仰の違いなどから日本社会になじむことが難しいケースも見受けられるが、同郷のムスリムたちは生活上の様々な情報交換だけでなく、精神的な側面も含め、互いに強くつながっている。

インドネシア人ムスリムのケースで言えば、留学生が集うインドネシア留学生協会（PPI）が良く知られている。これはムスリムだけで構成される団体ではないが、各大学や各地域で組織され、イスラームの行事を祝う集まりなども開かれてきた。同時に、留学生という枠を越え、インドネシア人ムスリムをつなぐ場として機能しているのは、在日インドネシアムスリム協会（以下、KMII）と、このKMIIを中心とするインドネシア人コミュニティによる資金集めと尽力によって建てられた東京インドネシアモスクである。モスクは、東京目黒にある東京インドネシア共和国学校の敷地内に2

017年に完成した。KMIIは、このモスクの運営も担っており、モスクを拠点に、日々の礼拝や金曜礼拝の実施、月例でのイスラーム勉強会や土日には子ども向けプログラムの開催、さらにラマダーン月には、タラウィー礼拝（アラビア語ではタラーウィーフ）や断食明けの食事の提供、イードル・フィトリ（ラマダーン明け大祭）やイードル・アドハ（犠牲祭）の礼拝の実施、結婚式や死亡時の清めの儀式など、イスラームに関わる様々な儀礼やイベントを実施している。新型コロナウィルス感染症拡大の影響で、2020年初頭から、モスクを会場に行われてきたあらゆるイベントがオンラインで行われるようになったが、日本人向けに日本語でイスラームを広める「イスラーム・ゼミ」などの取組は、オンライン上でむしろ活発になり、軌道に乗り始めている。KMIIには、日本企業で働くインドネシア人や、日本の大学・大学院で学ぶ留学生が参加し、様々な活動を支えている。また、アドバイザーとして在日インドネシア大使が、評議委員にはインドネシア銀行やガルーダ・インドネシア航空などインドネシア経済を支える大企業の日本支店長が名を連ねており、KMIIが在日インドネシアコミュニティの中心をなす組織だということがわかる。

また、インドネシア最大のイスラーム団体ナフダトゥル・ウラマー（以下、NU）のネットワークも近年目立つようになった。彼らが組織的な活動を行うきっかけになったのは、東京新宿歌舞伎町にあるアル＝イフラス・モスクの改修のために集結し、工事を行い、改築を成功させたことである。同モスクは、日本の中でも有数の繁華街、新宿歌舞伎町の小さなバーだった建物を改装して、2000年代初頭に開設された。しかしその後の管理は必ずしも行き届いておらず、開設以来10年以上も放置されてきた。2010年代半ば過ぎ、在日のNUの人たちが集まり、自分たちが活動できるモスクにしたいと建物の所有者に働き掛け、技能実習生ら若い仲間を募って改修が行われた。ちょうど2017年には先述の東京インドネシアモスクが開設されたこともあり、彼ら自身も自分たちの手でモスクを開設したいという意欲が高まり、同年、完成にこぎつけた。しかしこのモスクは大変小さい4階建てで、2階と3階を礼拝場にしているものの20人も集まればすし詰め状態になってしまう。当初から手狭なことは目に見えていた。NUの人々は、2019年に、同じく東京の秋葉原の雑居ビルにもスペースを得て、秋葉原ヌサンタラ・モスクを開設した。この結果、現在では、歌舞伎町と秋葉原の両モスクで、都内および東京近郊のNU系の人々をかなり収容できるようになった。

そもそも、日本に暮らすインドネシア人ムスリムの中には、NUへの帰属意識を持つ人たちが多く含まれている。留学生の中にも、NU系の人々は含まれているし、また年々増加する技能実習生は地方出身者が多い。技能実習生たちにとって、KMIIは都会的なエリート集団の集まりに見えるようで、KMIIの活動への参加は、やや敬遠される傾向にある。同郷のムスリムとの繋がりを求める実習生たちの受け皿としてもNUのネットワークは大いに機能している。彼らはその後も、2020年11月に開設した富士河口湖モスクをサポートしたり、2021年7月にはインドネシア人技能実習生がまとまって暮らす茨城県古河市に国内初となるNUの名称の

秋葉原ヌサンタラ・モスク

ついたモスク、NUアッ＝タクワ・モスクを開設するなど、その活動は首都圏を超えて広がっている。活動の主体は、一般社団法人NU日本特別支部という法人格を取得したPCINUだが、これらのモスクに集う人々は、組織のメンバーというよりもむしろ、SNSで情報共有をしながら緩やかにつながっている。このグループの特徴は、技能実習生も含め土木系の仕事に従事している人が多く、自分たちで実際にモスクの内外装工事や改築・修繕を行えることであり、こうした工事に参加することにより、さらにその絆を強めている。歌舞伎町アル＝イフラス・モスクを会場に、NUの人々が実践してきたヤシナン・タフリランの会（クルアーンのヤースィーン章や「ラー・イラーハ・イッラッラー（アッラー以外に神はなし）」を共に朗誦する）が毎週開催され、集団でタンバリンを叩きながら祈禱を繰り返すハドラの演奏も行われている。

一方で、インドネシア人ムスリムをはじめとする東南アジア出身のムスリムの居住地は全国に広がっており、また、日本で安定した職を得て、家族と共に日本に定住する人たちや、日本で生まれ育った若者たちも増え始めている。こうしたムスリムの中には、たとえば地域ごとに、また若者同士、出身国の壁を越えて連携する動きや、日本社会に向けたイスラームの理解促進を目指す活動も見られるようになった。

今後も、国籍や在留資格、階層の異なる様々な東南アジアのムスリムが来日し、暮らすことが予想される。それに伴い彼らが所属するムスリムコミュニティの多層化も進んでいくであろう。（野中　葉）

コラム6

ムスリムの人々との出会い
――日本のインドネシア人留学生を通して

有川友子

私が日本のインドネシア人留学生と出会ったきっかけは、留学先のアメリカの大学院にて教育人類学を専攻し、インドネシア人留学生を対象とした研究をすることに決めたことだった。

私は大学院進学以前は日本で仕事をしていたが、そこで「日本人」と「外国人」が接する場面が沢山あった。いろいろな場面での人々のやり取りを通して、何故、人はある国・地域の人々に対して特定のイメージを持つのか？　そのイメージを持つことで実際に接する人々との関係に影響するのは何故なのか？　どこからそのイメージや関わり方の違いが出てくるのか？という ことに関心を持つようになった。このことを勉強したくなり、海外の大学院に進学した。そこで選んだ研究方法がきっかけでインドネシアとのつながりができた。

私の選んだ研究方法では、対象とする人々の世界を学ぶために長期間現地でフィールドワークを行うが、事前にその人々の言語と文化について学ぶ必要があった。インドネシアに関する授業や文献等を通してインドネシアについて学び、インドネシア語の学習を始めた。

その後1990年夏に事前調査として日本でインドネシア人留学生に、インドネシアにて元留学生にインタビュー調査を行った。1年後の1991年夏から約1年間、日本のA大学にてフィールドワークを行った。この間、日本のA大学に学ぶムスリムを含むインドネシア人留学生が日本での留学生活をどのように認識し体験しているかについて学んだ。

フィールドワーク前半では、ひとりの留学生と所属先研究室教授の了解を得て、毎日その留学生の研究室に通い、その留学生が研究室の先生や他の先生や学生たちとどのように関わるか、参与観察やインタビューを行った。この留学生の生活について約1か月観察した後、別の留学生3人についても、本人と所属先の研究室の教授の了解を得て、毎日それぞれの所属する研究室に通い、参与観察やインタビューを行った。フィールドワーク後半においては、前半の調査を通して明らかになったテーマを中心に、より多くのインドネシア人留学生に対してインタビューを行った。この間毎日フィールドノーツに記録していった。

また週末にも一緒に活動をさせてもらい、インドネシア人留学生会の活動、インドネシア人の友人同士の外出、お気に入りの店など、インドネシア人留学生の日々の生活について学んだ。たとえばインドネシア人留学生会のイベントにて、インドネシア料理を作って一緒に食べることがあったが、担当となった留学生が事前にハラールミートを注文し、インドネシアから持参した調味料などを使いながら、インドネシア料理を作った。参加者はとても懐かしがり、美味しく味わっていた。

約1年間のフィールドワークは、毎日の積み重ねであり、一人ひとりのインドネシア人留学生や家族との出会いがあった。各留学生や家族が日常的に接する日本の人々との関係、研究室での人間関係、イベントなど、日々の活動に参加した。これらを通して、日本の大学に学ぶインドネシア人留学生たちが留学生活やインドネシアとの関係などをどのように認識しているかを学んだ。

その後のインドネシアでの元留学生への追跡研究においても、日本のフィールドワークを通して知り合った元留学生や家族に大変お世話になった。ムスリム家族を通してインドネシアでのイスラームやムスリムについて、たとえば毎日の礼拝など、具体的に学ぶ機会にも恵まれた。

これらの経験から、私は「イスラーム」や「ムスリム」と聞くと、これまで出会ったムスリムのインドネシア人留学生や家族のことを懐かしく思い出し、とても身近に感じる。

日本には多くのムスリムの人々が生活している。学生も、仕事を持つも、家族で生活している人々もいる。日本での出会いを通して、「外国人」「ムスリム」という遠い存在から、「○○さん」とお互いに呼び合える関係を築ける日本社会に変わっていくことを願っている。

▼参考文献

有川友子 2016『日本留学のエスノグラフィー——インドネシア人留学生の20年』大阪大学出版会。
倉沢愛子 1997『南方特別留学生が見た戦時下の日本人』草思社。
倉沢愛子 2011『戦後日本＝インドネシア関係史』草思社。
後藤乾一 1986『昭和期日本とインドネシア』勁草書房。

光成　歩（みつなり　あゆみ）［19］
津田塾大学学芸学部国際関係学科 講師
【主な著作】
『『カラム』の時代 XIII　マレー・イスラム世界における移動とジェンダー規範』（山本博之との編著、京都大学東南アジア地域研究研究所、2022 年）、“The Worldview and Challenges of Malay Muslims in the Age of Nation-building: Classification and Annotation of ‘1001 Questions’,” *MSC12 E-Proceedings: The 12th International Malaysian Studies Conference*, pp.16-33, 2021.8.

山口元樹（やまぐち　もとき）［10、54、55］
京都大学大学院アジア・アフリカ地域研究研究科 准教授
【主な著作】
『インドネシアのイスラーム改革主義運動――アラブ人コミュニティの教育活動と社会統合』（慶應義塾大学出版会、2018 年）、「イスラームの文字、マレーの文字――独立期インドネシアにおけるジャウィ復活論とマラヤとの関係」（『東南アジア研究』58 巻 2 号、2021 年、141-163 頁 ）、“Islamic School and Arab Association: Aḥmad Sūrkatī’s Reformist Thought and Its Influence on the Educational Activities of al-Irshād,” *Studia Islamika* 23/3: pp. 435-469, 2016.

吉本康子（よしもと　やすこ）［30］
京都大学大学院アジア・アフリカ地域研究研究科 非常勤講師
【主な著作】
「チャム・バニはムスリムか？――「ホイザオ（ベトナムのイスラーム）」と多配列クラス」（『多配列思考の人類学――複数性と民族誌的リアリティを読み解く』第 3 章、風響社、2016 年、75-94 頁）、「チャムのイスラーム受容とは――バニの写本を通して考える」（『フィールドプラス』No.28:10-11、東京外国語大学アジア・アフリカ言語文化研究所、2022 年）、“A Study of the H – i giáo Religion in Vietnam: With a Reference to Islamic Religious Practices of Cham Bani,” in *Southeast Asian Studies*, 1(3): pp.487-505, 2012.

渡邉暁子（わたなべ　あきこ）［27］
文教大学国際学部 准教授
【主な著作】
「フィリピンの都市部にみる宗教多元主義的空間形成への試み――ムスリム＝クリスチャン関係を中心に」（笹川平和財団 編『アジアに生きるイスラーム』イーストプレス、2018 年、19-39 頁）、「アジアのイスラームの日常風景と課題を知る」（石坂晋哉・佐藤史郎 編著『現代アジアをつかむ』明石書店、2022 年、449-464 頁）、“Does Religious Conversion Transcend the Boundaries of Multiple Hierarchies? Filipino Migrant Workers’ Embracing Islam in the UAE and Qatar,” Ishii Masako, Hosoda Naomi, Masaki Matsuo, and Horinuki Koji eds. *Asian Migrant Workers in the Arab Gulf States*. Brill. pp.194-217, 2019.

西　直美（にし　なおみ）［35、45］
同志社大学一神教学際研究センター 共同研究員
【主な著作】
「タイ深南部におけるイスラームと帰属意識――イスラーム教育の場を事例に」（『年報タイ研究』第18号、2018年）、「イスラーム的価値観をめぐる相違と「過激化」問題――タイ深南部を事例として」『一神教世界』第11巻、2020年）、『イスラーム改革派と社会統合――タイ深南部におけるマレー・ナショナリズムの変容』（慶應義塾大学出版会、2022年）。

野中　葉＊（のなか　よう）［1、2、17、21、22、31、63、64］
編著者紹介を参照

ハズマン・バハロム（Hazman Baharom）［36、60］
早稲田大学大学院アジア太平洋研究科・博士課程後期
【主な著作】
Renungan Kemasyarakatan. Kuala Lumpur: MLC, 2016.; Perihal Keadilan: *Tinjauan Wacana Keadilan Moden*. Petaling Jaya: SIRD, 2019.

服部美奈（はっとり　みな）［20、43］
名古屋大学大学院教育発達科学研究科 教授
【主な著作】
『インドネシアの近代女子教育――イスラーム改革運動のなかの女性』（勁草書房、2001年）、『ムスリマを育てる――インドネシアの女子教育』（山川出版社、2015年）、『イスラーム・ジェンダー・スタディーズ3　教育とエンパワーメント』（長澤栄治 監修、小林寧子との編著、明石書店、2020年）。

福島康博（ふくしま　やすひろ）［49］
立教大学アジア地域研究所 特任研究員
【主な著作】
『Q&Aハラールを知る101問――ムスリムおもてなしガイド』（解放出版社、2018年）、『イスラームで許されるビジネス――ハラール産業とイスラーム金融』（インターブックス、2022年）。

見市　建（みいち　けん）［33、36、39、60］
早稲田大学大学院アジア太平洋研究科 教授
【主な著作】
『新興大国インドネシアの宗教市場と政治』（NTT出版、2014年）。

菅原由美（すがはら　ゆみ）［5、7］
大阪大学大学院人文学研究科 教授
【主な著作】
『オランダ植民地体制下ジャワにおける宗教運動――写本に見る19世紀インドネシアのイスラーム潮流』（大阪大学出版会、2013年）、「出版とオランダ領東インドのイスラーム化――インドネシア近代史叙述とイスラーム・アイデンティティ」（小泉順子 編『歴史の生成』京都大学出版会、2018年、223-252頁）、「東南アジアにおけるイスラームの展開とキターブ文献の成立」（『史苑』79巻、2019年、97-119頁）。

多和田裕司（たわだ　ひろし）［16、47、48］
大阪公立大学大学院文学研究科 教授
【主な著作】
『マレー・イスラームの人類学』（ナカニシヤ出版、2005年）。

坪井祐司（つぼい　ゆうじ）［8］
名桜大学国際学群 上級准教授
【主な著作】
『東南アジアの歴史』（古田元夫 編著、放送大学教育振興会、2018年、分担執筆、第2～4章）、『『カラム』の時代IX：マレー・ムスリムの越境するネットワーク2』（山本博之との共編、京都大学東南アジア地域研究研究所、2018年）、『ラッフルズ――海の東南アジアの「近代」』（山川出版社、2019年）。

床呂郁哉（ところ　いくや）［6、9］
東京外国語大学アジア・アフリカ言語文化研究所 教授
【主な著作】
『越境――スールー海域世界から』（岩波書店、1999年）、『東南アジアのイスラーム』（西井涼子と福島康博との共編、東京外国語大学出版会、2012年）、Ikuya TOKORO & Hisao TOMIZAWA, *Islam and Cultural Diversity in Southeast Asia (Vol.3)*. ILCAA.TUFS, 2021.

中田有紀（なかた　ゆき）［44、コラム3］
東洋大学アジア文化研究所 客員研究員、立教大学 兼任講師
【主な著作】
中田有紀「独立後のインドネシアにおける大学創設と国家との関わり――ジョグジャカルタの二つの大学と「場」の象徴性に着目して」（『比較教育学研究』第57号　日本比較教育学会、2018年、157-178頁）、「インドネシアにおける幼児教育の機会拡大――2000年以降の動向に着目して」（『比較教育学研究』第63号、日本比較教育学会、2021年、47-58頁）、『インドネシアのイスラーム基礎学習の組織的展開　学習テキストの創案と普及』（東信堂、2022年）。

倉沢愛子（くらさわ　あいこ）［61］
慶應義塾大学 名誉教授
【主な著作】
『日本占領下のジャワ農村の変容』（草思社、1992 年）、『戦後日本＝インドネシア関係史』（草思社、2011 年）、『9・30　世界を震撼させた日――インドネシア政変の真相と波紋』（岩波書店　2014 年）。

黒田景子（くろだ　けいこ）［4］
鹿児島大学 名誉教授
【主な著作】
「パタニの二つの顔」（分担執筆、床呂郁哉・西井涼子・福島康博 編『東南アジアのイスラーム』東京外国語大学出版会、2012 年、145-170 頁）、「牛泥棒とノーラの舞――マレー半島中部の内陸社会」（『鹿児島大学法文学部紀要人文学科論集』89、2022 年、11-28 頁）、*Siamese and Thai Buddhist Temples in Kedah: a Field Report in 2007-2009*. Tokyo University of Foreign Studies, 2022.

斎藤紋子（さいとう　あやこ）［28、40］
東京外国語大学・上智大学 非常勤講師、上智大学アジア文化研究所 客員所員。
【主な著作】
『ミャンマーの土着ムスリム――仏教徒社会に生きるマイノリティの現在と歴史』（風響社、2010 年）、「民主化による新たな試練とムスリムコミュニティ」（土佐桂子・田村克己 編『転換期のミャンマーを生きる――「統制」と公共性の人類学』風響社、2020 年　）、“Muslims as Citizens of Myanmar: Education in the Muslim Community.” In Ryoko Nishii and Shigeharu Tanabe eds. *Community Movements in Southeast Asia: An Anthropological Perspective of Assemblages*. Thailand: Silkworm Books, 2022.

佐々木拓雄（ささき　たくお）［58］
久留米大学法学部 教授
【主な著作】
「宗教間の調和のために――宗教多元主義を唱えるインドネシアのムスリム知識人」（『久留米大学法学』第 80 号、2019 年、1-45 頁）、「イスラームの宗教多元主義――アジア共同体のための一試論」（児玉昌己・伊佐淳 編『グローバル時代のアジアの国際協力――過去・現在・未来』芦書房、2020 年、273-295 頁）。

塩崎悠輝（しおざき　ゆうき）［34、57、コラム 2］
静岡県立大学国際関係学部 准教授
【主な著作】
『国家と対峙するイスラーム――マレーシアにおけるイスラーム法学の展開』（作品社、2016 年）。

鴨川明子（かもがわ　あきこ）［コラム 4］
山梨大学大学院総合研究部教育学域 准教授
【主な著作】
『マレーシア青年期女性の進路形成』（東信堂、2008 年）、『アジアを学ぶ――海外調査研究の手法』（単編著、勁草書房、2011 年）、「マレーシアの公立大学における『リバース・ジェンダー・ギャップ』――進む女性の高学歴化、その光と影」（分担執筆、長沢栄治 監修、服部美奈・小林寧子 編『イスラーム・ジェンダー・スタディーズ 3　教育とエンパワーメント』明石書店、2020 年）。

茅根由佳（かやね　ゆか）［38、50］
筑波大学人文社会系 助教
【主な著作】
"Historical formation of Islamist ideology in Indonesia: the role of the Indonesian Islamic Propagation Council (DDII)," *Critical Asian Studies*. 47-66, 2021.; "The Populism of Islamist Preachers in Indonesia's 2019 Presidential Election," *The Muslim World* 110(4). pp.605-624, 2020.; "Understanding Sunni-Shi'a sectarianism in contemporary Indonesia A different voice from Nahdlatul Ulama under pluralist leadership," *Indonesia and the Malay World* 48. pp.78-96, 2020.

川島　緑（かわしま　みどり）［37、46、59］
上智大学 名誉教授
【主な著作】
『マイノリティと国民国家――フィリピンのムスリム』（山川出版社、2012 年）、「植民地の文明化と宗教的・民族的少数派――フィリピンのモロをめぐる「白人の責務」とイスラーム復興」（『国際文化関係史研究』、平野健一郎他（編）、東京大学出版会、2013 年）、*The Library of an Islamic Scholar of Mindanao: The Collection of Sheik Muhammad Said bin Imam sa Bayang at the Al-Imam As-Saddiq (A.S.) Library, Marawi City, Philippines*. O. Fathurahman, M. Kawashima and L. S. Riwarung eds. Tokyo: Institute of Asian, African, and Middle Eastern Studies, Sophia University, 2019.

上原健太郎（かんばら　けんたろう）［24］
同志社大学人文科学研究所 嘱託研究員
【主な著作】
「イスラーム金融が編み出す質入れの新しいかたち」（『学んで生かす！市民のためのイスラーム社会経済入門』公益財団法人トヨタ財団、2017 年、53-67 頁）、「ブルネイ・ダルサラームにおける開発行政の展開」『社会科学』51、2021 年、29-47 頁）、"Economics of Ar-Rahnu (Islamic Pawnbroking): Issues and Cases in Brunei Darussalam" *Jurnal Hadhari* (Edisi Khas), pp.87-96, 2017.

久志本裕子＊（くしもと　ひろこ）［1、2、11、12、13、23、32、41、42、52、56、編著者紹介を参照

大川玲子（おおかわ　れいこ）［29］
明治学院大学国際学部 教授
【主な著作】
『チャムパ王国とイスラーム　カンボジアにおける離散民のアイデンティティ』（平凡社、2017 年）、『クルアーン　神の言葉を誰が聞くのか』（慶應義塾大学出版会、2018 年）、『リベラルなイスラーム　自分らしく生きる宗教講義』（慶應義塾大学出版会、2021 年）。

太田　淳（おおた　あつし）［3］
慶應義塾大学経済学部 教授
【主な著作】
『近世東南アジア世界の変容 ── グローバル経済とジャワ島地域社会』（名古屋大学出版会、2014 年）、*In the Name of the Battle against Piracy: Ideas and Practices in State Monopoly of Maritime Violence in Europe and Asia in the Period of Transition*. ed. Leiden and Boston: Brill, 2018.; *Changes of Regime and Social Dynamics in West Java: Society, State, and the Outer World of Banten, 1750 -1830*. Leiden and Boston: Brill, 2006.

岡本正明（おかもと　まさあき）［コラム 5］
京都大学東南アジア地域研究研究所 教授
【主な著作】
『暴力と適応の政治学 ── インドネシア民主化と地方政治の安定』（京都大学学術出版会、2015 年）、Okamoto Masaaki and Jafar Suryomenggolo eds. *Indonesia at Crossroads*. Gajahmada University Press, Kyoto University Press and Pacific Press, 2022.; Okamoto Masaaki et.al. *Local Governance of Peatland Restoration in Riau*. Indonesia: Springer, 2023.

小川　忠（おがわ　ただし）［62］
跡見学園女子大学文学部 教授
【主な著作】
『インドネシア イスラーム大国の変貌 ── 躍進がもたらす新たな危機』（新潮選書、2016 年）、『自分探しするアジアの国々 ── 揺らぐ国民意識をネット動画から見る』（明石書店、2021 年）、『逆襲する宗教―パンデミックと原理主義』（講談社選書メチエ、2023 年）。

小河久志（おがわ　ひさし）［26］
亜細亜大学国際関係学部 准教授
【主な著作】
『自然災害と社会・文化 ── タイのインド洋津波被災地をフィールドワーク』（風響社、2013 年）、『「正しい」イスラームをめぐるダイナミズム ── タイ南部ムスリム村落の宗教民族誌』（大阪大学出版会、2016 年）、『人文系学生のためのはじめての社会調査ワークブック』（共編著、人間社、2022 年）。

【執筆者紹介】（［　］は担当章・コラム、50 音順、＊は編著者）

足立真理（あだち　まり）［15］
立命館大学・日本学術振興会 特別研究員（PD）
【主な著作】
「格差是正の処方箋——定めの喜捨ザカートの発展（28 章）」（西尾哲夫・東長靖 編『中東・イスラーム世界への 30 の扉』ミネルヴァ書房、2021 年）、ADACHI Mari, Nur Indah Riwajanti. *Perkembangan Praktek Zakat Kontemporer di Asia Tenggara*. Kyoto University Islamic Economic Studies Project (KUISES), Graduate School of Asian and African Area Studies, Kyoto University（80 p.）2021.

新井和広（あらいかずひろ）［51、53］
慶應義塾大学商学部 教授
【主な著作】
「海を渡る聖者の「記憶」——ハドラマウトとインドネシアにおけるハウル（聖者記念祭）を通じて」（堀内正樹・西尾哲夫 編『〈断〉と〈続〉の中東——非境界的世界を游ぐ』悠書館、2015 年、183-212 頁）、「聖なる血筋の効力——インドネシアの預言者一族」西尾哲夫・東長靖 編『中東・イスラーム世界への 30 の扉』ミネルヴァ書房、2021 年）、"'Revival' of the Hadhrami Diaspora? Networking through Religious Figures in Indonesia," in Brehony, Noel et.al eds. *Hadhramaut and its Diaspora: Yemeni Politics, Identity and Migration*. London: I.B. Tauris, pp.101-123, March 2017.

阿良田麻里子（あらた　まりこ）［14、18］
立命館大学食マネジメント学部 教授
【主な著作】
2008 年『世界の食文化 6　インドネシア』（農文協、2008 年）、『文化を食べる、文化を飲む——グローカル化する世界の食とビジネス』（編著、ドメス出版、2017 年）、「先輩が使っていれば、使うんだ——オランダ在住インドネシア人ムスリムのハラール食実践と認識」（『文化人類学』83(4)、2019 年、572-591 頁）。

有川友子（ありかわ　ともこ）［コラム 7］
大阪大学国際教育交流センター 教授
【主な著作】
『日本留学のエスノグラフィー——インドネシア人留学生の 20 年』（大阪大学出版会、2016 年）。

市岡　卓（いちおか　たかし）［25］
流通経済大学社会学部国際観光学科 教授
【主な著作】
『シンガポールのムスリム——宗教の管理と社会的包摂・排除』（明石書店、2018 年）、「多民族社会シンガポールにおけるムスリムの宗教間結婚」（長沢栄治 監修、森田豊子・小野仁美 編著『イスラーム・ジェンダー・スタディーズ 1　結婚と離婚』明石書店、2019 年）。

【編著者紹介】

久志本裕子（くしもと　ひろこ）

上智大学総合グローバル学部准教授。東京外国語大学大学院地域研究専攻科修了。博士(学術)。専門分野：地域研究（マレーシア)、文化人類学、比較教育学。主な関心はマレーシアおよび周辺地域におけるイスラームの学びと教育の変化、多文化・宗教の共生。1999 年にマレーシアに留学してからマレーシアの研究をはじめ、2005 年から 2019 年にかけて約 10 年マレーシアに滞在し調査を行う。マレーシア国際イスラーム大学勤務を経て 2019 年から現職。

【主な著作】

『イスラーム文化事典』(編集委員、丸善出版、2022 年)、「マレー・ムスリムの女子教育はなぜ必要とされたのか――20 世紀初頭から 1960 年代までのマラヤにおける女子教育観の錯綜」(長澤栄治 監修、服部美奈・小林寧子 編著『イスラーム・ジェンダー・シリーズ 3　教育とエンパワーメント』明石書店、2020 年)、『変容するイスラームの学びの文化――マレーシア・ムスリム社会と近代学校教育』(ナカニシヤ出版、2014 年)。

野中　葉（のなか　よう）

慶應義塾大学総合政策学部准教授。慶應義塾大学大学院政策・メディア研究科後期博士課程修了。博士（政策・メディア)。専門分野：地域研究（インドネシア)。主な関心は同地域における人々のイスラームの受容や実践とその広がり。高校時代にスラウェシ島マカッサル（当時の名称はウジュンパンダン）に 1 年間留学して以来、インドネシアの魅力に取りつかれ、大学院在学中（2004 年～）から現在に至るまで、頻繁に現地を訪れ調査を実施。最近は日本のムスリムの宗教実践や共生社会にも関心を持つ。

【主な著作】

「宗教と衣服」(蘆田裕史・藤嶋陽子・宮脇千絵 編『クリティカル・ワード　ファッションスタディーズ：私と社会と衣服の関係』フィルムアート社、2022 年)、「インドネシアのムスリマ活動家たちの結集――世界的に稀な女性ウラマー会議開催」(長澤栄治 監修、鷹木恵子 編『イスラーム・ジェンダー・シリーズ 2　越境する社会運動』明石書店、2020 年)、「信じること・装うこと――インドネシア人女性たちのヴェールと服装」(『コンタクト・ゾーン』9、2017 年)、『インドネシアのムスリムファッション――なぜイスラームの女性たちのヴェールはカラフルになったのか』(福村出版、2015 年)。

エリア・スタディーズ　192
東南アジアのイスラームを知るための64章

2023年3月15日　初　版 第1刷発行

編著者　久志本　裕　子
野　中　　葉

発行者　大　江　道　雅

発行所　株式会社 明石書店
〒101-0021 東京都千代田区外神田 6-9-5
電話　03（5818）1171
FAX　03（5818）1174
振替　00100-7-24505
http://www.akashi.co.jp

組版　明石書店デザイン室
印刷・製本　日経印刷株式会社

（定価はカバーに表示してあります）　ISBN978-4-7503-5524-5

エリア・スタディーズ

1 **現代アメリカ社会を知るための60章**
明石紀雄、川島浩平 編著

2 **イタリアを知るための62章【第2版】**
村上義和 編著

3 **イギリスを旅する35章**
辻野功 編著

4 **モンゴルを知るための65章【第2版】**
金岡秀郎 著

5 **パリ・フランスを知るための44章**
梅本洋一、大里俊晴、木下長宏 編著

6 **現代韓国を知るための60章【第2版】**
石坂浩一、福島みのり 編著

7 **オーストラリアを知るための58章【第3版】**
越智道雄 著

8 **現代中国を知るための52章【第6版】**
藤野彰 編著

9 **ネパールを知るための60章**
日本ネパール協会 編

10 **アメリカの歴史を知るための65章【第4版】**
富田虎男、鵜月裕典、佐藤円 編著

11 **現代フィリピンを知るための61章【第2版】**
大野拓司、寺田勇文 編著

12 **ポルトガルを知るための55章【第2版】**
村上義和、池俊介 編著

13 **北欧を知るための43章**
武田龍夫 著

14 **ブラジルを知るための56章【第2版】**
アンジェロ・イシ 著

15 **ドイツを知るための60章**
早川東三、工藤幹巳 編著

16 **ポーランドを知るための60章**
渡辺克義 編著

17 **シンガポールを知るための65章【第5版】**
田村慶子 編著

18 **現代ドイツを知るための67章【第3版】**
浜本隆志、髙橋憲 編著

19 **ウィーン・オーストリアを知るための57章【第2版】**
広瀬佳一、今井顕 編著

20 **ハンガリーを知るための60章【第2版】** ドナウの宝石
羽場久美子 編著

21 **現代ロシアを知るための60章【第2版】**
下斗米伸夫、島田博 編著

22 **21世紀アメリカ社会を知るための67章**
明石紀雄 監修　赤尾千波、大類久恵、小塩和人、
落合明子、川島浩平、高野泰 編

23 **スペインを知るための60章**
野々山真輝帆 著

24 **キューバを知るための52章**
後藤政子、樋口聡 編著

25 **カナダを知るための60章**
綾部恒雄、飯野正子 編著

26 **中央アジアを知るための60章【第2版】**
宇山智彦 編著

27 **チェコとスロヴァキアを知るための56章【第2版】**
薩摩秀登 編著

28 **現代ドイツの社会・文化を知るための48章**
田村光彰、村上和光、岩淵正明 編著

29 **インドを知るための50章**
重松伸司、三田昌彦 編著

30 **タイを知るための72章【第2版】**
綾部真雄 編著

31 **パキスタンを知るための60章**
広瀬崇子、山根聡、小田尚也 編著

32 **バングラデシュを知るための66章【第3版】**
大橋正明、村山真弓、日下部尚徳、安達淳哉 編著

33 **イギリスを知るための65章【第2版】**
近藤久雄、細川祐子、阿部美春 編著

34 **現代台湾を知るための60章【第2版】**
亜洲奈みづほ 著

35 **ペルーを知るための66章【第2版】**
細谷広美 編著

36 **マラウィを知るための45章【第2版】**
栗田和明 著

37 **コスタリカを知るための60章【第2版】**
国本伊代 編著

38 **チベットを知るための50章**
石濱裕美子 編著

39 **現代ベトナムを知るための63章【第3版】**
岩井美佐紀 編著

40 **インドネシアを知るための50章**
村井吉敬、佐伯奈津子 編著

41 **エルサルバドル、ホンジュラス、ニカラグアを知るための45章**
田中高 編著

エリア・スタディーズ

42 パナマを知るための70章【第2版】
国本伊代 編著

43 イランを知るための65章
岡田恵美子、北原圭一、鈴木珠里 編著

44 アイルランドを知るための70章【第3版】
海老島均、山下理恵子 編著

45 メキシコを知るための60章
吉田栄人 編著

46 中国の暮らしと文化を知るための40章
東洋文化研究会 編

47 現代ブータンを知るための60章【第2版】
平山修一 著

48 バルカンを知るための66章【第2版】
柴宜弘 編著

49 現代イタリアを知るための44章
村上義和 編著

50 アルゼンチンを知るための54章
アルベルト松本 著

51 ミクロネシアを知るための60章【第2版】
印東道子 編著

52 アメリカのヒスパニック＝ラティーノ社会を知るための55章
大泉光一、牛島万 編著

53 北朝鮮を知るための55章【第2版】
石坂浩一 編著

54 ボリビアを知るための73章【第2版】
真鍋周三 編著

55 コーカサスを知るための60章
北川誠一、前田弘毅、廣瀬陽子、吉村貴之 編著

56 カンボジアを知るための62章【第2版】
上田広美、岡田知子 編著

57 エクアドルを知るための60章【第2版】
新木秀和 編著

58 タンザニアを知るための60章【第2版】
栗田和明、根本利通 編著

59 リビアを知るための60章【第2版】
塩尻和子 編著

60 東ティモールを知るための50章
山田満 編著

61 グアテマラを知るための67章【第2版】
桜井三枝子 編著

62 オランダを知るための60章
長坂寿久 著

63 モロッコを知るための65章
私市正年、佐藤健太郎 編著

64 サウジアラビアを知るための63章【第2版】
中村覚 編著

65 韓国の歴史を知るための66章
金両基 編著

66 ルーマニアを知るための60章
六鹿茂夫 編著

67 現代インドを知るための60章
広瀬崇子、近藤正規、井上恭子、南埜猛 編著

68 エチオピアを知るための50章
岡倉登志 編著

69 フィンランドを知るための44章
百瀬宏、石野裕子 編著

70 ニュージーランドを知るための63章
青柳まちこ 編著

71 ベルギーを知るための52章
小川秀樹 編著

72 ケベックを知るための54章
小畑精和、竹中豊 編著

73 アルジェリアを知るための62章
私市正年 編著

74 アルメニアを知るための65章
中島偉晴、メラニア・バグダサリヤン 編著

75 スウェーデンを知るための60章
村井誠人 編著

76 デンマークを知るための68章
村井誠人 編著

77 最新ドイツ事情を知るための50章
浜本隆志、柳原初樹 著

78 セネガルとカーボベルデを知るための60章
小川了 編著

79 南アフリカを知るための60章
峯陽一 編著

80 エルサルバドルを知るための55章
細野昭雄、田中高 編著

81 チュニジアを知るための60章
鷹木恵子 編著

82 南太平洋を知るための58章 メラネシア ポリネシア
吉岡政徳、石森大知 編著

83 現代カナダを知るための60章【第2版】
飯野正子、竹中豊 総監修 日本カナダ学会 編

エリア・スタディーズ

84 現代フランス社会を知るための62章
三浦信孝、西山教行 編著

85 ラオスを知るための60章
菊池陽子、鈴木玲子、阿部健一 編著

86 パラグアイを知るための50章
田島久歳、武田和久 編著

87 中国の歴史を知るための60章
並木頼壽、杉山文彦 編著

88 スペインのガリシアを知るための50章
坂東省次、桑原真夫、浅香武和 編著

89 アラブ首長国連邦(UAE)を知るための60章
細井長 編著

90 コロンビアを知るための60章
二村久則 編著

91 現代メキシコを知るための70章【第2版】
国本伊代 編著

92 ガーナを知るための47章
高根務、山田肖子 編著

93 ウガンダを知るための53章
吉田昌夫、白石壮一郎 編著

94 ケルトを旅する52章 イギリス・アイルランド
永田喜文 著

95 トルコを知るための53章
大村幸弘、永田雄三、内藤正典 編著

96 イタリアを旅する24章
内田俊秀 編著

97 大統領選からアメリカを知るための57章
越智道雄 著

98 現代バスクを知るための50章
萩尾生、吉田浩美 編著

99 ボツワナを知るための52章
池谷和信 編著

100 ロンドンを旅する60章
川成洋、石原孝哉 編著

101 ケニアを知るための55章
松田素二、津田みわ 編著

102 ニューヨークからアメリカを知るための76章
越智道雄 著

103 カリフォルニアからアメリカを知るための54章
越智道雄 著

104 イスラエルを知るための62章【第2版】
立山良司 編著

105 グアム・サイパン・マリアナ諸島を知るための54章
中山京子 編著

106 中国のムスリムを知るための60章
中国ムスリム研究会 編

107 現代エジプトを知るための60章
鈴木恵美 編著

108 カーストから現代インドを知るための30章
金基淑 編著

109 カナダを旅する37章
飯野正子、竹中豊 編著

110 アンダルシアを知るための53章
立石博高、塩見千加子 編著

111 エストニアを知るための59章
小森宏美 編著

112 韓国の暮らしと文化を知るための70章
舘野晳 編著

113 現代インドネシアを知るための60章
村井吉敬、佐伯奈津子、間瀬朋子 編著

114 ハワイを知るための60章
山本真鳥、山田亨 編著

115 現代イラクを知るための60章
酒井啓子、吉岡明子、山尾大 編著

116 現代スペインを知るための60章
坂東省次 編著

117 スリランカを知るための58章
杉本良男、高桑史子、鈴木晋介 編著

118 マダガスカルを知るための62章
飯田卓、深澤秀夫、森山工 編著

119 新時代アメリカ社会を知るための60章
明石紀雄 監修 大類久恵、落合明子、赤尾千波 編著

120 現代アラブを知るための56章
松本弘 編著

121 クロアチアを知るための60章
柴宜弘、石田信一 編著

122 ドミニカ共和国を知るための60章
国本伊代 編著

エリア・スタディーズ

エリア・スタディーズ

162 **ケルトを知るための65章**
木村正俊 編著

163 **オマーンを知るための55章**
松尾昌樹 編著

164 **ウズベキスタンを知るための60章**
帯谷知可 編著

165 **アゼルバイジャンを知るための67章**
廣瀬陽子 編著

166 **済州島を知るための55章**
梁聖宗、金良淑、伊地知紀子 編著

167 **イギリス文学を旅する60章**
石原孝哉、市川仁 編著

168 **フランス文学を旅する60章**
野崎歓 編著

169 **ウクライナを知るための65章**
服部倫卓、原田義也 編著

170 **クルド人を知るための55章**
山口昭彦 編著

171 **ルクセンブルクを知るための50章**
田原憲和、木戸紗織 編著

172 **地中海を旅する62章** 歴史と文化の都市探訪
松原康介 編著

173 **ボスニア・ヘルツェゴヴィナを知るための60章**
柴宜弘、山崎信一 編著

174 **チリを知るための60章**
細野昭雄、工藤章、桑山幹夫 編著

175 **ウェールズを知るための60章**
吉賀憲夫 編著

176 **太平洋諸島の歴史を知るための60章** 日本とのかかわり
石森大知、丹羽典生 編著

177 **リトアニアを知るための60章**
櫻井映子 編著

178 **現代ネパールを知るための60章**
公益社団法人 日本ネパール協会 編

179 **フランスの歴史を知るための50章**
中野隆生、加藤玄 編著

180 **ザンビアを知るための55章**
島田周平、大山修一 編著

181 **ポーランドの歴史を知るための55章**
渡辺克義 編著

182 **韓国文学を旅する60章**
波田野節子、斎藤真理子、きむ ふな 編著

183 **インドを旅する55章**
宮本久義、小西公大 編著

184 **現代アメリカ社会を知るための63章**【2020年代】
明石紀雄 監修　大類久恵、落合明子、赤尾千波 編著

185 **アフガニスタンを知るための70章**
前田耕作、山内和也 編著

186 **モルディブを知るための35章**
荒井悦代、今泉慎也 編著

187 **ブラジルの歴史を知るための50章**
伊藤秋仁、岸和田仁 編著

188 **現代ホンジュラスを知るための55章**
中原篤史 編著

189 **ウルグアイを知るための60章**
山口恵美子 編著

190 **ベルギーの歴史を知るための50章**
松尾秀哉 編著

191 **食文化からイギリスを知るための55章**
石原孝哉、市川仁、宇野毅 編著

192 **東南アジアのイスラームを知るための64章**
久志本裕子、野中葉 編著

193 **宗教からアメリカ社会を知るための48章**
上坂昇 著

194 **ベルリンを知るための52章**
浜本隆志、希代真理子 著

195 **NATO（北大西洋条約機構）を知るための71章**
広瀬佳一 編著

——以下続刊

◎各巻2000円（一部1800円）

〈価格は本体価格です〉